U1006772

世界城市研究精品译丛

主　编　张鸿雁　顾华明
副主编　王爱松

城市地理学核心概念

Key Concepts in Urban Geography

[英] 艾伦・莱瑟姆 德里克・麦考马克
[澳] 金・麦克纳马拉 唐纳德・麦克尼尔 著
邵文实 译

江苏教育出版社
JIANGSU EDUCATION PUBLISHING HOUSE
SAGE

图书在版编目(CIP)数据

城市地理学核心概念 / 张鸿雁、顾华明主编. —南京：江苏教育出版社，2013.11

(世界城市研究精品译丛)

书名原文：Key concepts in urban geography

ISBN 978-7-5499-3637-3

Ⅰ.①城… Ⅱ.①张… Ⅲ.①城市地理学 Ⅳ.①K901

中国版本图书馆 CIP 数据核字(2013)第 271359 号

书　　名	城市地理学核心概念
著　　者	[英]艾伦·莱瑟姆　德里克·麦考马克 [澳]金·麦克纳马拉　唐纳德·麦克尼尔
译　　者	邵文实
责任编辑	王　岚
出版发行	凤凰出版传媒股份有限公司 江苏教育出版社(南京市湖南路 1 号 A 楼　邮编 210009)
苏教网址	http://www.1088.com.cn
照　　排	南京紫藤制版印务中心
印　　刷	江苏凤凰新华印务有限公司
厂　　址	江苏省南京市新港经济技术开发区尧新大道 399 号
开　　本	890 毫米×1240 毫米　1/32
印　　张	7.5
字　　数	170 000
版　　次	2013 年 12 月第 1 版　2013 年 12 月第 1 次印刷
书　　号	ISBN 978-7-5499-3637-3
定　　价	32.00 元
网店地址	http://jsfhjy.taobao.com
新浪微博	http://e.weibo.com/jsfhjy
邮购电话	025-85406265，84500774　短信 02585420909
盗版举报	025-83658579

序

张鸿雁

“他山之石，可以攻玉。”人类城市化的发展既有共同规律，也有不同国家各自发展的特殊道路和独有特点。西格蒙德·弗洛伊德说：“当一个人已在一种独特的文明里生活了很长时间，并经常试图找到这种文明的源头及其所由发展的道路的时候，他有时也禁不住朝另一个方向侧瞥上一眼，询问一下该文明未来的命运以及它注定要经历什么样的变迁。”① 经典作家认为城市是社会发展的中心和动力，全球现代化发展的经验和历程证明，凡是实现现代化的国家和地区也基本是完成城市化的国家和地区，几乎没有例外。② 同样，中国以往的城市化历史经验也证明，要想使作为国家战略的中国新型城镇化能够健康发展并达到预期目标，就必须总结发达国家城市化发展的经验和教训，

---

① 西格蒙德·弗洛伊德，《论文明》，徐洋、何桂全等译。北京：国际文化出版社公司，2001.1。

② 张鸿雁、谢静，《城市进化论—中国城市化进程中的社会问题与治理创新》。南京：东南大学出版社，2011。

特别要择优汲取西方城市化的先进理论和经验以避免走弯路。[①] 我研究城市化和城市社会问题已经有近四十年的历史，借此机会把我以往积累的一些研究成果、观点和认识重新提出来供读者参考。

一、对西方城市化理论的反思与优化选择

2013 年中国城市化水平超过 52%，正在接近世界平均城市化水平，中国成为世界上城市人口最多的国家。关键是，在未来的二十多年里，中国将仍然处于继续城市化和城市现代化的过程之中，而且仍然处于典型的传统社会向现代社会的过渡转型的社会变迁期。这一典型的社会变迁——中国新型城镇化关乎中国现代化的发展方式和质量以及社会的公平问题。

西方城市化的理论与实践成果有很多值得中国学习和借鉴的方面，如城市空间正义理论、适度紧缩的城市发展理论、有机秩序理论、生态城市理论、拼贴城市理论、全球城市价值链理论、花园城市理论、智慧城市理论、城市群理论以及相关城市规划理论等，这些成就对人类城市化的理论有着巨大的贡献，在推进人类城市化的进化方面起到了直接的作用。中国城市化需要在对西方城市化理论充分研究的基础上，对西方城市化理论进行扬弃性的运用，从而最终能够建构中国本土化的城市化理论体系与范式。

我们看到在现代社会发展中，面对越来越多的社会问题，我们解决的手段却越来越少，甚至面对有些问题我们束手无策、无能为力。为什么会这样？即使在已经基本完成城市化的西方国家，在当代仍然存在着普遍的和多样化的社会问题[②]，而且在发达国家这些问题也都

---

① 张鸿雁，“中国新型城镇化理论与实践创新”，《社会学研究》，2013.3。

② 参见张鸿雁，《循环型城市社会发展模式——城市可持续创新战略》。南京：东南大学出版社，2007。

集中在城市，形成典型的“城市社会问题”。如城市贫困、城市就业、城市住房、城市老人社会、城市社会犯罪、富人社区与穷人社区的隔离、城市住区与就业空间的分离、城市中心区衰落以及城市蔓延化等问题，甚至有些在西方城市化进程中已经解决的社会问题，仍然在中国的城市化进程和城市社会中不断发生。这些现象的发生，与我们缺乏对西方城市化理论与模式的全面理解与择优运用有关。

在建构中国本土化城市理论的过程中，对外来城市化理论进行有比较地、批判性地筛选，这不失为一种谨慎的方式。西方城市化发展过程所表现的“集中与分散”的规律，在很大程度上是通过市场机制的创新形成的，可以描述为高度集中与高度分散的“双重地域结构效应”。[①] 美国纽约、芝加哥等城市的高度集中，与美国近80%左右的人居住在中小城镇里的高度分散，就是这种“双重地域结构效应”的反映。西方城市化理论是以多元化和多流派的方式构成并存在的，既有强调城市化“集中性”价值的一派，亦有强调城市化“分散化”价值的一派，还有强调集中与分散结构的流派。回顾以往，在某种情况下，中国的城市化则把西方城市人口集中的流派作为主要的理论核心模式，如果21世纪初的城市化仍然把城市高度人口集中作为主导，这不仅是对西方城市化理论的误读，更是对中国城市化发展道路的严重误导。而事实上，中国通过“制度型城市化”的创造，以西方城市化理论中的集中派理论模式为“模本”，形成了高速与高度集聚的畸形城市化——中国式“拉美经济陷阱”[②]。过度集中和过度集权的城市化成为导

---

① 张鸿雁，《城市化理论重构与城市发展战略研究》。北京：经济科学出版社，2013。

② “拉美陷阱”主要是指南美洲巴西等国家，人均GDP超过3 000美元，城市化率达到82%，但贫困人口却占国家人口总数的34%。一方面是经济较快增长，另一方面是社会发展趋缓；一方面是社会有所富裕，另一方面却是贫困人口增加……在其总人口中有相当规模的人口享受不到现代化的成果。参见：王建平，“避免‘拉美陷阱’”，《资料通讯》，2004(4).46。

致“都市病”深化发展的主要原因之一。如从基本国情的角度讲，仅适于美国等人少地多国家的“城市过度造美运动”以及大尺度、大规模占用土地资源的城市化，推行到土地资源十分紧缺的中国是基本不可行的，从长远利益角度来认识、分析这种现象，这是一种破坏性建设。

在西方的城市化理论中，还有些成果要么是戏剧化的，要么是过于理想化的——从乌托邦的视角提出城市化的理论，被喻为“要构建一个虚拟的理想世界”①，在学理性和科学性方面缺乏社会实践基础，在创造理想模式方面的价值大于实际应用价值。当然，霍华德的“田园城市”理论本身的价值就在于创造“理想类型”，给后人留下更多的空间来加以探讨和完善。西方城市化理论与世界任何理论一样，有其合理内核，亦有典型的历史与现实局限，必须认真选择，优化运用。

二、中西城市化发展的差异认知

与西方城市化“动力因”相似的是，中国城市化的外在形式也是以人口集聚为主要特征。但是，除此而外，中国城市化在发展“动力因”的构成与序列上，非但不同于西方，而且还有着强烈的本土化“制度型动力体系”构成特点，在改革开放的三十多年里，通过“政府制度型安排”形成高速的城市化。所谓“制度型城市化”主要表现为：一是城市化与城市战略的规划是政府管控的；二是城市化与城市建设的投资是以政府为主体的；三是城市化的人口发展模式是政府规划的；四是城市的土地是由政府掌握的，等等。这一动力模式具有强大的权力力量的优势，同时也具有典型的行政命令的弱点。中国城市化以三十多年的时间跃然走过了西方两百年的城市化路程，成就令世界瞩目，

① 尼格尔·泰勒，《1945年后西方城市规划理论的流变》，李白玉等译。北京：中国建筑工业出版社，2006.24～25。

但城市社会问题也越来越深化——这种现象充分说明了中国城市化原动力不足、动力结构不合理的事实，其主要症结在于中国没有本土化的科学的城市理论来引导。

东西方社会发展水平的差异，不仅表现在制度体系结构与个体价值观、人口总量与结构、教育水平与宗教文化传统等方面，表现在生产力发展的阶段性和发展水平方面，同时还表现在文化的总体价值取向方面。西方的资本主义承袭了古典时代思想，并且是从中世纪的土壤中“自然长入”资本主义社会的。“自然长入”的方式显现了西方社会的发展规律和历史逻辑，在这种“历史与逻辑的统一”机制内，使得在城市化中出现的社会结构转型、产业结构转型和文化结构转型，能够基本处于同步进化的结构变迁之中，没有出现典型的“社会堕距”与“文化堕距”。这些证明了西方城市化发展的市场规律运性表现。基于这一认识，我们可以看到，中世纪以来，中西方城市化走了两条不同的道路，两种城市化形态的社会前提、进程、节点和社会结构都是不同的。

西方城市化早期的历史是“双核动力发展模式”，即“城市经济”与“庄园经济”构成“双重动力”，城市工商业和庄园手工业并行发展，中世纪从庄园里逃亡出来的手工业者，较快地转入了工业化的大工业生产。西方城市化与工业化发展的动力来源也可以完整解释为“双核地域空间模式”。而中国是典型的集权的传统农业社会，可以解释为“单核地域空间模式”，城市在汪洋大海般的农业社会中生存，没有资产阶级法权意义上的土地关系和契约关系，由此产生的城市化“与传统农村有千丝万缕联系”，及至当代仍然是尚未与传统乡村“剪断脐带”的城市化。这一轮的新型城镇化必须在土地制度上有所突破，进行中国式的“第三次土地革命”①，只有这样才能融入世界城市化和全球一体化浪潮之中。

---

① 张鸿雁，“中国式城市文艺复兴与第六次城市革命”，《城市问题》，2008.1。

三、新型城镇化面临的问题与挑战

中国社会近代以来经历了多种形式的城市社会结构变迁过程①，这种变迁在总体上是一种社会进步型的发展。中国新型城镇化过程是这一变迁的继续，我们不难看到，在城市化的进化型变迁中，在解决传统社会矛盾和问题的同时，也在制造新的社会矛盾和问题，这是符合社会发展普遍规律的，没有不存在问题的社会，亦如发展本身就是问题，现代社会就是风险社会的命题一样，社会存在本身就是问题。因当代中国的城镇化具有历史的空前绝后性，其存在的问题也十分繁杂：有些是传统社会问题，即没有城镇化也存在；有些是城镇化引发和激化了的问题，要梳理出关键点加以解决。

“当我们渐近20世纪的尾声之时，世界上没有一个这样的地区：那里的国家对公共官僚和文官制度表示满意。”② 这是美国学者帕特里夏·英格拉姆在研究公共管理体制改革模式时的一段论述。正因为如此，从20世纪60年代以来，全世界几乎所有的国家都在进行制度改革，只是改革的方式和声势不同，特别是一些发达国家把改革与创新作为同一层次的认知方式，而不是把改革作为一种运动的方式。亨廷顿曾有针对性地对发展中国的现代化提出这样的分析：“现代化之中的国家”，面临着“政党与城乡差别”的社会现实，事实上中国的改革面临的社会现实正是“城乡差异”二元结构深刻的特殊社会历史时期，当代的许多社会问题的发生都与“城乡二元经济社会结构”有关。他认为：“农村人口占大多数和城市人口增长这两个条件结合在一起，就

① 张鸿雁等，《1949中国城市：五千年的历史切面》。南京：东南大学出版社，2009。

② 《西方国家行政改革述评》，国家行政学院国际合作交流部编译。北京：国家行政学院出版社，1998.39。

给处于现代化之中的国家造成了一种特殊的政治格局。”中国城乡差别的现实充分证明了这一点，新型城镇化战略就是为了消灭城乡差别，建构一个相对公平合理的城市市民社会。

著名的历史学家斯宾格勒说：“一切伟大的文化都是市镇文化，这是一件结论性事实。”[①]人类伟大的文化总是属于城市的，这是城市区别于乡村的真正价值所在，也是人们对城市向往的原因所在。对于城市的“伟大”认知不止于斯宾格勒，早在中世纪，意大利著名的政治哲学家乔万尼·波特若在1588年出版的《论城市伟大至尊之因由》一书就提出了“城市伟大文化”的建构与认知。他对城市的评价是这样的：“何谓城市，及城市的伟大被认为是什么？城市被认为是人民的集合，他们团结起来在丰裕和繁荣中悠闲地共度更好的生活。城市的伟大则被认为并非其处所或围墙的宽广，而是民众和居民数量及其权力的伟大。人们现在出于各种因由和时机移向那里并聚集起来：其源，有的是权威，有的是强力，有的是快乐，有的是复兴。”[②] 我惊叹于四百多年前的学者能够对城市有如此独到而精辟的论述，虽然这种论述包含着对王权价值的认同，但论者能够从独立的视野中发现城市的价值实是难能可贵。而且，四百多年来人类社会的工业化、现代化和城市化过程也充分证实了这种美誉式的判断。同样，也是在四百多年前，乔万尼·波特若还提出了创造城市伟大文化的方式与入径：“要把一城市推向伟大，单靠自身土地的丰饶是不够的。”[③] 城市的发展、建设和再创造，要靠城市公平、开放和创造自由。

《世界城市研究精品译丛》的出版目的十分明确：我国的城市理论研究起步较晚，西方著名学者的研究成果，或是可以善加利用的工具，

---

① 奥斯瓦尔德·斯宾格勒，《西方的没落》，齐世荣等译。北京：商务印书馆，2001.199。

② 乔万尼·波特若，《论城市伟大至尊之因由》，刘晨光译。上海：华东师范大学出版社，2006.3。

③ 同上。

有助于形成并完善我们自己城市理论的系统建构。在科学理论的指导下，在新型的城镇化过程中，避免西方城市化进程中曾出现的失误。新型城镇化是在建立一种新城市文明生活方式，是改变传统农民生活的一种历史性的改变。“新的城镇，也会体现出同社会组织中的现代观念有关的原则，如合理性、秩序和效率等。在某种意义上，这个城镇本身就是现代性的一个学校。”①

该丛书引进西方城市理论研究的经典之作，大致涵盖了相关领域的重要主题，它以新角度和新方法所开启的新视野，所探讨的新问题，具有前沿性、实证性和并置性等特点，带给我们很多有意义的思考与启发。

学习发达国家的城市化理论模式和研究范式，借鉴发达国家成功的城市化实践经验，研究发达国家新的城市化管理体系，是这套丛书的主要功能。但是，由于能力有限，丛书一定会有很多问题，也借此请教大方之家。读者如果能够从中获取一二，也就达到我们的目的了。

张鸿雁：南京大学城市科学研究院　院长

中国城市社会学专业委员会　会长

（2013 年 11 月于慎独斋）

① 阿列克斯．英克尔斯、戴维·H. 史密斯，《从传统人到现代人——六个发展中国家中的个人变化》，顾昕译。北京：中国人民大学出版社，1992. 319。

鸣　谢

我们诚挚地感谢 Rob Kitchin，Robert Rojek，Sarah-Jayne Boyd，Wendy Scott 和 SAGE 的制作人员，在他们的帮助下，这一课题才得以从委托到完成一路顺利进行。德里克要感谢 Brendan Bartley 和 Paul Knox，他们为他对城市地理学的思考提供了帮助，他还要感谢 Andrea 的耐心容忍。艾伦要感谢 Rita 和 Tom 的爱和支持。金要感谢她的家人，特别是 Mia 和 Mikaela。唐纳德要感谢 Carol 的爱。

艾伦、德里克和唐纳德要向 Steven Pinch 的指导表示他们的感激之情。包含在他们的条目中的许多想法都是在南安普敦大学期间生成，而 Steven 的建议和热情可谓价值连城。金要感谢 Nick Couldry 给出的建议。

照片致谢

除 2.3.1 和 5.1.2(© Donald McNeill)外，所有照片的版权都属于 Kim McNamara。

图表致谢

1.1.2：Park，R.，Burgess，E. and McKenzie，R.（1925/1967）*The City*，Chicago：University of Chicago，Chart II. Urban areas. p. 55.

3.1.1：'Generalisations of internal structure of cities'，Fig. 5，p. 13 in Harris，C. and Ullman，E.（1945）'The nature of cities'，*The Annals of the American Academy of Political and Social Science*，242：7～17.

3.1.2：Latham，A.（2003a）'Research，Performance，and doing human geography：some reflections on the diary-photo diary-interview method'，*Environment and Planning A*，35：1993～2017.（图在第 2010 页。）

4.1：'The ecology of fear' from *Ecology of Fear：Los Angeles and the Imagination of Disaster*，by Mike Davis. Copyright 1998 by Mike Davis. Reprinted by permission of Henry Holt and Company，LLC.

目录

前言

罗列出似乎是属于城市的事物是件轻而易举的事。大胆创新的摩天大楼，热闹非凡的人行道路，穿梭轰鸣的交通运输，富丽堂皇的百货大楼，地铁和立交桥，风味餐厅和街边咖啡馆，人头攒动的广场、公园和集市，大型购物广场和工业园区，气势恢宏的体育馆，街头小贩的吆喝声，有轨电车和双层巴士，身着奇装异服的人们，露天市场，贫民窟和廉价公寓，乞丐和醉汉，污迹斑斑的建筑物，烟雾，散发着恶臭的自来水。我们不应忘了展览馆和会议中心、艺术画廊和文化角、斯坦福德郡斗牛犬和街头黑帮、仓库的转换和新媒体的启动。我们也不应忘了纪念碑和历史遗迹、棚户区和零售店。这张清单可以说举不胜举。要举出传达了有关城市的某种感觉的种种形容词也可谓信手拈来。快速的、大声的、嘈杂的、急躁的；多种多样的、高度世界性的、肤浅的；不自然的、非人道的、名不见经传的；冒险的、性感的、光怪陆离的、危机四伏的。所有这些词汇都传达了某种体验和理解城市的方式。但要定义城市之所以为城市以及都市生活的构成则十分困难。例如：

> 城市无所不在，事事与城市有关。时至今日，如果城市化的世界是一连串的由沟通地点/通道（飞机场和空中航线、火车站和铁路、停车场和高速公路、远程传动和信息高速公路）联系在一起的都市区域，那么还有什么与都市无关？难道会是小镇、村庄和乡野？也许是这样，但程度很有限。城市的足迹以城市通勤者、

游客、远程办公、媒体和都市化了的生活方式的形式遍布于这些地方。城市与乡村间的传统区分已经被贯通。（Amin and Thrift，2002：1）

于是，我们便面临着这样一个问题。虽然许多令城市地理学家兴奋不已的主题乍看上去也许都与由这些世界上最令人激动的地方所构成的密集的大熔炉有关，但我们也可想出一系列的事物，它们是都市社会的产物，却不一定是城市的产物：便当盒、高尔夫球、肥皂剧、烧烤、集装箱、信用卡、档案柜、加油泵、微波炉、道路边的草皮边缘、生日贺卡、垃圾堆、正在融化的冰川。城市的足迹实际上既存在于都市化的生活方式之中，也存在于任何空间形态中。

定义城市，定义都市

那么，我们该如何开始定义我们感兴趣的这些地域呢？定义性问题是相当重要的思考点，因为我们有可能正在将城市用作一种“空间应急措施”或“奉若神明之物”，一种将社会关系投射于特定地域的方式，其目的是使其更易理解（Beauregard，1993；Pile，1999）。无论是在学术文本还是在日常使用中，在论及城市与论及都市之间，都存在一种游移。上文引述的阿敏（Amin）和思里夫特（Thrift）的话语即使用了“足迹”这一有用的概念，用以勾勒已变得都市化的乡村，其借助的手段是工业化规模的食品生产，或搬入乡间村舍的市区居民在城乡间的通勤往来，抑或是在一个偏僻乡村的起居室中播放的展现了一部美国犯罪电视连续剧中的穷街陋巷的电视节目。毫无疑问，由高速公路、铁路和航空路线构成的全国性交通网络的创建，甚至将偏远地区也纳入到了都市的时空之中，从而缩减了城乡间的差距。

然而，大多数人都一致认为，城市的一个重要的——也许是定义性的——元素是其人口密度。这种看法自有其合理之处。在中世纪的欧洲，只要是在当地贵族统御下建造了城墙的小镇即为城市。在美国，“城市”指的是具有自治权利的一体化都市区域。像洛杉矶或芝加哥这样的城市，至少从法律上说，是由大量的（有时是数百个的）一体化城市构建而成的——它们是名符其实的城中城（Fug，1999；D. Massey，2005）。这些城市与人口数量间只有最松散的联系。洛杉矶大都会区域中最小的城市，即英德斯曲利城（Industry），常住人口只有 777 人。但是，在不收取本地商业税的政策吸引下，英德斯曲利是 2000 多种业务和 80000 多个工作岗位的大本营（参见 Davis，1990）。这些粗略的数字确实指出了一个事实：纯粹的人口规模（以及与之相关的居住密度）在某种意义上构成了一座城市的动态性，你也可以说，它有助于赋予一座城市以城市性（city-ness）。它们还指向了这样一个事实：政治一体化之感，即某种共有的相互依赖感，存在于所谓的城市的中心。英德斯曲利的事例表明，城市不仅仅与生活在其地域内的人有关，也与使人口得以繁衍生息的所有活动和其他实体（公司、工人、工场等等）有关。这里，我们可以看出城市作为相互作用和关联的地点的重要性，这种相互作用和关联涉及到一些新的社会关系形式（在学校操场上的儿童之间、盘根错节的交通线路上的开车人之间、聚合在一起做生意的商人之间、一起观看足球比赛或享有共同信仰的朋友或教友之间）。

还有一个需要着重考虑的问题是都市地理学中的知识生产地理学。在有关城市的所有研究工作中——由于其本质，它们通常是基于个案研究和限定的地点的——最大的诱惑之一是声称正在被研究的城市是正被研究的确定事物。由罗伯特·帕克（Robert Park）和欧内斯特·伯吉斯（Ernest Burgess，1925）编辑的那本定义了 20 世纪 20 年代都市研究中芝加哥学派的书籍起了个相当泛化的名字——《城市：都市环境中的人类行为调查之建议》（*The City*：*Suggestions for Investigation of Human Behaviour in the Urban Environment*），尽管事实上它几乎完全建立在对芝加哥所进行的研究基础上。更近些时候，一群都市研究学者更进一步声称，洛杉矶是目睹大都会生活未来形式的最佳地点。正如爱德·苏贾（Ed Soja，1989：191）所言：

> 要举例说明和综合阐释资本主义空间化的动态，还有（比洛杉矶）更好的地方吗？借用《洛杉矶时报》（*Los Angeles Times*）那自大的口号所言，在许多方面，洛杉矶都是一个“包罗万象”之地。要是更具创意一些，你可以将由围绕洛杉矶市中心60英里的圈子所定义的庞大都市区域称为原域（prototopos），即典范之地；再将创意推进一些，可称之为一个中宇宙（mesocosm），即一个有序的世界，在其中，微观与宏观、个性与共性、具体与抽象，都会在一种相互关联、相互作用的结合中同时得以呈现。

此类论点的疑难之处有三重。其一，为什么要选择洛杉矶或芝加哥？为什么不是纽约或伦敦、底特律或华沙、大阪或休斯顿、迈阿密或加尔各答，或拉各斯，或任何其他看似有趣的城市？其二，分析中所使用的框架通常会将城市均质化，以便将临床实验条件运用于纷繁复杂到不可思议的社会结构的集合体中。用阿什·阿敏（Ash Amin）和史蒂文·格雷姆（Steven Graham）（1997：417）的话来说，“例外……变成了常规，变得可运用于绝大多数也许可被称为‘非例外的’城市事物之中”。所以，在洛杉矶、纽约、伦敦和上海异彩纷呈的表象背后，城市的特征正在相当不起眼的城区中得以体现。例如，一部近期出版的名为《小城市》（*Small Cities*）的书陈说了“有关都市研究的文献对于小城市的不幸忽视”，并试图勾勒出“恰当的方法，用以了解什么是小城市、小与大的意味、小城市适应或不适应‘新都市秩序’的方式，或其机会与命运也许会怎样”（Bell and Jayne，2006：2）。相应地，有个不断递增的城市概念：“城市话语……一直以来都遵循着这样一种逻辑：城市应当是大的，要么因其大而迷人，要么因其大而吓人，但非大不可。城市的理念就是大并变得更大：收缩，甚至静止，都是失败的信号。”（Bell and Jayne，2006：5）。其三，此类城市可能意味着地理学内部的一种长期分歧，其中，对于所谓“第三世界”中城市的研究通常是在发展研究的子学科中进行，而不是在都市地理学这一学科下进行。例如，有意见认为：

> 人们约定俗成地对（西方）城市的不同解说的有限适用性只字不提，即使它在文本中有所暗示……在有关西方以外的城市论著中，这种情况更是少之又少，尽管它们指名道姓地论及地区或城市的做法突显了一种含蓄的普世主义的假设，这种假设支撑着许多有关西方城市论著中通常未被关注的地方性。（Robinson，2006：543）

这并不是说，此类言论没有用途。芝加哥学派或洛杉矶学派之类的术语变成了有关城市建构方式的一系列别具特色的论点的缩写。正如迈克尔·迭尔（Michael Dear，2003：202）所说的那样，夸大其辞地申说其范式地位的言论（“新型城市”、“最大的”、“增长最快的”、“最具动态性的”、“包罗万象之地”），可有助于读者跳出固有的思维模式，并“鼓励看待城市的新方法”。然而，聚焦于例外的和非凡的事物可能会导致人们错失普通的、微小的变动，而实际上，正是这些变动使得一个特殊的都市空间或城市变得与众不同。重要的是，我们应当将城市和都市“看作多种空间、多种时间和多种关系网络的共同存在，从而将地方性的场所、主题和碎片与由经济、社会和文化变迁所造就的全球化网络联系起来”（Amin and Graham，1997：417～418）。

所以，《城市地理学核心概念》旨在提供一系列思考城市之所以为城市的视角。构成本书的20个章节形成了一个系列，读者可以按图索骥地去了解都市生活的复杂性、异质性、模糊性和动态性。我们需要思考的是，城市何以不仅为邻近关系（在自然上相互接近的事物）所定义，而且也为一系列全方位的远距离关系——与它周边的乡村的联系，与其他城市的联系，与其他国家的联系——所定义。

作为一门子学科的城市地理学

城市地理学是门相对年轻的子学科。早期研究致力于探寻的问题是：气候和局部地理条件如何对个别城市中心的发展造成影响。这确实产生了一些有趣的论著。例如，让·白吕纳（Jean Brunhes，1920）的《人文地理学》（*Human Geography*）细致入微地揭示了建筑和特殊的定居形式何以能够与周边区域的地势、气候和地质情况发生关联。但有关直接的物理环境对于诸如定居地点或一个城市的内部形态学之类事物的重要性的讨论也就仅此而已。只是在过去的50年里，城市地理学才在地理学内部以及范围更广大的有关城市和都市化的社会科学研究内部得到认可而出现。时至20世纪50年代末，只有屈指可数的几部教材和专题论文对城市地理学进行了定义（参见Dickinson，1947；Taylor，1949；Mayer and Kohn，1959），而且，至少是在美国和英国，大学地理系很少为本科生开设专门研究城市问题的课程。在20世纪50年代之前，地理学通常被两个首要主题所占据：首先是有关区域性特征的主题，其次是有关人类与自然环境关系的主题。因此，地理学从根本上来说是门与人文学科密切结合的特殊学科（关注单一的实证案例的学科），在这门学科中，人文地理与自然地理的区分是模糊不清的（人类毕竟是自然环境必不可少的一部分）。

这种状况在20世纪60年代初期发生了急剧转变，此时，城市地理学演变为一种建立在计量基础上的“空间科学”，由三个核心原则所定义。首先，人们深信，地理学的目标应当是发现可以定义地理关系构造的普遍规律。其次，为了发现这些关系，地理学必须形成严格的、可实证测试的理论。再次，地理学必须采纳业已形成的科学技术，如统计分析、假设检验或数学模型等，以正确地检测这些理论。因此，为了具有科学性，数据必须是可测量和可计算的。而从严格的意义上，数据必须是得到某些有关世界如何运行的理论的科学检验的。虽说这些原则在当代人听来可能足够简单，甚至相当奇怪，还有点儿天真幼稚，但它们在 20 世纪 50 年代保守的地理学世界中，却代表着一场革命。

计量地理学因此将地理学重新定义为一种常规性学科（关注普遍状况和规律），在人们的眼中，它与科研项目（无论是在自然科学还是社会科学中）近乎一致。然而，我们不能把该门子学科与 20 世纪 60 年代和 70 年代横扫西方社会的更广泛的变化相隔绝。这种变化既见证了大批卓著论著的产生，它们受到了马克思主义和女权主义传统的激发的影响，也见证了人们关于地理学的"人口构成"的更为普遍的兴趣，与此伴随的，是对地方的越来越浓厚的兴趣（Cloke et al.，1991：ch. 3）。此种"人文"地理学在内容上是丰富多样的，但都"坚持不懈地认真对待那些社会上约定俗成的习俗——一些被共同接受的观念和"常识性的知识"——这套习俗与在相似地点的相似环境下过着相似生活的人群密切相关"（p. 87）。

支撑这一转变的广泛运动常被指认为"文化转型"，巴涅特（Barnett，2003）、米切尔（Mitchell，1999）和斯科特（Scott，2004）都对此进行了全面记录。在巴涅特看来，这种转型涉及了对于马克思主义、一种对人种学的方法论方面的兴趣（利用定性的社会学研究或文本分析的方法）以及一种对于社会构造主义（将地点和社会身份视为可通过文本、图像和话语加以构造的）的信奉的三重拒斥。它也暗示了对于差异的敏感性，这些差异建立在社会性别、种族、生物性别或其他身份的形式之上（Anderson，1999：12）。后结构主义通过人文学科进入到地理学中，它"质疑了各类范畴中的一致性和固定性，（并且）营造出一种对于所谓的'问题化'东西的渴望，对于置身于基于真理的叙事语境的渴望"。此类议程还包括了对于"作为文化领域"机构的兴趣："大学、银行、军队、国家的各个层面、法律、教会、公司、学校、媒体乃至家庭都将某种叙事线索强加于其行为之上，将成员与单位捆绑在一起，并评判他们的存在对于其自身和整个社会的意义（Anderson，1999：7）。”

更近些时候，一直存在一种将文化转型扩展至日常生活领域的趋势。毫无疑问，并非所有的文化地理学者都有此考虑。在安德森（Anderson，1999：3）看来，“人们习以为常的有关着装传统、交通规则、餐桌礼仪、戏谑尺度、葬礼仪式的细枝末节，对于时尚转变的细致敏锐，以及对于个人美丽的定义等，有可能超出了地理学家的范畴”。情况已经不再如此，无论你赞同其关联与否，近期的都市地理学方面的论著已将有关照管花园、坐在机场、坐在咖啡馆以及使用电话之类的论著都囊括在内（e. g.，Hitchings，2003；Power，2005；Laurier and Philo，2006；Adey，2007）

不过，城市地理学首先是多学科的。它所涉及的领域渗透进了人文地理学的其他领域（经济地理学、社会地理学、政治地理学等等）以及其他社会科学学科（社会学、人类学、经济学、规划学，这里举出的仅仅是四个最相近的学科）之中。正如一部名为《研究空间与处所的重要思想家》（*Key Thinkers on Space and Place*）的书籍的编纂者们在2004年反省的那样：

> 此处出现的思想家中，有近一半的人不是传统定义上的“地理学家”，这一事实承认了空间在社会理论中的核心地位以及所谓的“空间转型”在诸如社会学、文化研究和文学研究中的意义……（Hubbard et al.，2004：2）

在该书中作了简介的50位思想家包括了那些对于该学科的近期发展起到核心作用的人，如多琳·马西（Doreen Massey）和奈杰尔·思里夫特（Nigel Thrift），但也包括了来自哲学的吉尔·德勒兹（Gilles Deleuze）、社会学曼纽尔·卡斯特尔（Manuel Castells）、经济学阿玛蒂亚·森（Amartya Sen）、发展理论阿图罗·埃斯科瓦尔（Arturo Escobar）和性别理论朱迪斯·巴特勒（Judith Butler）等学者。当然，这些人中，有些人的著作在重构关于都市的传统理解时得到了不同程度的采纳，人们正日益感觉到他们的影响。对于计量地理学而言，它始终是城市地理学的一个充满活力的组成部分，继续为作为一个整体的学科定义着新的研究议程（参见 Wilson，2000；Batty，2005；Albrecht，2007）。

概念

我们就所涉及的五个首要领域筛选并组织了一些概念，这五个领域包括：定点与迁移、构造、设想与体验、社会与政治组织、处所与实践活动。

一、定点与迁移

正如我们已经看到的，在 20 世纪 50 年代和 60 年代兴起的空间科学，似乎由层出不穷的新统计和理论工具提供了潜在力量。计量地理学家对都市结构变得津津乐道起来。城市不仅日益定义起人类的集体特性，而且也是现成的研究实验室。它们提供了一系列引人入胜的智力谜题。为什么有些城市如此之大，而且为什么它们似乎在变得更大？为什么有些工厂集中在某些地点而不是其他地点？交通运输网络是如何运作的？为什么城市的某些区域的土地租金如此之高，而在其他区域又如此之低？是什么决定着不同城市间的人口流动和信息流动？在短短的时间内，借助于从其他同样对人类行为的空间分布感兴趣的学科，如经济学和社会学那里获得的激情，定量城市地理学家们发展出了一套令人印象深刻的理论，也许通过它们便可以理解城市。与此同时，城市也提供了大量的现有的或潜在的数据集——人口普查、铁路运价单、选民名册、报纸发行量、高速公路流量等等——有了它们，地理学家便可着手形成有严格实验依据的理论模型来回答所有这些问题。

这部分主要关注的是使我们能够思考城市内部及城市之间的动态空间关系的概念。就传统而言，城市地理学相当多的部分一直以来都聚焦于此类关系。中心地理论、区位分析、扩散模式、网络分析、系统理论等，使计量地理学家得以更为精密地描绘城市及城市系统的结构和形态（参见 Gottmann，1961；Haggett，1965；Pred，1966；Berry，1973；Johnston，1983）。不过，在 20 世纪 60 年代和 70 年代如此自信满满、如此占有智力优势的计量城市地理学也逐渐面临着一系列批评，批评指向了对城市空间动态理解能力较为夸大其辞的宣称，特别是在城市生活的空间、密度和张力已经发生改变之时。中心性（centrality）这一条目论及了近期以来人们对市中心及中心商贸区在城市中的角色进行思考并加以概念化的努力。不足为奇的是，这些有关区位问题，见证了交通运输地理学这门既相关又独立的子学科的兴起。在许多方面，近期激增的有关流动性（mobility）的论著涉及了通常为交通运输地理学所占据的领域。交通运输地理学已为城市地理学作出了长期而可观的贡献，但它一向被分隔成许多小的部分，这让那些对港口系统、道路收费或轨道运输感兴趣的人有了用武之地。

中心性和流动性间的逻辑动态于是又构成了有关全球城市（global cities）的讨论背景。全球城市这一研究领域在过去的 20 多年间勃然大兴，并不可避免地与大量有关形形色色、概念不一的全球化文献联袂而生。这部分工作主要受到了源自经济地理学的案例和理论的驱动，认为定义城市的是其维持财富、职业和资本循环的能力。此处，其视角与有关跨国城市主义（transnational urbanism）的文献存在着细微差别，后者的出现是为了研究在当代城市中心之间及其内部流动的观念、实践、族群及商品。在城市之间迁移的人流——无论是旅行者还是移民劳工，无论是暂时的迁移还是从一种固定的生活转向另一种固定的生活——都趋向于在全球化的对照之下得以定义，这使人们得以追踪特定种族群体如何跨越业已存在的国家边界而加以自我组织。它们可能高度可视——唐人街就是个典型的例子——或者，它们也可能深藏于主流社会背后，因为许多移民群体都竭力通过独立的手段来使自身有所成就，并在主流社会中生根发芽。

二、构造

第二套概念使我们得以了解城市的建成或构成环境。我们始于对城市与自然（nature）间关系的思考，以及何以城市环境并非一定是非自然的，而是最好理解为一种自然与社会的混合体。该讨论涵盖了许多令理论家们兴奋不已的主题，如城市政治生态学（Keil，2003；Wolch，2007）和城市中的动物（Wolch，2007）。人类参与者与自然的关系一直是人文地理学（e. g. ，Whatmore，2002）中重要的新研究领域，而都市风格与（被控制的）自然之间的关系则只是在近期才得到了更为充分的考察。

理论家们对多种多样的物质性（materiality）越来越兴味浓厚，正是通过它，社会活动才得以变为现实。因此，他们不仅对人和语言兴味盎然，而且对由城市空间藉以建构的实体、物体、技术和想象构成的复杂网络也大感兴趣。这一直是近期有关城市基础设施（infrastructure）争论的关键方面，而城市基础设施力图解释林林总总的城市系统的社会科技构成，如有助于将城市社会紧密结合在一起的电缆、供电电源和卫星。这些机制塑造了城市生活的体验，但时常隐而不见（实质性地和象征性地），未引起我们的关注。物质性还激发了建筑（architecture）领域的争论，此处所说的建筑，既指集合起来使一座建筑得以生成的关系网络，也指对于建筑如何被使用的理解，而这种使用既指日常意义上的家和住宅，也指如州议会或博物馆这样正式的、标识身份的机构。

三、设想与体验

对于计量城市地理学的一个主要批评点是它对人类行为的理解太

过狭隘以及全无必要的过多束缚。人们批评这些地理学家对他们加以研究的城市形式的社会和政治维度视而不见，甚至将对人类体验的兴趣排斥在外。计量城市地理学认为，人类参与者受到新古典主义对于严苛的经济合理性的臆测的驱动，并且认为，唯一可进行科学研究的人类行为是那些可被严格测量的方面，因此，它对那些使人之所以为人的事物全然不顾。情绪、记忆、我们彼此间形成有意义的依附关系的能力、我们感到好奇的能力，这一切在计量城市地理学中都无立足之地。然而，一个关键的问题在于，人们不愿意承认，他们对于如何构想城市的决定需要考虑很多方面。在这些城市地理学中所使用的图形（diagrams）对于问题的思考十分重要，因为它们既暗示了“把握”城市空间的科学形式，同时也将人类行为缩减成了一系列画在地图上的线条。

与此相反，人文地理学家如爱德华·雷尔夫（Edward Relph）、段义孚（Yi Fu Tuan）和大卫·莱（David Ley）等提出了研究城市地理学的完全不同的方法，用安妮·布蒂默（Anne Buttimer，1978：74）的话来说，这种方法“顾及到了情绪与思索、激情与理智”。女权主义地理学家如苏珊·汉森（Susan Hansen）、琳达·麦克道尔（Linda McDowell）、吉莉安·罗斯（Gillian Rose）和多琳·马西也要求一种不同类型的城市地理学。她们指出，不仅妇女（事实上还有儿童）会以全然不同于男人的方式体验城市空间，而且城市空间也以各种纷繁复杂而又鲜为人知的方式被性别化了（参见 Ley and Samuels，1978；Ley，1983；Women and Geography Study Group of the IBG，1984；Rose，1993）。吉莉安·罗斯在其《视觉方法论》（*Visual Methodologies*）（2007）一书中提出了一种全面的框架，用以彻底思考社会科学家所使用的视觉方法何以能揭示其中的一些体验。

城市不止是物理性构造，这些文献为这一信息提供了支持：城市还是意义和体验之地。例如，想一想诸如铁路——然后是飞机——之类的“快速”技术如何改变了我们对城市的理解方式。席维尔布施

（Schivelbusch，1986）和施瓦策尔（Schwarzer，2004）等理论家已经提出，视觉是当代城市体验的核心：

> 全景视野将城市景观变成了一系列空洞而抽象的形式。席维尔布施意识到，因为火车旅客难以察觉到具体的物体，他们通常便不去仔细而周密地观看。速度麻痺了视觉，目光变得恍兮惚兮起来。铁路旅客不是去观察一座建筑物的形状，而是注视着由火车的速度及其自身偶然的聚焦所带来的不断变化的并置中的古怪形状。一种新的建筑类型展现在人们面前。这不是由建筑师精心设计的建筑，而是与其他建筑、其他物体和脑海中的其他形象相互交织在一起的建筑。（Schwarzer，2004：54）

火车或汽车旅行使得有关城市建构方式的思考变得有趣起来，因为它表明，许多城市居民在穿行于令人目不暇接的城市风景时，会变得心不在焉。与此相反，还有一种将城市通过视觉隐喻联系起来的倾向，即将城市与它们别具一格的“商标”相联系，如悉尼的海港、大桥和歌剧院，伦敦的王宫和维多利亚式建筑，罗马的纪念碑和废墟，纽约的由高耸入云的塔楼构成的天际线。除此之外，时常统御着城市的还有我们了解城市空间的复杂的视觉形式，这种感觉最常通过**摄影**（photography）表达出来，在电影产品和静态影像之类的崛起过程中，摄影一直都至关重要。

为了对此作出进一步的思考，接下来的内容探索了**身体**（body）的重要性。身体自身就是个重要的研究点，尤其是鉴于人们正日益痴迷于身体的外表、身材和时尚，而这些在当代西方经济中一直都占有重要的一席之地。身体自身既可被视为一个社会活动的处所，如同其可被“放置”在景观之中。人类也正是借助于这一机制，通过感官来体验城市，并进而可以理解为什么情感——它通常与城市居民就住房、通勤等作出“理性”决定的理想化状态悖离——却可以支配着城市生活。

随后，我们聚焦于城市体验何以能够通过虚拟性（virtuality）这一概念得到理解，它不是仅就数字而言，而是就一种体验而言，这种体验指的是一种指向富有想象力和未来导向的体验感。虽然虚拟性常与“数字城市”的兴起联系在一起，但它具有一套更为复杂的意义，这其中包括了想象城市空间的实践活动、刺激“真实”空间技术的使用，以及一系列错综复杂的即时交易（在金融贸易中最为著名）。

最后，我们讨论的是这样一个概念——监控（surveillance）——它使我们得以了解形形色色的管理形式是如何渗透进许多最平常的城市实践活动和日常事务中的。日趋成熟的复杂的摄像技术使公共空间越来越多地受到视觉监控。不过，监控的意思远远不止是这些，因为公司都致力于扫描顾客的行为以寻求更大的市场敏感度，政府则在构建数据库以监视作为民族共同体组成部分的人，而军队则采纳了制图技术，以便增强其控制力（通常与公民的目标相左）。

四、社会与政治组织

正如前文所述，社会和政治批评的力量受到了马克思主义地理学发展的重大刺激。正如对计量城市地理学的人文主义批评和女权主义批评一样，马克思主义（或政治经济）城市地理学的出现也带来了大量新思想家和理性传统。马克思主义地理学家不仅受到如哈尔福德·麦金德（Halford Mackinder）和沃尔特·克里斯塔勒（Walter Christaller）这样业已功成名就的地理学家的激励，而且也受到了恩格斯（Engels）有关维多利亚时代曼彻斯特的论著、列宁（Lenin）和卢森堡（Luxemburg）有关资本主义地理扩张和强化的论著、列斐伏尔（Lefebvre）有关资本主义城市化的论文以及马克思（Marx）本人的激励。马克思主义城市地理学还虑及到一套全新的研究主题（工会、政治活动家、意识形态领域、资本主义积累的动态）和全方位的新的实证性思索，尤其是对于城市的经济结构如何与政治机构相互交织在一起的理解。

1973 年，戴维·哈维（David Harvey）出版了《社会正义与城市》（*Social Justice and the City*）一书，现在被视为将马克思主义的概念运用于城市地理学的转折点。哈维就城市与社会正义间关系的政治上的自由冥想入手，逐渐得出结论：自由的——亦即主流的——社会科学无法理解许多构成了当代城市体验的不平等和社会不公的潜在原因。他的论点激发了一系列社会地理学研究。这并没有否定被普查数据和其他社会经济调查据为己用的隔离（segregation）的计量性、统计性测量的意义，而是采取了一种更具反映性的、综合性的方法去思考此类数据的分类。在此语境中，认识"差异"的重要性一直是致力于后殖民主义与城市地理学及规划学的交叉点的地理学家们的重要动机（e. g. , Fincher and Jacobs，1998）。

并非只有哈维一人在呼唤一种"激进的"（即反正统的）、受到马克思主义启发的城市地理学。自从 1969 年起，《对跖地》（*Antipode*）杂志即开始发表在马克思主义（以及女权主义和其他主义）激发下的关于计量地理学的批评文章。但《社会正义与城市》在重新定义激进的城市地理学当何去何从这个问题上充当了一种催化剂——尤其是因为它主张，首先，地理学是资本主义体系发展动力的绝对核心，其次，城市尤其是实现剩余价值的关键场所——它们是印钞机。在接下来的数年间，众多的地理学学者扩展了马克思主义地理学的范畴。实际上，假如计量地理学定义了从 20 世纪 50 年代中期至 70 年代的城市地理学内部主要的知识轨迹，那么政治的、经济的和马克思主义的方法则在 20 世纪 80 年代的大部分时间里以及 90 年代初期占据着城市地理学的优势地位，并帮助塑造了用以解释城市政治学（urban politics）的形式的主要概念。

然而，马克思主义地理学只是借助于社会学而进入城市地理学的一系列思潮中的一种而已。在整个 20 世纪，城市研究的一个重要主题一直是社群（community）。此条目对支撑这一难以把握的术语的纷繁多样的观念进行了追根溯源，并认为，文献已从“社群缺失”（例如，了解一个人的邻居是成功的邻里关系的重要主题）的观点转向了“社群救赎”，也就是说，活力四射的社会关系要么见于得到复兴的——也许是中产阶级化的——市中心邻里关系之中，要么见于一种借助于互联网的更为疏离的形式之中，甚至见于人与物之间交互作用的更加复杂的形式之中（在这里，社群得到了重新定义）。

五、场所与实践活动

最后一部分使我们得以考虑当代城市生活的一些地形学内容。此处，马克思主义思想家再次产生了一以贯之的影响，尤其是那些与西奥多·阿多诺（Theodore Adorno）和马克斯·霍克海默（Max Horkheimer）的论著相联系的法兰克福学派的思想家们。他们使“文化产业”这一用生活消费品和大众媒体娱乐节目来抚慰大众的词汇概念化了，这种做法影响了许许多多的学者，他们迫切地想要解释，为什么战后社会中的社会群体似乎变得不那么激进了，成了被动的政治旁观者，而不是现有社会规范的积极反对者。此类论著往往会忽视观众对于主动挑选生活消费品和娱乐节目选择的渴望，而这些将构成他们自身的城市化生活模式。地理学、社会学、人类学和媒体研究的近期论著已开始正面回应这些问题，尤其是从城市中或蔚为壮观、或平淡无奇的消费（consumption）场所入手。在许多方面，新商品的大批量生产依赖于城市化的社会，“在这里，消费知识从根本上来说是实用性知识，它并非通过教导或建议而获得，而是来自对城市生活的密集的相互作用和信息网络积极参与的体验”（Glennie and Thrift，1992：430）。

对于媒体（media）的理解对弄懂城市的呈现方式以及城市生产、分配和消费的方式而言非常重要。这是城市研究中的新兴领域，地理学家们在此领域的建树甚少。不过，在媒体研究和社会学中，人们正力图解释媒体何以既是一种实践活动（围绕着电视演播室、制作公司和卫星基础设施展开)，又是一种文本呈现（就其被包装、出售和消费的文字与图像构成的符号集成的传播而言)，同时又是一种关系处理过程，借助它，不同的场所被媒体实践活动联系在一起。这要往返于两个极端，即从国家统管着节目编排的以国家为中心的宣传机器，到“博客圈”的完全去中心化的聊天室。

社会互动的此类形式提出了关于城市中变成“公开”性质的重要问题。公共空间（public space）这一条目描述了一些围绕城市日常生活而展开的争论，特别是在公开场合政治表达的明显衰减。这表明——与城市中的社交性正趋于衰减这一正统观念相反——存在许多充满活力的城市社交新形式。

在公开场合被看见是这个概念的一个重要方面，形形色色的大众时常会寻求具有象征性的纪念地点或集体认同感来表达特殊的世界观。像“9·11”这类近期事件增加了地理学家和其他人解释和理解此类事件的迫切感。我们最后的条目关注的是城市空间内部的纪念（commemoration）地点和活动，因为无论是作为一种特别受崇敬的历史人物的表征形式、一种竞争和冲突的起源（正如发生在1989年后的东欧和中欧的案例)，还是作为集体或个体的悲伤、愤怒或快乐表现的焦点，它们都至关重要。

第一章　定点与迁移

1.1　中心性(CENTRALITY)

中心性始终是个令城市地理学家着迷的概念。就在战后时期大都会城市区域以与早期工业城市大不相同的方式得到发展之时，城市地理学也发展成了一门学科（Wheeler，2005）。20 世纪 60 年代大型计算机的出现使空间分析“科学”应运而生，新技术所承载的强大的统计工具见证了人们对将城市生活的各个方面都加以量化的日益增长的热情——人口统计学趋势、移民运动、住房市场、出差旅行等等（Barnes，2003）。其最早的表现形式包括：沃尔特·克里斯塔勒的中心地理论（Central Place Theory），欧内斯特·伯吉斯、霍默·霍伊特（Homer Hoyt）和哈里斯（Harris）及厄尔曼（Ullman）分别提出的同心圆模式（concentric-zonal model）、扇形模式（sectoral model）和多核心模式（multiple nuclei model），他们每个人都认为，城市具有一种可辨识的内在结构（参见图 1.1.2 和 3.1.1），而这种结构通常基于进入市场的途径和一种在中心地带聚集的行为趋势。

大多数城市的力量往往因某种地方优势而显现。在最简单的交换

图 1.1　芝加哥市中心一直是城市地理学家的实验室

形式中，即当个体农民实质上将他们的产品从田间地头带入最密集的交换地点——给了我们集市时，中心地对于周围区域的意义即已开始得到评估。随着城市变得日益复杂，从政府所在地到宗教建筑等重要的城市机构也将逐渐支配这些聚集点。大型中央广场或开放空间反映了集体集会在城市生活中的重要性，如北京的天安门广场、墨西哥城的宪法广场、罗马的纳沃那广场和伦敦的特拉法加广场。这些熙熙攘攘的中心区域的展现方式显然都遵守了一种引力。在某些极端的案例中，如马德里和巴西利亚，出于中心化管理的最合理形式，新的都城坐落在国家疆域的中心点上。然而，这些例子表明，城市结构多半是受到社会阶层和政府权力（特别是在殖民地城市，在那里，"开明的"城镇规划造就了不朽的广场、宏伟的政府大楼和宽阔的林荫大道）驱动的过程，而不是严格的商业准则驱动的过程。

不过，对于大多数当代城市而言，中心性的典范就是其中央商贸区（CBD）。正如福格尔森（Fogelson，2001）所述，鉴于与业务密集的中心地带（交通枢纽、零售市场、办公大楼、剧院等等）相关的土地价值，美国的“市中心”一向是被竞相争抢的空间。从现代城市的起始之日起，土地所有者群体便开始围绕建筑物高度、地铁和有轨电车而争论不休。商业群体早就意识到了集中的商业行为所带来的交易成本的减少，其中最明显的就是将客户间的往来时间缩减到最小限度。到了19世纪末期，技术革新加速了商业区中摩天大楼的发展，这令那些其视野被新崛起的摩天大楼所遮蔽的中产阶级大为懊恼，同样懊恼的还有现有的土地所有者，他们的地产价值因受到新建筑空间的突然重击而遭到了削弱。

此类冲突的起因具有简单的经济上的逻辑：

> 在CBD内占领空间的全部功能有一个共同之处：需要中心性和购买可获得的区位的能力。CBD内部具有多样性，这体现在特点鲜明的功能性区域和个别特殊功能的区位质量上……零售贸易区时常被当作节点，通常位于最核心的空间；办公区十分抢眼，也许拥有如金融或法律街区之类的附属部分。除了这些横向划分之外，在功能分配方面，还有显著的纵向变化：多层建筑的第一层为最具中心性需求的行为所占据。（Herbert，1972：90）

然而，随着分散的增加和经济关系的延伸，在历史上属于中心地带的地方租用或拥有一间办公室或商铺开始变得不那么重要了。“对于什么而言的中心”这一问题变得日益重要。例如，在20世纪30年代和40年代的美国，市中心开始受到郊外商业区的挑战，“有轨电车郊区”和生机勃勃的抵押产业使这种郊外商业区成为了可能。用木板封闭起来的商店和剧院景象随处可见，对市中心的日益畏惧在社会话语中变得内在化。正如罗伯特·博勒加德（Robert Beauregard）在其重要著作《衰退的声音》（*Voices of Decline*）（1993）中所言：

城市被巧言令色地用于架构当代世界中存在的不稳定性，因为城区的衰退充当了范围更广的恐惧和焦虑的象征性掩护。在这个角色中，城区的衰退不得要领地抢在了城市日趋恶化的状况和其黯淡未来的前面。这番话语的起因不是贫穷的壕沟、破坏因素的散播、市政府的财政疲弱以及非洲裔美国人的强迫性集中居住，而是社会中日益加深的矛盾。在这个意义上，这番话语发挥了将衰退置于城市之中的作用。它为我们更为普遍的不安全感和抱怨提供了一个空间定点，从而最大程度地弱化了演变为对美国社会更为激进的批评。(Beauregard，1993：6)

标志性的案例可能是时代广场了，它位于曼哈顿中心，一直充当着美国人对城区衰退和市中心生活态度的晴雨表（Reichl，1999；Sagalyn，2001）。因此，中央商贸区在领地管理方面的贡献是决定性的，而凝聚力、创造力和控制力是理解中心性对当代大都会意义的关键主题。

然而，评论家们现在越来越多地通过反映了一系列急剧变化中的大都会动态的成长模式来进行思考。新闻业对这些新景观的侵入揭示了一些令人着迷的故事。加罗（Garreau）的畅销书《边缘城市：新边界上的生活》（*Edge City：Life on the New Frontier*）（1991）收集了一系列奇闻轶事，其中描述了对在社会上出人头地的渴望、对犯罪的恐惧、复杂的家庭通勤模式以及对“收税而后开支”的地方政府的厌恶。乔尔·科特金（Joel Kotkin）的《新地理学》（*The New Geography*）（2001）在10年后讲述了一个相似的故事，这是在互联网风潮尚存余响之时，它对重塑高科技雇员的工作场所和生活模式起到了不可磨灭的作用。城市理论家们并不总是津津乐道于这些景观，尽管苏贾（2000）的《后都会时代》（*Postmetropolis*）试图将分散模式和再集中模式拉扯在一起。这干扰了传统的城市形象，正如苏贾（2000：242）所说：“在像纽约这样的地方，最密集的城区核心地带正变得不再那么密集，而在洛杉矶这样的地方，由低层建筑构成的、看似郊区的核心地带正达到可与曼哈顿相比肩的城区密度。”这些零碎的、去中心化的城市向分析家们提出了许多问题。一个重要的问题是定义问题——以下术语都隐含着后都会生活的不同版本和设想：郊区生活（suburbia）、网络城市（cyburbia）、边缘城市（edge city）、汽车专用区（autopia）、非场所（non-place）。每个术语都意味着对以大教堂和城市广场为标志的传统的乃至当代的城市概念的游离。

这些大都会景观反映了速度对于城市生活构成的重要性（Hubbard and Lilley，2004）。高速的市中心快车道和高速公路的出现一直是战后都市生活方式的主要特征，它改变了居民对城市的感受。这时常会导致长期建立的——通常是工人阶级的——社区的位移，正如伯曼（Berman，1982）对于其20世纪50年代在纽约跨布朗克斯区高速公路线路下被毁灭的童年的悲伤回忆。因此，城区公共空间的节律性本质是非常重要的，尤其是从如何使被吸引至中心地的不同使用者的需求得到解决、规划和调整这个角度而言。重申人类尺度的街头景观是都市舞台集体记忆的一个焦点，一直是个重要的趋势（Hebbert，2005）。然而，对于绝大多数城市而言，不管是北京、布宜诺斯艾利斯还是格拉斯哥，历史上的核心地带始终是一个更广大的城区经济内部的“商机”，因为它具有特殊的城市功能，如政府办公室、百货大楼、歌剧院等等。

这里也有个认识论的维度，它挑战了时常将“城市”视为一个连续整体的习以为常的概念。在阿敏和思里夫特（2002：8）看来：

> 从地理和社会两方面而言，城市的边界都已变得太具渗透性和伸拉性，使它难以作为一个整体而加以理论化。城市没有终结，没有中心，没有固定不变的部分。取而代之的是，它时常是杂乱无章的过程和社会异质性的混合体，是远近相接之地，是节律性的串联：其边缘总是在向新的方向拓展。

这种“怎么都行”的态度是令人兴奋的，但如果走得太远，就会形成威胁，将其自身吱吱嘎嘎地弄成碎片。

向中心的回归：恢复“过渡地带”

正如在全球城市条目中所述，大多数 CBD 办公区在为全球化经济服务时都已变得至关重要。在萨斯基亚·萨森（Saskia Sassen）看来：

> 在全球化的层面上，能够解释大城市在世界经济中地位的一个关键要素是，它们使可产生全球性控制力的基础设施及服务集中在了一起。如果经济行为在地理上的分散——无论是工厂、办公室还是金融市场——将会在所有权和利润拨用的持续集中下发生的话，那么服务将会是必不可少的。（Sassen，1995：63）

此类集中已向现行的城区结构施加了巨大的压力。这在那些具有建筑上或物质上鲜明特点的核心区的城市中尤为显著。我们不可能对此加以概括。诸如伦敦、巴塞罗那和罗马这样特色各异的城市，因为各种各样的原因，都各自保持了充满活力的市中心区（e. g.，Herzog，2006）。

然而，区位理论（locational theory）的一个关键主题是过渡地带（zone-in-transition），该术语由欧内斯特·伯吉斯在其同心圆模式（参见“图形”这一概念）中创造。该术语

> 适用于市中心这样一个部分：它与 CBD 相毗邻，老化的结构是其特征，它又从这样的事实中获取了其许多特性：它一直充当着城市 CBD 与更为稳定的居住区之间的缓冲带。（Herbert，1972：105）

一旦小工业区、恶劣的环境和出行不便成为过眼烟云，这些地区

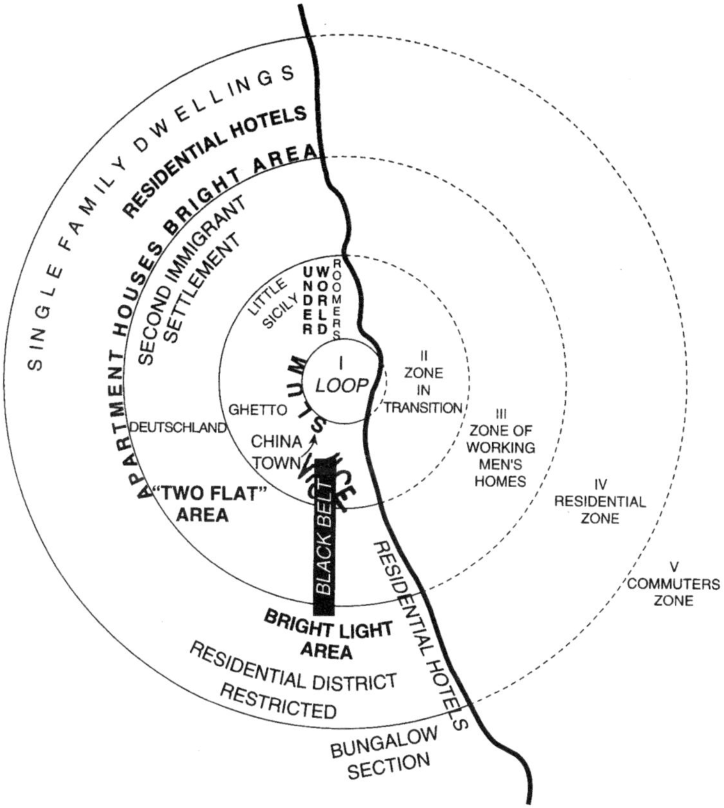

Ⅰ Loop：一环

Ⅱ Zone in transition：二环：过渡地带

Little sicily：小西西里

Under world：下层世界

Roomers：房客

Ghetto：少数民族聚居区

China town：唐人街

Slum：贫民窟

Ⅲ Zone of working men's homes：三环：工人住宅区

"Two flat area"："两层公寓"区

Deutschland：德国

Second immigrant settlement：二次移民安置区

Ⅳ Residential zone：四环：住宅区

Bright light area：华灯区

Apartment houses bright area：公寓楼亮灯区

Residential hotels 住宅酒店
Single family dwellings：独户住宅
Residential district restricted 封闭式住宅区
Ⅴ Commuters zone：五环：通勤区
Bungalow section：平房地带
Black belt：黑带
Residential hotels：住宅酒店

图 1.1.2　伯吉斯的中心性模式

就会成为后工业城市中人们争相追逐或“复苏”之地。市中心得以复兴的一个基本方面是，随着影响力各不相同的社会阶层入住城市中心，它们被重新用作住宅性邻里街区。重新发现市中心的一个关键点，是人们对由研究城区中产阶级化的理论家们绘制出的市中心住宅区的日益增长的需求（e. g. ，Ley，1996；Smith，1996）。阿伦（Allen，2007）在根据对英格兰曼彻斯特市进行研究所作的报告中，辨识出了三个出于不同原因而在这些区域（重新）聚居的主要群体。首先是一些“反文化的”使用者，他们常与城市的夜生活紧密相联。一方面，有一个由时尚设计师、艺术家和建筑师构成的“创意阶层”，另一方面，又存在着由男女同性恋者组成的社群，他们常在城市中被忽视的角落开拓出“同性恋村落”。其次是一些“功成名就的长者”，他们曾在郊区养儿育女，然后搬回市中心享受它由餐饮和艺术构成的文化设施。第三个群体是一些“市中心观光者”，他们怀着短期的城市生活目标，享受城市生活的体验，但其长期目标则是搬到郊区去。这其中的每个群体都具有不同程度的文化技能或资本、社交网络以及习惯，以及不同的住房经历。但将他们联合在一起的是对于作为游乐场和享乐源泉的城市的兴趣。正如斯莱特（Slater，2006：738）所论证的，这反映在城区中产阶级化研究焦点的一种转变之中：“（中产阶级化的）感受不再是租金的上涨、房东的骚扰和工人阶级的流离失所，而是街道景观、时尚酒吧和咖啡馆、苹果牌平板电脑、社会多样性以及时兴的服装经销店。”

中心商贸区的经济复兴导致一些批评者认为市中心现在受到了郊区“家庭”价值观的统御。城市生活的密度和由它所负载的充满活力的社交活动留住了一群有强大影响力的规划者和政策制定者。简·雅各布斯（Jane Jacobs）于1961年出版的经典著作《美国大城市的死与生》（*The Death and Life of Great American Cities*）影响了好几代有着良好意愿的地方营造者，它以基于曼哈顿的“人行道芭蕾”而著称，而构成这种“人行道芭蕾”的是基于“街头生活”的密集的社交和行人。所以，令人觉得讽刺的是，批评家们现在却围绕着《纽约的郊区化》（*The Suburbanization of New York*）（2007）一书争执不休，本书汇集了有关编辑们所谓的“典型城市”的未来的论辩文章，所谓典型城市，是指它们“在文化上、种族上和经济上相互混合，既令人兴奋又喧嚣吵闹，既捉摸不定又自发能动，既老于世故又具有无穷无尽的创造力”（Hammett and Hammett，2007：19）。有接二连三的作者评估说，这样的城市眼见着会受到由中产阶级化、位于市中心的大型购物广场、全国性特许连锁店、节日市场和星巴克咖啡店构成的联盟的袭击（M. D. Smith，1996）。城市理论因其建立在几个独特案例基础之上而声名狼藉，对纽约经验的可复制性持警惕态度是谨慎的。但上文提出的许多观念——中心区的精英力量，城市的复活、复苏、复兴，不同社会群体在人口统计学上的“入侵”——都可以以略有不同的形式在20世纪80年代和90年代世界各地的城市中被顺藤摸瓜地探寻出来。

如上所述，市中心作为住宅环境的复兴受到了“反文化的”或“放浪者的”社会群体的驱动（Zukin，1995）。在像纽约这样的城市中，人们发现艺术家们又重新住到工业化市中心的仓库和阁楼里，吸引他们的是廉价的租金和粗陋的、可拆卸的工业规格的楼板。这些被部分再造的城市中心区域对白领工人来说更具吸引力——再加上干预性政策——市中心变得绅士般地高雅起来。随着理查德·佛罗里达（Richard Florida）的《创意阶层的兴起》（*The Rise of the Creative Class*）

（2002）的出版，这种复苏又被赋予了学术上的合理性。该书令世界各地的政策制定者耳目一新，他们欢迎这样的信息：成功的区域经济拥有为数众多的浪游者，即“富有艺术创造力的人”（p. 333），如艺术家、设计师或音乐家。世界各地的城市越来越多地引进了被大力推销的创造性城市政策方案，从而有意识地给自己贴上了闹哄哄的、富有创造力的大都会标签（Rantisi and Leslie，2006）。此处，对建成环境的再投资是个关键问题。保护措施、反拥堵措施以及对现代主义的综合再开发的反应已加强和保护了在老旧的市中心生活的称心如意和高超品质（While，2006）。然而，这也招致了一些批评。一方面，这种政策信息的快速传播因其不现实的设想而遭到抨击（Peck，2005）。除此之外，尽管一些政策制定者已将夜间经济区域视为“后现代创造力的万能灵药”，但霍兰斯和查特顿（Hollands and Chatterton，2003）则认为，这是个在娱乐公司统领下的区域，它们能够释放的操作性较小。他们指出，“市中心的夜生活远非一个公平的局面，它全由市场所左右，许多小规模的、地方性的夜生活娱乐场所关门歇业，被推向了边缘，或者干脆被收购”（p. 380）。

中心性在城市中依旧重要吗?

总而言之，市中心、闹市区或都市核心区在大众的都市想象中具有非常强烈的存在感。在某种意义上，技术的发展和对逃离中心城市的拥堵状况的持续渴望，似乎依旧使对于中心性的需求显得很不合逻辑。格雷姆和马文（Marvin，2001：116～117）认为，在一个信息化时代，

> 网络化的城市核心……趋向于……在实际上或技术上行将过时，需要面目全非、耗资巨大的改装翻新。对于老旧的都市核心区的市政管辖而言，既要保证更新基础设施所需的金融和技术的专业知识，又得面对围绕限制工业化和社会两极化而出现的财政

和社会危机，这就提出了巨大的挑战。

不过，市中心的问题——岁月的侵蚀和对当代生活缺乏适应——也正是它们的最大优势。

这是个被简化了的过程，主要适用于美国的城市中心区。不过，近年来，在世界各地的城市中，对市中心的兴趣都有了重新抬头之势。就连中国的“休克”城市现在都越来越津津乐道于保护历史遗迹和对现存建筑的适应性再利用。此处涉及了许多重要的过程：对公民身份的重申和城市服务的私有化构成了复杂的相互影响；对密度和高层建筑重新发现的兴趣；徒步与开车间的空间冲突；在市中心定居的潮流的回归；一种转而欢迎“娱乐性”和“创造性”的强有力的政策转向。

关键点

• 中心商贸区一直是城市地理学传统方法的重要组成部分，可见于都市结构模式和区位理论之中。

• 在此类中心区域的内部，在高耸入云的办公楼群之间，在位于服务与制造街区之间、零售街道与公寓街区之间的“过渡地带”，都存在着细微差异。

• 20 世纪 80 年代见证了市中心生活再发现的开端，这种生活的特点是，住在公寓楼中，拥有冠之为所谓“都市复兴”称谓的新的社会群体。然而，批评的矛头已经指向了其置换过程和中产阶级化过程，以及地产开发商和有闲阶级在塑造都市政治中心中的权力。

1.2 流动性 (MOBILITY)

城市因运动而繁忙喧嚣。川流不息的交通运输，往来穿梭的通勤列车，发出刺耳摩擦声的有轨电车，通过铜和纤维光缆而传出的数以百万计的电话呼叫的脉动声，前去上班的成千上万人纷至沓来的脚步声，深夜酒吧或夜总会中随着流行音乐而左右摇摆的身体。更别说食物、饮料、水以及其他为城市提供了生活基础供给品的流动。也不必提由现代城市每天造就的固态的和液体的垃圾的反向运动。事实上，一旦你开始将城市当作持续运动的整体来思考，那么这种运动——这种流动性——所包含的事物清单就几乎是无穷无尽的。

计量地理学与交通运输地理学

当代城市地理学——其实是更具普遍性的社会科学——所面临的一个核心难题是如何解释这种喧嚣的运动。当然，无论怎样，城市地理学从其孕育开始便关注流动性。在20世纪20年代和30年代，城市社会学家中芝加哥学派的领袖人物认为，定义正在美国出现的工业大都会的关键元素是其流动性。在德国社会哲学家格奥尔格·齐美尔（Georg Simmel）的启迪下，芝加哥学派强调现代大都会的生活如何从各个方面被大都会内部及外部的人和信息的循环所定义。路易斯·沃思（Louis Wirth）分析了如何通过流动性定义城区居民，他们在经历城市的不同部分时会适应一系列各不相同的角色。罗伯特·帕克（参见“社群”这一概念）研究了报纸是如何疏导都市信息流的。在对无业游民、移民社群和由诸如出租车舞厅这样的群体所构成的流动社群的详细个案研究中，芝加哥学派付出了大量的努力，试图去理解在很大程度上由其流动性所定义的边缘群体的特征。实际上，欧内斯特·伯吉斯（in Sheller and Urry，2000：740）认为，流动性“可能是城市新陈代谢状态的最佳指数。在远非想象的意义上，也许可以认为流动性是‘社群的脉博’”。

对运动的相似思考可见于20世纪50年代和60年代大量的计量革命先驱者的著作中，这些著作席卷了人文地理学——以及与之伴随的城市地理学（参见 Ullman，1957；Webber，1964；Berry，1973）。计量地理学的一个重要关注点是联络的距离和模式——公路和铁路网、远距离通信系统等等——是如何对发生在不同地点之间的大量运动产生影响的。尤其值得一提的是，计量地理学具有影响力的部分把注意力集中在交通运输所强加的限制条件——包括货币条件（将事物从一个地方转移到另一个地方需要一定的成本）和时间条件（在空间中的转移需要时间）——两者是如何建构起经济发展之动力的。从简单的区位分析和重力模型，到线性规划及因素和网络分析，计量地理学家形成了一系列的分析模式来探索这些时空动力。他们还证明，将以下两个事实都考虑在内，即经济行为具有一种地理区位，而且这种行为需要依赖劳力、材料和能量的复杂的时空协调，这样的做法深刻地改变了社会科学如何对经济发挥功能的理解。

鉴于交通运输对这种计量工作的许多方面的重要性，在 20 世纪 60 年代和 70 年代，交通地理学（transport geography），或交通运输地理学（transportation geography），在人文地理学内部成为一门核心性的子学科，也就不奇怪了（参见 Eliot Hurst，1974；Hoyle and Knowles，1992）。并且，随着交通地理学在该学科内部的突飞猛进，它发展出的方法和技术也同时对城市规划、城市设计和城市管理的其他方面产生了影响。

流动性范式

不过，虽然计量交通地理学大获成功，在概念上，它对于赋予城市以生机的事物的解释却相当狭隘。正如让-保罗·罗德里格（Jean-Paul Rodrigue）（Rodrigue et al.，2006：5）及其同事在《交通运输系统地理学》（*The Geography of Transportation Systems*）一书中所写到的那样，交通地理学可以被定义为：

> 关注货物、人和信息的运动。它力图将空间限制条件和属性与运动的起源、目的、范围和性质联系起来。

这暗中遗漏了大量发生在城市内部的运动。它没有提及城市所依赖的水和垃圾的循环（参见“基础设施”这一概念）。它没有对城市中包括植物、野生动物、宠物、家畜等在内的非人类居住者的活动作出任何解释（参见“自然”这一概念），而它们是城市之所以为城市的不可分割的组成部分。它也没有留出多少空间去思考发生在城市中的无法定位的从一个目的地向另一个目的地的运动：乘车在大街小巷兜风和闲逛时的快意、周日的漫步、遛狗或慢跑等等。换句话说，交通地理学只在乎如何从 A 到 B，而与旅行（这种运动）本身无关，它面向的是作用不大的事务。就这点而论，受到交通地理学喜爱的纯粹的计量性解释通常会固化它们正在描述的运动，将它缩小为两点之间的一个抽象的矢量。

交通地理学应当以这样的方式设计运动这种看法并非是该门子学科的固有性质。正如大卫·奇林（David Keeling，2007：218）所说：

> 交通运输具有典型的地理性质，所以，人们似乎惊奇地发现，有关交通地理学家是否已偏离了地理学的核心理论和方法论的焦虑仍然存在。交通地理学家是否为了使自己的研究与其他研究更为相关而失去了与他们学科的核心原则的联系？他们是否陷在了网络结构和流量的狭隘限制之中，而无法阐述交通运输用以塑造遍及全球的人类行为的多种方法？

当然，应当强调，在交通地理学的职能范围之内，使运动经验变得扁平的计量性解说不一定是个问题。假如交通地理学的目的只是描述一个明确的交通运输系统内部的运动，并谋求如何使这一系统的效能（从总的成本、平均旅行时间等角度出发）得到提高的方法，那么聚焦于交通中那些起作用的方面就已经绰绰有余。但是，假如我们的目标是解释在前言中提及的运动所带来的喧嚣，那么便有必要拓展交通地理学的疆界和计量分析的工具。

这就是在过去 10 年中伴随着对流动性和各种各样运动感兴趣的形

图 1.2　汽车流动性

形形色色的社会科学家的著作而出现的流动性研究范式（Sheller and Urry，2006）力图要做的事。在认识到——正如交通地理学所做的，也如芝加哥学派在有限的方面所做的——流动性对于当代工业和后工业社会建构的中心作用后，由人文地理学家、社会学家和其他社会科学家构成的不同集体都一直试图对社会科学研究应当涉及和集中关注的东西进行一次彻底的重新定义。在延伸并推进了计量地理学有关联系和运动模式会在各个基本方面定义（或者，也许更准确地说是**建构**）我们的社会世界这一深刻认知之后，流动性理论家认为，社会理论应当始于这样一个前提：世界是由运动和流动性所定义的，而不是由静止和结构定义的（参见 Thrift，1993；Urry，2000；Amin and Thrift，2002；Sheller and Urry，2004；Sheller and Urry，2006；Cresswell，2006）。按照米米·谢勒尔（Mimi Sheller）和约翰·尤瑞（John Urry）（2006：208）的话说：

> 社会科学已经……无法查验社会生活的空间性如何预料（通常涉及关于它们的冲突）人们从一个地方到另一个地方、从一个人到另一个人、从一个事件到另一个事件的实际的和想象中的运动。旅行（以及运动）一向被视为一个黑匣子，一套中立的技术和过程，显然允许种种经济、社会和政治生活形式，这些生活形式又被视为可依据其他更有力的过程得到解释……全方位地解释流动性的要求向社会科学发出了挑战，使其必须改变它的研究对象和研究方法。

汽车流动性和其他流动性

这听上去十分抽象。但在许多方面它确实如此。不过，谢勒尔和尤瑞（2006）所分辨的意义可通过汽车流动性这一例子来加以证明。作为当代工业社会的标志物之一，汽车是种个人交通工具，是种地位的标志，是种审美声明，是个人自由的象征和终极消费品，还是当代城市中无所不在的存在（Sachs，1984；Miller，2001；Wollen and Kerr，2002）。实际上，哲学家罗兰·巴特（Roland Barthes，1972：88）甚至声称：

> 今天的汽车几乎完全等同于雄伟的哥特式大教堂……一个时代最重要的创造，由未知的艺术家怀着激情构想而成，而为全体民众在想象中（若非在使用中）所消费，他们将它们作为一种纯粹的充满魔力的物体加以占用。

但是，汽车也并非只是种技术性物体，或是某种类型的社会象征。在非常真实的意义上，汽车定义了构成当代城市生活特征的社会组织和相互作用的模式：汽车已在一个相当具体的意义上变成了一种完整的生活方式。

不过，正如谢勒尔和尤瑞（Sheller and Urry 2006：209）所言，从

城市地理学到社会学乃至城市研究的社会科学都未能：

> 思考汽车在改变现代城区/郊区居民时空“景观”中的摧枯拉朽的影响力。工业社会学、消费研究、交通运输研究和城市分析等，个个都是极其静止的，未能思考汽车是如何在一个汽车化了的时空中凭借新的居住、旅行和社交方式来重新配置城区生活的。

更有甚者，你越是思考汽车的地位以及它所带来的流动性，它的存在便显得愈加包罗万象，也就愈发显得会“展开一种特殊的统治模式”（Heidegger，in Sheller and Urry，2000：737）：

> 汽车流动性不仅会影响到当地的公共空间和人们聚集的机会，而且也会影响到性别认同、家庭及社会网络、在空间上相互分离的城区邻里关系的形成、国家形象和对现代性的渴望，以及从跨国移民到恐怖主义和石油战争的全球关系。

于是，为了严肃地对待城市生活的汽车化（automobilisation），就需要承认，汽车的成功是建立在被汽车所包围的复杂的关系网络基础之上的。

聚集的最显而易见的方面是汽车赖以生存的基础设施环境：宽阔平坦的公路、加油站、汽车修理店、汽车代理商、露天和室内停车场、交通控制系统、汽车回收公司，这些还只是几个最明显的例子而已。还有其他同样纷繁复杂的社会法律环境：保险公司、政府法规、地方法规、事故索赔公司、交通警察、泊车督导员，它们渐成气候，用以调节、指挥、必要时训练云集于当代城市中的大量汽车（或者更准确地说，是车与人的结合）（参见 Beckman，2001；Jain，2004；Latham and McCormack，2004；Merriman，2007；Dodge and Kitchin，2007）。从一个更加感性的层面上说，汽车已全方位地与人们的情感生活建立起深刻的关联。杰克·卡茨（Jack Katz，1999）描写过洛杉矶的汽车驾驶者们对于自己的汽车所生成的独特的情感依恋关系。不尊重一个人的道路空间即是相当真切地不尊重其个人空间。同时，我们可再举一个例子。罗宾·道林（Robyn Dowling）描述过，为什么对于许多郊区妇女而言，汽车所有者的身份何以不仅成了她们管理日常工作和照看儿童的常规方式之关键所在，而且汽车及其内部空间也已渐渐使母亲对孩子的关心和爱护感变得具体化了。它们渐渐使得到广泛认可的构成“好母亲”的元素具体化了（Dowling，2000：352；亦见 Law，1999）。

当然，汽车绝非当代世界流动性的唯一动力源。彼得·阿迪（Peter Adey，2007）、蒂姆·克雷斯韦尔（Tim Cresswell，2006）以及马丁·道吉和罗勃·克钦（Martin Dodge and Rob Kitchen，2004）都已描述过，航空旅行已经变成了一种日渐渗透都市生活的元素，产生了一系列新的时空感。确实，从各个方面而言，配备了宾馆、办公室、公共交通运输系统和大型购物广场的飞机场正逐渐变得类似于微型城市。而其他的作者也已揭示，在实践活动中所固有的流动性，如群体旅游（Sheller and Urry，2004）、移民（Conradson and Latham，2005a，2007）、移动通讯技术（Katz and Aakhus，2002）或互联网（Wellman，1998；Wellman and Haythornthwaite，2002）的使用，是如何以各种各样有趣的方式建构着当代城市生活的。而这一切尚未提及全球化城市既加以组织又赖以生存的货物、商品和信息的惊人运动（参见 Appadurai，1996；Castells，1997；Amin and Thrift，2002）。事实上，你看得越多，你就越会发现将一切城市现象都理解为在某种意义上是流动的可能性。

流动性范式的中心命题

流动性范式的中心点是，将城市阐释为是通过运动、节律和速度的多种形式加以组织的做法既是可能的，也是卓有成效的。虽然诸如汽车、高速公路、飞机和飞机场之类的事物是“流动性转向”最显而易见的方面，但流动性范式的真正挑战是它要求“向流动性开放已持续流经的所有地点、场所和实体”（Sheller and Urry，2006：209）。于是问题便变成了城市地理学该如何研究城市，这个问题到底意味着什么？回答这一问题的一种方式是，简单地继续罗列城市为流动性所定义的各个方面。另一种解决这一问题的途径是，拟定一份由普遍的概念性命题构成的清单，这些命题将新的流动性范式定义为一种思考社会世界的方式。于是，冒着过于简单化的风险，我们可以将流动性范式总结为 8 个关键命题：

1. 定义世界的是运动和流动性，静态不是主要的。

2. 世界由大量异质性的时空构成。

3. 社会科学有必要变为后人文主义的。社会由非人类的和人类的行为体构成。

4. 社会理论/社会科学需要超越民族国家的界限。也就是说，社会理论不应当建立在民族国家是社会的自然家园这一假设基础之上。

5. 为了理解社会，社会科学家必须专注于社会实践活动。

6. 为了理解社会，社会科学家必须不仅专注于生活的合理性，而且要专注于生活的情感维度。

7. 社会必须被彻底地理解为社会技术的。技术世界不是某种存在于“社会”之外的东西。它与社会世界的延伸存在着基本的关联。

8. 社会理论的首要任务是制造隐喻。用以描述现实的各种隐喻正逐渐全方位地定义着这一现实。隐喻也划定了我们如何理解问题的界限。所以，流动性研究取消了如结构、代理之类的隐喻，而是围绕着由流动、流动性、网络、风景和复杂性等构成的隐喻来加以组织。

确切地说，流动性范式的概念性命题将会把城市研究带向何方尚不明了。在广大的社会科学内部——尤其是在城市地理学中——向流动性的转向仍然是相对近期的事，而流动性范式始终是一个扩散中的、迅速演进中的思潮。不过，在促使城市地理学者将此类基本概念重新思考为社群（当社群通过汽车、电话或互联网的流动性加以调停时，这个词到底意味着什么?）或公共性（public-ness）和公共空间（汽车对城市街道的统治是否扼杀了公共空间，或是改变了它，从而缔造了一种新的由汽车流动性构成的公众?）这类概念时，以及在将所有遭到无视或忽视的城市生活方面带入研究人员的关注中时（从各类基础设施的中心性到城市的顺畅运转的功能性、与运动相关的各种社交活动、流动性塑造人们的城市精神地图的方式），流动性范式有助于城市地理学重新注入活力，使之重新焕发生机。

关键点

- 运动是定义城市生活的元素之一。
- 计量城市地理学和交通地理学为研究城市和流动性提供了最早的和最具思想探索性的方法。
- 计量交通地理学的所有优势也只能为构成城市生活的运动提供一种相对狭隘的、有助于指出方向的解释。
- 流动性范式是各个学科的研究者们的集体创造，他们试图通过将运动和流动性放置在社会科学的社会定义的中心来重建社会科学（包括人文地理学）。
- 汽车流动性提供了一个有关流动性范式涉及范围的典型个案研究。它表明了，汽车不只是一种技术性物体——它是某种非常真实意义上的“完整的生活方式”。
- 流动性范式不受特殊主题或研究对象的界定，最好是将其视为一系列有关如何展开社会科学研究的相互关联的命题。

1.3 全球城市（GOLBAL CITIES）

从经济学到人类学再到城市规划，全球化作为一个研究领域的发展壮大已在许多社会科学学科中被感知到，而它庞杂的内部结构也成为人文地理学家的一个主要关注点。不过，这头野兽的天性一向难以驯服，特别是当它被运用于城市研究之时。通常而言，有关全球城市的本质，有两支思想流派。一方面，有一种建立在规模、网络和等级制度基础之上的模式。这一向被视为基于静态的、稳固的世界概念，在这里，城市可以被确定为一个单一的整体，然后被分类、比较、对照和争论。另一支思想流派将全球化视为一个过程，对将城市简单地定义为物体的做法提出了质疑，强调在我们称为城市的空间格局中活动的行动者之间的流动和运行。这种差异在地理学和其他学科中引起了有力的争论，所以下面的讨论显然只是一种简要的尝试，目的是要探察它的某些轮廓。

从世界城市到全球城市

尽管像彼得·霍尔（Peter Hall，1966）和让·戈特曼（Jean Gottmann，1957）这样的理论家已就大城市的日渐隆盛的力量提供了意义重大的总结，但作为一个自知概念的世界和全球城市的出现在研究日程表上通常还是放在了约翰·弗雷德曼和戈茨·沃尔夫（John Friedmann and Goetz Wolff，1982）的名下，最初见于他们发表在《国际城市和区域研究杂志》（*International Journal of Urban and Regional Research*）上的一篇文章中，该杂志始终是这一论争的主要竞技场之一。他们的论点将许多旨在解释全球化的“宏观”理论集中在了一起，如政治经济理论和世界体系论，并言简意赅地概述了结构性力量，他们认为，这些结构性力量将城市——被理解为有所扩展的大都会城市区域——放置在了经济动力学的中心，而非放置在显然是衰退中的、由中央统筹的民族国家的经济学的中心。他们的议事日程围绕着作为“命令和控制”中心的城市的重要性这一核心来展开，这些城市使越来越多地把持了世界经济大权的跨国公司的政策制定者们济济一堂。他们的论点开启了一系列关键的重构过程——经济的、社会的、物质的、政治的——它们通常都难以解决，但集中在一起却表明了将城市理论化的方式的几近全面的转型。有趣的是，启迪了弗雷德曼和沃尔夫个案研究的是洛杉矶，而赋予了这一空间格局以特征的是重要的后工业经济部门，如军事技术和电影产品。洛杉矶在这些新的理论论争中——由如爱德·苏贾、詹尼弗·沃尔克（Jennifer Wolch）、阿伦·斯科特（Allen Scott）和迈克·戴维斯（Mike Daivs）等其他人发动——始终是富于争议性的，批评家们将矛头指向了特殊性而不是原型性质。这一点在下文中会再次提到。

弗雷德曼加在此议事日程之后的是“世界城市假说”（The world city hypothesis）（1986），而到了20世纪80年代后期，区域发展理论家、城市规划师、社会学家和地理学家们正在加深其理论复杂性和实验反响性。然而，也许令“世界”城市发生了转变的关键事件是社会学家萨斯基亚·萨森的《全球城市：纽约、伦敦、东京》（*The Global City：New York，London，Tokyo*）（1991）的出版，正如书名所暗示的，该书将关注点转向了三个重要城市，将其作为20世纪80年代日益金融化的世界经济的制高点。萨森论点的新颖之处在于，仅仅拥有公司总部并不足以让城市在全球经济中呼风唤雨。相反，是大量相互作用的生产性服务业公司赋予了城市以引领全球潮流的能力。除此之外，萨森认为，“世界城市这一经典概念与全球城市模式之间的差异是一般性和历史特殊性层面的差异。世界城市概念具有某种隶属于它的永恒性，而全球城市模式标志着一段特殊的社会空间历史时期”（2001：349）。因此，虽然世界城市可以至少从世界帝国主义兴起之时便得到确认，巴黎、伦敦和里斯本在较早的世纪中已是重要的命令和控制中心，但萨森却是从其塑造或协调20世纪80年代和90年代世界经济的角度，记录了她所选择的三座全球城市的特殊轨迹。全球城市的概念因而为政策制定者、商人和学者之流所采用，因为它出现的时刻，正值全球化已作为一个重要的研究领域牢牢地出现在议事日程表上之时。

到 21 世纪最初 10 年的中期，全球城市的议事日程已达到如此密集的程度，以至于一家大型国际出版社——劳特利奇出版社（Routledge），出版了“全球城市读本”（Global Cities Reader），从范围广大的视野中萃取了 50 种观点（Brenner and Keil，2006）予以介绍。这一学术争论已扩展至了表征、文化认同、作为一种地理概念的性质，以及计量性实证检测等领域之中，这反映出它在学者中颇有市场，而不是只有那些在城市领域工作的人才对它感兴趣。这一讨论之余，以下几个领域也被简要论及：基于实证绘图的全球城市发展议事日程；与此概念相联系的城市的实质性转变；作为被政客和经济规划者之类的当事者所使用的一种公共话语的“全球城市”的出现；而且这一概念的扩展更多是随着它在诸如疾病、宗教和时尚之类的领域的明确运用，而不是主要与经济组织相联系。在本书的其他部分，我们会讨论跨国主义（transnationalism）和流动性（mobilities）等同源领域如何发展和加深了对于远距离社会的认同感以及实质的、具体的旅行的理解。

城市与全球经济

在努力加深对在全球经济之中把城市联系在一起的特殊的、可测量的行为的理解过程中，一个围绕着全球化和世界城市（GaWC）而出现的意义重大的研究网络于 20 世纪 90 年代云集于英国拉夫伯勒大学。正如比弗斯托克、史密斯和泰勒（Beaverstock，Smith and Taylor，2000）所言，现在，一种有关城市中心地带流动的新兴“元地理”（metageography）已可以得到鉴别，并被绘制成图。这就要求城市根据其相互关联性来进行分门别类，凭借互联网的联网数据、航空旅客流量、办公区位模式来进行物质角度的测量，特别是在如法律、会计、广告和金融等先进的生产性服务业中。正如他们所言：

> 世界城市不是要去除国家的权力。它们是“重新调节”权力关系的全球重构的组成部分，国家在其中将要发生改变和适应……在伦敦的世界角色与国家经济之间、在纽约的世界角色与美国经济之间进行的“重新谈判”，再加上所有世界城市及其包括在内的疆域性“家园”经济，都是在全球性空间经济中影响着网络与疆域平衡的更广大的改变的组成部分。（Beaverstock et al.，2000：132）

因此，这里产生的感觉是此类城市不再被清楚地表述为国家经济的引领者，它们是自身的推动者，用以协调那些将有可能通过各种手段绕开国家经济乃至有可能从国家经济中“漏出”的流量。

与这种转变相伴随的是对于城市想象方式的重新理论化。阿敏（2002）致力于弄清楚远程经济交易的意义（换言之，即社会交互作用向许多英里以外以及大陆之外的延伸），他提出了两个关于如何理解城市的观点。第一，它们可被视为“一连串的基于位置的经济”（p. 392），即一系列有界线的疆域，它们可以被切实地测量，如用平方尺来测量。另一方面，阿敏又视城市“为一个网络活动的场所”，他此处的意思是，城市是“经济实践活动的网络，它不会使城区重新成为局部交易之地”（p. 393）。从这个角度出发，“因此而被概念化的城市不再有界线，而是在空间上得到延伸的经济环境”（p. 393）。阿敏的论点因此建立在一个经过精心琢磨的关于如何看待城市的对比之上，如他所言，它们不是“经济竞争或知识模块的孤岛”，而是“循环的站点”，既不静止，也不稳定（p. 395）。所以，我们无法假设城市是连续的整体。正如萨森有关生产性服务公司（如普华永道会计事务所）的重要性所暗示那样，定义一个城市连续性的也许正是跨国公司及其有组织的联系。

无论你站在争论的哪一方，都应当强调的是，尽管有鉴定这些全球城市的抽象图解和表格，还是有一些产生相互作用（通常是面对面的和具体化的）的特殊聚集地和地点。此处，我们可以看到与纯粹的流动相反的稳固性和局部特殊性的意义。这时常与此类城市中的写字楼市场的性质有关，赋予它们以特点的是摩天大楼的普及和向先进的生产性服务业——如法律、会计、保险、建筑和广告——的倾斜，为的是聚集在大的商业场所周围，从而强化公司间的相互作用。这已经达到了这样的强度，以致写字楼的内部和外部设计（O'Neil and McGuirk，2003；McNeill，2007）都被赋予了重要意义，同时，精英建筑公司则在为像瑞士再保险公司在伦敦的办公大楼这样的委托展开激烈的竞争。此外，这些建筑物中容纳的社会活动，一直都是一些很有吸引力的研究对象，如有关在投资银行中的性别化工作实践（McDowell，1997）、外雇人员俱乐部之类的精英社交网络（Beaverstock，2002），以及货币和金融的空间化（Leyshon and Thrift，1997）。

全球城市话语

还有另一种思考这一问题的方法，即将全球城市视为自生话语。在席卷地理学和社会学的后结构主义的影响下，学术界开始更加关注那些明显中立的概念是如何影响真实的社会活动的。换言之，一旦市长、政策顾问、公司战略决策者、学者、记者和其他涉足于知识圈的人都一致赞同"全球城市"这一理念，那么该术语就会获得一种现实的意义。政策制定者识别出"全球性竞争"的部分；土地使用规划决策受到"全球"议事日程的驱动；对外国竞争者的畏惧可被提升为评判争议性政策选择的手段。例如，伦敦市长肯·利文斯顿（Ken Livingstone）（2000～2008）因为想象中的来自巴黎和法兰克福的挑战而一再强调对摩天大厦写字楼的需求。正如町村（Machimura，1998）所描述的，东京市政府重新撰写了城市的规划（以及它的土地使用规划），以使它能够容纳全球性潮流，并且与之建立联系，而它所使用的是一种类似的语言（也许源自由全球咨询公司提供的在很大程度上是未知的话语）（亦可参见 McNeill et al.，2005 on Sydney；Paul，2004 on Montreal）。

进一步的问题是，尽管这些小的资本积累领域——我们可以称它们为足迹——也许会对周边的房屋及劳动力市场产生巨大的影响，但实际情况是，过分关注金融集群也许会将注意力从平凡但却意义重大的经济区中转移开去，例如小型商业、物流园区、由无报酬的或半合法的工作构成的非正规经济，甚至是犯罪经济。在考虑位于非洲、亚洲和拉丁美洲的不发达城市的重要性时，这便显得尤其重要，它们也许会以不那么引人注目的方式参与到全球经济的潮流之中（Sidaway and Power，1995；Shatkin，1998；Simone，2004）。

疾病、宗教、时尚、艺术

然而，应当注意到，过度关注金融服务也许会模糊其他许多将城市或城市内的场所联系在一起的关系。为了说明这一点，请思考一下以下四个领域：疾病、宗教、艺术、时尚。疾病的全球地理学随着2003年SARS传染病的突然暴发而得到证明，该疾病是将中国乡村与加拿大城市联系起来的“传动链”。正如哈里斯·阿里和凯尔（Harris Ali and Keil，2006）所揭示的，“该疾病起源于中国南方农村，然后通过牲畜市场向中国的大城市进军，最后在香港这一重要的全球城市找到了立足之地，随后，香港充当了它在全球传播的重要的交换地”（p. 500）。SARS的特殊地理——其群集之地在东南亚，但外围却在多伦多——突显了中国城市与加拿大的大型城市之间日益增长的贸易和旅行关联。正如哈里斯·阿里和凯尔继续讨论的那样，尽管欧洲港口城市在前现代和现代阶段中一直是重要的疾病传播点，但当代的状况已助长了传染病的散播。这有两个原因：第一，“对于跨越大陆的飞机旅途而言，许多病毒和细菌的潜伏期要远远短于旅行时间……那些受感染的人很有可能在其旅行途中及刚刚抵达目的地时是无症状的”

(p. 492)；第二，因为全球城市网络，“病原体可进入城市人口的途径已变得多样化了”(p. 492)。

现在，众所周知，宗教是世界的伟大塑造者，那些“世界宗教”，尤其是伊斯兰教和基督教，已对民族国家的社会生活、文化价值观和法律规范产生了十分重大的影响。例如，罗马天主教会就从事活动的人数而言，可能是世界上最大的机构，它就十分依赖地方上的势力基础，以及把罗马神话化为与地球上的基督徒有着直接的血统关系。这对于世俗城市中的日常活动以及城市政治有着巨大的影响力（McNeill，2003b）。在见于大多数大城市得到扩展的社会和文化网络中，宗教机构在关注移民群体方面起到了关键性的作用。神圣罗马虚构的、本质化的属性调动了成千上万的游客和朝圣者；这个方面又是种相反相成的关系，它将罗马纳入了全世界各地的信仰共同体的网络之中；它随后会要求这些网络机构化并建立规章制度，其所采取的方式必须要在对空间的神圣诉求与罗马和意大利公民的世俗权利间取得平衡。与此相类似，像清真寺这样的宗教建筑的建造——以及当地对这些事件的反应——揭示了根深蒂固的文化认同和焦虑，它们既来自于民族的想象，同时又建构了民族的想象（Dunn，2005）。

进一步的例子是时尚，特别是高级时尚。像宗教一样，某些关键城市在历史上就主导着这一运动，正如吉尔伯特（Gilbert，2006：20）所描述的：

> 欧洲帝国主义的发展壮大和系统化在时尚世界城市的发展中是个重要阶段……伦敦和巴黎渐渐被理解为兼具创新性和时尚权威的地点。服装和设计的实际输出使这一点令人信服，但同样发挥作用的还有这些城市作为时髦的现代性化身的象征性投影。

在20世纪90年代，伦敦以类似的方式成为现代艺术重要的世界中心。对瓦尔（While，2003）而言，主导着西方高雅艺术买卖的是纽约、巴黎和伦敦，以及几个二流的国际节点，如洛杉矶、东京、苏黎士、米兰和杜塞尔多夫……主要的国际性城市已经成了最具影响力的国际经销商、拍卖行、批评家和画廊的家园，充当了吸引抱负远大的艺术家和经销商的磁石，这些人反过来又进一步丰富了艺术学院、画廊和文化区这些富于创造性的环境。(p. 253～254)

这两个部分的共同之处在于文化价值观的传播，在此，复杂的艺术和时尚的评价体系的演进已经在某些世界城市的主要机构中安营扎寨。

应当说，这些关于文化交换论坛中的每一个空间都是由支撑它们的物质性基础设施来构筑的。无论这是人或动物的疾病携带者，是中世纪困难重重的朝圣路线还是将信徒运往麦加或罗马的包机，是建筑师及其设计的全球化（McNeill，2008a），还是支持并传送文化产品的艺术拍卖网和时尚杂志，这种关联性的物质属性都是非常重要的（参见“物质性”这一概念）。

关系结构

最后，对全球城市进行了强力批评的文献源自关注南半球的地理学家。像罗宾逊（Robinson，2002）、甘迪（Gandy，2005a）和西莫内（Simone，2004）这些学者已经指出，城市的理论建构忽略了非洲城市的特殊条件，或者——更有甚者——甚至使得它们的城市经验变得奇特有加。在罗宾逊看来，问题存在于作为学科的经济和城市地理学与发展地理学之间的差异中，前者聚焦于先进的资本主义经济，后者则聚焦于不那么发达的国家：

于是，以相同的方式，全球和世界城市的方法通过分门别类的过程将只是城市组成部分的特性归结为整个城市的特性，巨型

城市和发展学家的方法，将对缺乏全部资质与服务的部分城市的想象扩大到了整个城市。(Robinson，2002：540)

在罗宾逊看来，这样做的结果是将此类城市归于病态，说它们贫穷，需要外部的帮助，忽视城市内部财富再分配的潜能（它专门针对非洲城市的某些区域）。正如沙特金（Shatkin，1998）所争辩的，因为外国直接投资的程度十分低而将某些城市和民族国家视为与全球城市研究无关，是在无视如金边和内罗毕这样的城市正在日益融入到世界经济之中。

因此，使全球城市理论化是当代社会科学内部的一个重大问题。重要数据库的定量分析显示了相互关联的程度和城市间从人到食物等一切流量的大小，它对我们理解全球化的城市经济作出了重大贡献。然而，城市文化观所带来的更广阔的视野，则有助于解构做出知识断言的诸种范畴，质疑将某些城市当作世界城市分析中的根基而加以过分强调的做法，将非经济指数带入到城市地理学家的理论架构之中。

关键点

• 争论聚焦时常围绕经济全球化，有可能忽视城市在如时尚、艺术、建筑和宗教等领域输入与输出产品所具有的重要意义。

• 批评家已经指出，全球城市这一术语将注意力集中在关键的金融中心，而忽视了世界各地那些虽不发达却令人难以置信地广受欢迎的城市区域。

• 争论中所使用的术语是基础性的。我们不清楚“城市”是否是个用于为争论提供框架的恰当术语，因为许多理论家宁愿使用网络化行为“场所”的说法。

1.4 跨国城市主义 (TRANSNATIONAL URBANISM)

跨国城市主义这一术语由美国人类学家迈克尔·彼得·史密斯(Michael Peter Smith, 2001, 2002, 2005a)所初创。它试图弄清楚城市是如何在与远方的各种联系中被定义的。更具体地说，它试图系统思考此种长距离的——时常是跨越边境的——联系通过过着“同时生活在两地”、既住“在此”又住“在彼”的人日益组织起来的方式(Smith, 2005b: 82)。过着同时生活在两地的事实至少因为两个原因而意义重大。第一，例行向远距离延伸的社会关系以各种方式提出了社会研究人员该如何理解社会互动的“彼处性”(there-ness)的问题。第二，暗含在此类于地理上有所延伸的关系网络中的空间分配介质提出了关于作为密集互动之节点的城市的性质和角色问题。如果大量发生在城市中的互动事实上是通过来自其他地方的关系得到组织，那么将城市概念确立为特权性中心地的意义何在？难道它意味着城市的节点性不再重要？或是它不再像过去那么重要？如果它不再那么重要，那么确立理解城市的方式又有何意义？难道这意味着它们是多余的吗？或者它们只是需要一点儿反省？跨国城市主义这一概念试图将这些有关空间距离的问题置于城市该如何被理解这一问题的中心。跨国城市主义不是将城市作为首先是被抑制的——其实也是易被定位的——处所，而是认为，城市理论需要从一开始便认识到，城市通过通常复杂得出人意表的时空牵连来建构——在这些牵连中，什么是“近”、什么是“远”的概念通常不是那么显而易见的。

跨国主义与跨国的

尽管早在 1916 年就为美国散文作家伦道夫·伯尔纳(Randolph Bourne)所使用，但当前意义上的“跨国主义”(transnationalism)这一术语却源于 20 世纪 60 年代国际关系和国际经济的论著中(Bourne,

1916；Keohane and Nye，1971）。这些领域的学者用“跨国的”这一术语指跨越了国家边界且在某些方面超越了国家性关系的机构和形式。然而，直到20世纪90年代，“跨国的”（transnational）这一术语——以及与之相关的名词“跨国主义”——才真正得到广泛的传播。许多从事人类学（Sutton，1987；Glick Schiller et al.，1992；1995；Smith，1994；Hannerz，1996）、社会学（Levitt，1994；Portes，1996）、人文地理学（Mitchell，1997）、文学研究（Tölölyan，1991，1996）以及其他领域的学者开始认为，跨国的概念提供了一种卓有成效的方式，既可解说世界越来越在全球范围内互相联系起来的方式，同时又认识到民族国家仍然是这个正在走向全球化的世界的重要组成部分。正如史密斯（Smith，2001：3）写到的：

> ……全球化话语……时常明确地假设，国家边境、边界和同一性正变得越来越不重要。相反，跨国主义话语坚持认为，边境、国家政体和国家认同即使在它们常常被跨国交流圈和社会实践活动所超越时也仍然意义重大。

尤其是，许多关于跨国主义的论著逐渐聚焦于被尼娜·格利克·席勒（Nina Glick Schiller）、琳达·巴施（Linda Basch）和克里斯蒂娜·布拉克-桑顿（Cristina Blanc-Szanton）（1995：48）称为“跨国移民”（transmigrants）的人群。跨国移民是国际移民，他们——与早期的移民模式相反，“过着二元生活：说两种语言，在两个国家安家，通过跨越国家边界的持续而有规律的联络来谋生”（Portes et al.，1999：217）。

这种跨国移民的模式是有历史先例的。例如，远在成为一座“熔炉”之前，19世纪末和20世纪初的美国社会更像一个国家与种族联合缠杂不清的嵌合体。（事实上，这正是伯尔纳1916年文章的论题，正如它是许多芝加哥学派的研究焦点一样）。不过，研究当代跨国移民的学者认为，当代的移民形式在许多重要方面都与早期模式存在着质的差异。这有三个原因。首先，可能在当代“跨国时刻”（Tölölyan，1991：5）出现的联系类型远不同于前代移民可获得的联系类型。像电缆、卫星电视、远距离通讯、喷气式飞机这样的科学技术使人们可以高质量地即时互动，这在以前的技术是完全不可能实现的。其次，联系的强度和时限要大大多于以前。不只是远距离的通讯和交通变得更快了。在过去的数十年中，移民维持旧家与新家之间的联络开支锐减。这让甚至最贫穷的和在社会上处于最弱势地位的人也能够涉足于跨国交流的圈子中，而这以前一直为精英阶层所独有。第三，在当代移民发生的时代，许多移民不仅来自于已形成了成熟认同的国家，而且他们怀有清晰可辨的渴望，要保持那种认同。如此一来，许多移民尽管移民了，在面对接收国政府将其同化进宿主文化的努力时，仍会积极捍卫自己的国家认同（Glick Shiller et al.，1995；Portes et al.，1999）。

跨国城市，跨国社会形态学

对于如何理解当代城市的问题而言，这一切都意味着什么？在史密斯（2001）和其他研究跨国主义的学者看来，跨国移民的复杂网络的出现之所以对理解城市的方式非常重要，至少有三个方面的原因：

1. 它之所以重要，是因为城市是绝大多数当代移民居住的地方。
2. 它之所以重要，是因为跨国移民的存在深刻地塑造了许多当代城市生活的动态。它们影响了劳动力市场、政治、一座城市的国际关系的性质，更不用说它的文化和公共生活了。
3. 它之所以重要，是因为城市是“积聚社会、物质和人力资本的中心处所，这种资本可用于锻造其他类型的跨越边境的（跨国的）社会经济和政治规划”（Smith，2005a：7）。

综合而言，这三个因素都指向一种新兴的跨国城市主义，这种城市主义通过一系列史蒂文·韦尔托韦茨（Steven Vertovec，1999）所谓的“跨国社会形态学”（transnational social morphologies）的既复杂又相互关联的互动来构成。这种跨国城市主义的关键方面可被概括为以下三个通用标题：跨国社会领域、跨国经济、跨国政治形态。

跨国社会领域

也许有关跨国移民现象最为醒目的一向是：人们跨越在局外人看来大得似乎不可思议的距离而建构起极为密集和复杂的亲缘和友情网络变成了可能。因此，格利克·席勒（Glick Shiller et al.，1995：54）描述了一个来自圣文森特的加勒比海岛屿的家庭案例，在这个家里，

> 两个女儿，在圣文森特找不到工作……以家庭佣工的身份移民到了美国，为的是获取收入以供养在圣文森特的家庭成员，并帮助家里建造一栋水泥砖砌的房屋。两个兄弟在当地也无法找到工作，以熟练的汽车技工和建筑工人的身份移民到了特立尼达。一个兄弟的妻子后来加入了小姑子的行列，到了纽约，在那里，她也变成了一位家庭佣工。留在圣文森特的母亲要照看儿子的两个年幼的孩子，并监管家庭住房的建造。

这种相互关联的家庭迁移模式是许多相对临时性的“跨国”或“跨区”移民的典型特征。跨国移民的临时家庭结构时常跨越多条国家边界，会尽最大的可能平衡由不同地方所呈现的不同的经济、社会和法律可能性。所以，尽管圣文森特没有为上述在经济上十分活跃的家庭成员提供足够的经济机会，它却提供了一个基地，当父母在圣文森特以外的地方工作时，家里的孩子可以在那里得到照料。另外，尽管纽约也许仅仅为这个家中的妇女提供了一份不稳定的生计，而且她们获得永久居住权的机会微乎其微，但它确实至少提供了美国的工资水准和用美元支付的报酬。

但这些跨国网络吸纳的不只是家庭。正如社会学家佩吉·莱维特

（Peggy Levitt，2001）所揭示的，它们还将全部的街坊邻居都并入进来，而在“输送”国的案例中，常常是整个城镇和村庄都被纳入其中。此外，并非只有来自不发达国家的穷人才会与这些跨国社会领域的建构有牵连。在莱斯利·斯克莱尔（Leslie Sklair，2001）记录的社会量表的另一端，出现了一个“跨国资产阶级”，他们是当代全球经济体系中的经理人和管理者。尽管他们有权有势，但就连这群人也无法完全躲避时常长距离迁移的成本。他们也必须千方百计地使其通常高昂的流动生活方式需求与家庭生活需求保持一致。实际上，正如翁爱华（Aihwa Ong，1999；亦见 Mitchell，1995；Olds and Yeung，1999）在其有关海外中国企业家的研究中所揭示的，通常错综复杂的跨国家庭网络的发展和维系已经变成了许多海外华人的商业投机的关键维度。与之相类似，约翰娜·沃特斯（Johanna Waters，2005，2006）描绘了具备专业素质的中上层香港华人家庭所使用的跨国策略，他们借此为自己的孩子获取最大的教育优势——把孩子送到加拿大、英国和美国的花费高昂的海外英语语言大学。此类跨国策略综合起来已生成了社会形式的一种丰富而新颖的类型——宇航员父亲和家庭，伞兵孩子，卫星儿童——因为一家之主会竭力调动自己跨越国境线的家庭资源，以获取最大利益。

跨国经济

这里之所以提及跨国资产阶级，目的是要指出跨国社会领域是如何与全球经济紧密地缠绕在一起的。现在，按照史密斯（1998，2001）对跨国城市主义的解释，全球经济本身所拥有的角色十分有限。正如他指出的，很多正在重塑据称是像洛杉矶一样的标准全球城市的国际资金流，事实上远不是全球性的资金流。相反，这些资金流通常会追溯到一种更受限制的跨区域结构。洛杉矶市中心在过去 20 年中得以重建的金钱来自日本、香港和中东，而并非随便从哪里就能得来的钱。但这并不是说，在一种更加普遍的意义上，国际商业的交叉流动未曾深入地重塑某些城市区域。在大多数的大城市，你很有可能追溯出一个由精锐的跨国流动性构成的基础设施，负担它的是像“宾馆、机场和类似机构”的东西，正如人类学家尤尔夫·汉内斯（Ulf Hannerz）所指出的，它们“与各种各样的流动人群的流动和相遇密切相关”（Hannerz，1998：239）。

像机场和宾馆这样的空间对跨国城市主义的出现关系重大（参见“流动性”这一概念），但史密斯（2005a：9）也没错，他要求研究者为了理解跨国城市主义而展望诸如机场和宾馆一类“重要地点的超流动性”。所以，举例来说，菲尔·克朗、克莱尔·德怀尔和彼得·杰克森（Phil Crang，Claire Dwyer and Peter Jackson，2003；Crang and Dwyer，2002）脱离城市的建成形式，对跨国圈进行了追踪，通过它，不同种族的企业家们聚集到了一起，从不同的“家园”文化的角度对产品和材料进行解释和再解释，以便形成新的时尚风格、饮食方式等等。这些跨国企业家网络的重要之处在于他们如何位于两个或更多的地方，如何超越了跨国移民的世界，进入了“主流的”城市文化。

当然，这种跨国企业主义有着较为平淡无奇的方面。有大量的跨国移民企业家在提供移民赖以生存的日常服务和产品，维持和支撑此前讨论过的跨国社会领域的日常基础设施——兼营杂货和国际电话的商店、网吧和旅游代理公司、兑换钱币的服务、外语报纸，此处只是举出了几个例子而已（Levitt，1994；2001；Smith，2001；Friesen et al.，2005）。我们还不应当忘记因大量跨国移民的存在而导致的当下的城市街坊邻里的深刻转变。迈克·戴维斯（2000）、迈克尔·迭尔（2000；Dear et al.，1999）和玛格丽特·克劳福（Margaret Crawford，1999）之类的作者已经记录了加利福尼亚、得克萨斯和佛罗里达等州的城市的“拉丁化”是如何为像洛杉矶、圣地亚哥、迈阿密和休斯顿这样的多样化城市的公共文化重新注入活力的，其借助的尤其是大量存在的街道商贩、庭院市场、类似理发店一类基于自家住房的生意、二手服装商店以及其他由移民带来的新的“非正规的”经济策略。

最后，在我们聚焦于跨国经济之时，一定不要忘记跨国移民提供的劳动力的重要性——这毕竟是大多数移民起初迁徙的首要原因。移民劳工不仅在如纽约、伦敦、新加坡和巴黎之类许多所谓的全球城市的劳动力市场中扮演了核心角色，而且也越来越多地在全球性不那么突出的城市经济中发挥了关键作用。正如我们已经观察到的，流动的、接受过高等教育的专业人士——电脑程序编制员、工程师、律师、金融和管理专业人士、斯克莱尔（2001）所说的跨国资产阶级中的骨干——在串连全球供应链方面居功至伟（参见 Beaverstock，2005）。同样，从巴士司机、清洁工、保姆和园丁到护士和助理护士，到侍者、厨师、洗碗工和保安员，再到出租车司机和建筑工人等整个系列，以及范围广大的其他职业，通常都主要由移民劳动力承担。虽然当前的文献资料中多数强调重点都聚焦于低报酬和通常是非熟练的工人——这无疑确实是构成这支非精英的移民劳动力大军中的重要组成部分——但技能娴熟、通常受过高等教育的人，如教师或医生，其意义也不可忽视（Sassen，1988；Waldinger，1999；Erhenreich and Hochschild，2003；May et al.，2007；Datta et al.，2007；Conradson and Latham，2005a）。

跨国政治形态

新兴的跨国城市主义最后一个被史密斯高度强调的维度是政治维度。你也许会想，生活在两地的跨国移民留给政治的空间可能微乎其微。用美国议员提普·奥尼尔（Tip O'Neill）的名言来说，如果“一切政治都是地方性的”，那么你就必须问一声，生活在跨越两个不同地方的人那里，这个“地方”会是哪里呢？正是这个问题使跨国主义政治变得有趣起来——正是政治重新配置了政治活动的现实，向如奥尼尔这样的老生常谈的言论提出了质疑。

我们有可能标识出至少三种样式，通过它们，跨国政治活动正在塑造当代城市。第一，跨国移民虽然已经移民，但经常会密切关注自己故国的政治。从最基本的层面看，这也许只意味着移民造就了一群侨民投票人。然而，在许多情况下，它还涉及造就了众多政治选民，他们的抱负、要求或希望与“家乡”的选民略有不同。也许这种跨国政治的典型形象是在自己的祖国为了自由和民主权利而斗争的政治流亡者或难民。不过，正如史密斯（2001；Smith and Bakker，2005）已经揭示过的，绝非所有流民政治运动都具有此类政治解放的性质。其实，许多当代跨国政治组织的一个最有趣的方面是，有多少人的目标是使自己祖国的社会“现代化”和“市场化”。无论如何，对于跨国移民成家立业的城市而言，最重要的是，许多虑及跨国移民原有家园的政治活动实际上都发生在移民新的家园城市内部，且围绕着新城市而展开（Appadurai，1996）。

跨国政治的第二种样式，涉及力图将自己的流散者社群牵拉进国家、地区甚至当地的经济发展过程中的国家。此类“流民策略”（Larner，2007：332）一直为如印度、洪都拉斯、墨西哥、爱尔兰和新西兰这样具有多样性的国家所使用，旨在调动一个国家的（在某些情况下是一个地区、城市或村庄的）非驻留公民（还有通常是海外出生的混血儿）来帮助国家的经济发展。这些策略以各种各样有趣的方式拓展该国的影响范围。它们还造就了多套机构的相互依赖性，这会将一个国家的跨国散居者的空间性编织进其现行的疆域结构中。这给我们带来了第三种样式，通过它，跨国政治活动正在重塑城市。与跨国社会形态学的出现相伴而生的人、思想、信息、金钱和商品的循环正是藉此在它所环抱的地方改变着各种可能性。搬到另外的地方或回归某个地方的设想，或某种生活的经验，甚至是某种生活的想法，在许多情况下，会深刻地改变一个地方的政治文化形象和动态。因此，在此举一个小例子，在太平洋岛国汤加王国，受过海外教育的汤加人一直站在呼吁国内拥有更大的民主权利的队伍前列。但在2006年11月，当支持民主的活动家走上首都努库阿洛法的街头时，因为成群结队的年轻人的顺手牵羊，他们的抗议活动迅速沦入到放火、抢劫的混乱中，这些年轻人中有许多都是在奥克兰、悉尼、盐湖城长大，然后被家人送回汤加，以保护他们免于渡过少年犯的生涯。跨国城市主义力图弄明白的正是此类稀奇古怪、有时又令人不安的现象。

关键点

- 城市与远方的关联以各种各样的方式定义着城市。
- 全球化不只是巨大、强势和一望而知的行为体的产物，弱势的和似乎无权无势的个人和群体也会从底层制造它。
- 跨国主义是个力图使全球化在概念上易于把握的概念。它聚焦于允许社会、经济和政治关系扩展至国境之外的具体实践。
- 具有各种社会背景的跨国移民构成了错综复杂的社会、经济和政治网络，它们将通常相距非常遥远的地方联系在了一起。
- 这些跨国社会形态学意义深远地塑造了它们所环绕的城市的动态。

第二章 构造

2.1 自然 (NATURE)

乍一看，“自然”（以及“天然”）的概念似乎是指某种与城市截然相反的事物：如果前者使人联想到的是未遭人类行动染指的自在的原始的荒原景象，那么后者则暗示着属于现代的、人工的和经过社会科技建构的一切。如果这样的话，城市似乎就可以用非自然的术语来加以定义。但是，这种严格的对立太过简单化了，尤其是因为它常常很难在可被理解为自然和可被理解为城市的东西之间划定想象的和实质的界线。

正如文化理论家雷蒙德·威廉斯（Raymond Williams，1976；see also 1973）所观察到的，自然是最错综复杂、最富争议、最具动态的概念。威廉斯的讨论提供了一个有用的框架，在此框架中，人们可以开始思考自然与城市地理学之间的关系。首先，城市的自然可用来指城市的“基本性质和特点”（同上，p. 219）。许多的城市地理学史都可借此来加以阐释：作为一种定义城市的基本过程和模式的尝试。其次，自然可从相当抽象的角度被理解为“引导世界或人类乃至两者的内在力量”（同上，p. 219）。即使持此观点的当代城市学者寥寥无几，认为城市及其居民是由在日常生活表面背后或下面运作的力量所塑造和组织的想法始终都颇具影响力——例如，它支持这样一种观点：城市社会是资本积累逻辑的空间表现。第三，也是最后一点，自然可被用于指“物质世界本身，它可以包括也可以不包括人类”（同上，p. 219）。人类被理解为这个自然世界的一部分的程度非常重要。如果人被理解为是与自然界相分离的，那么城市就往往被视为（通常是批判性地）现代社会变得与自然如此疏离的征候。但假如人被视为自然的一部分，那么当代城市生活就不可能从本体论上与围绕其运转的较少城市化的环境截然区分。倒不如说，与乡村或非城市空间相比，城市是不同种类的自然呈现。

想象城市中的自然

开始厘清有关自然观念和城市理论间复杂关系的一种方法，是思考此类观念如何对一套有关什么是城市以及它们如何运行的特殊理论产生影响。就这一点而言，一个建设性的出发点是城市社会学的芝加哥学派，该学派的主要倡导者包括罗伯特·帕克、欧内斯特·W·伯吉斯、霍默·霍伊特、昌西·哈里斯（Chauncy Harris）和爱德华·厄尔曼（Edward Ullman）。这些人的工作中最引人注目的元素之一，是来自生物学、生态学和进化论的观念直接赋予其特征的程度。这种研究的基础性假设是，即使城市是社会的和文化的，也会为类似于那些在自然中可被观察到的过程所塑造。这种理解城市的方式在被用于描述城市空间的基本单位和过程的种种分析性隐喻中最为明显。所以，举例来说，城市可被理解为一种“社会有机体”，由“天然区域”或“生态单元”构成，赋予它每一个特点的是特色鲜明而又相对稳定的混合居住者。反过来，这些区域中的转型也可以通过诸如“入侵”和“继位”这样的概念来加以理解。

欧内斯特·伯吉斯的论述特别说明了这一点。在伯吉斯看来，个体城市的内部成长和转型可以被理解为“类似于身体新陈代谢中的合成代谢和分解代谢的组织和解体”过程的结果。这种隐喻性描述提出了一系列有关城市“正常的”和“自然的”增长速率到底是什么，还有移民如何被纳入城市生活之中并成为其“有机”元素等重要问题。它还促成了对“因过度增长而引起的新陈代谢紊乱”的测量（引自 Miles et al.，2000：25）。可是，尽管这个概念性词汇似乎可能给有关城市运行方式的理论提供科学可信度，但记住以下这点也很重要：它还构筑了特殊而又富于想象的城市空间地理学。因此，同一个词汇还使伯吉斯用来论及“种族特性”，并给予人的运动和流动性以一种规范的和道德化的倾向，除非它们干扰了城市内部的“有机”关系。正如它所表明的，从“自然过程”的角度来定义城市也许是富有生命力但又带有令人质疑的政治反响的概念性话语。

关于城市自然的想法不仅为学术理论提供了信息，它们还影响到了规划、设计和建造城市空间的尝试。19 世纪工业化和城市化速率的急剧加速，促成了对于城市空间进行改革和重新设计的压力。这些压力通过对于城市空间越来越缺乏自然元素的有害的实质性结果的担忧而部分地呈现，但它们也怀有对与城市环境相关的道德上的堕落和心理上的贫乏的担忧。市政公园最清楚地表达了与自然联系所带来的物质的、社会的和道德的益处如何转变为城市的设计和改造。关于规划和设计城市自然的尝试，更著名的表现之一可见于纽约中央公园，它始建于 1858 年，督造它的是建筑师弗雷德里克·劳·奥姆斯特德（Frederick Law Olmstead）。通过田园风光（清理公园南部的草地）与如画的风景（北部乱石嶙峋、起伏不定的地形）等元素的结合，奥姆斯特德旨在为纽约的居住者们提供不必离开曼哈顿即可接近自然的机会。这种景观设计的过程离不开成本开销和强迫命令，例如，清除占据了规划中的公园场地的贫民窟区域（参见 Katz and Kirby，1991）。

如何设计城市以便尽可能地吸纳自然元素的益处这一问题，在 20 世纪继续成为城市规划和设计的核心问题。尽管差异甚大，但像建筑家勒·柯布西耶（Le Corbusier）和弗兰克·劳埃德·怀特（Frank Lloyd Wright）各自的乌托邦愿景，都关注如何设计空间，为融合自然与人工提供新的可能性。勒·柯布西耶 1922 年的《当代城市》（*Ville Contemporaine*）提出了现代主义生活机制的设想，它吸纳了井然有序且严格规划的绿色空间。与此相反，弗兰克·劳埃德·怀特的《大城市》（*Broadacre City*）想象将低密度城市散布在乡间，它预示了北美郊区景观的布局。在英国，埃比尼泽·霍华德（Ebenezer Howard）的观点促使了花园城市运动的出现，其遗迹在今天的莱奇沃思和韦林花园城市中依旧可见。霍华德的论述重申了对于自然应当在维持现代城市生活中所扮演的角色的再度强调。霍华德在 1898 年写道："无论是城镇的磁力还是乡村的磁力都不能代表自然的完整规划和目标。人类

图 2.1.1　迪拜的朱美拉古城：理想化的都市自然之设计是当代城市重大项目的关键部分

社会与自然之美注定会被共享。两块磁石必须合而为一。正如男人和女人……相互扶持，城镇和乡村亦应如此。”（Howard，in Kaika，2004：18）此处的关键点是，规划和设计城市是个涉及有关自然与城市间关系的种类特殊、富于想象的地理学的生产和再生产过程。

物质性的都市自然

都市自然是极富想象性的，但它们也具有深刻的物质性，涉及到如食物、建筑材料和电力之类事物的安排、循环和操纵。在考虑都市自然的物质性之时，两种思想传统尤为重要。第一种是受马克思影响的政治经济学批评观，在其中，城市被理解为从尼尔·史密斯（Neil Smith，1984）所谓的第一自然（未被人类行为驯服的自然）进入第二自然（经过转变的、受到影响的、遭到操纵的、商业化的自然）的转换之地，这种转换是在一个导致了极其不均衡和富于争议的地理学（亦见 Davis，1990）的过程中进行的。环境历史学家威廉·克罗农（William Cronon）宽泛地借助于这一传统，阐明了芝加哥城如何被卷入一个与其腹地相关联的复杂的动态时空网络，以至“第一和第二自然相互融合，形成了一个单一世界”（1991：93）。交通运输技术，最著名的是铁路，是这一过程的核心。正如克罗农指出的：在 19 世纪的后半段，“被火车头的狂野鸣叫声”串连起来的城市和乡村“将共同在西方的土地上造就意义深远的转变”（1991：93）。

第二套与之相关的用以思考都市自然物质性的智慧源泉涉及对其混血特性的强化：也就是说，使用一种方法，使城市的自然空间藉以成为人类与物质的共同产物。此处，地理学家和其他人利用了包括唐娜·哈拉维（Donna Haraway）和布鲁诺·劳里埃（Bruno Latour）这些人在内的思想家的论著。用唐娜·哈拉维（1991）的话说，城市可被理解为半机器人环境——是自然、技术和社会的复杂集合（亦见 Luke，1997）。用这些术语描述城市中的自然，让人联想到一种错位的城市想象：这种想象在费茨·兰（Fritz Lang）的《大都会》（*Metropolis*，

1929）或雷德利·斯科特（Ridley Scott）的《银翼杀手》（*Bladerunner*，1980）中变成了现实。但混血的或半机器人城市中的自然要比这些电影艺术所呈现的更为平凡。它们也可以通过移动城市周围的各种“自然”元素时所需的种种技术性基础设施来加以说明。水在这个方面受到了特别的关注，也许这是因为它的流动性干扰了关于城市物质性的客观性的传统假设。正如许多地理学家业已证明的，对于暗含在水的治理、输送和消费中的网络和实践活动的追踪揭示，城市是个混合的空间，在其中，纯净的水是一种社会技术产物（参见 Gandy，1997，1999；Swyngedouw，1997）。本书力图抓住政治经济学最基本的真知灼见，同时也使它对一系列杂合的能动作用和技术多加关注。在这样做的过程中，它们会回归到 20 世纪 20 年代为伯吉斯所使用的那种隐喻，尽管结果大不相同，且具有相当不同的社会政治倾向。正如玛丽亚·卡艾卡（Maria Kaika）所论，“支撑并维系着城市生活的无数转变和新陈代谢，如水、食物、电脑或电影，总是将环境进程与社会进程结合为无限的相互联系”（2004：22）。

“超越人类的”城市地理学

无论我们是否选择使用新陈代谢这一有机体隐喻，上述论著都揭示了物体、液体和事物的流动和运动如何将城市与自然织入了由物质联系构成的密集网络中。与此同时，它还将我们的注意力拉到了其他生命形式如何参与都市自然的生产、转变和消费上面。动物在此处尤为重要，因为它们使自然与都市间的概念性和实质性区别变得复杂化了。城市是这样一个处所：动物尸体在其中变成了由都市自然物构成的新陈代谢过程的组成部分。厄普顿·辛克莱（Upton Sinclair，1905）的小说《丛林》（*The Jungle*）以芝加哥为背景，十分生动地描绘了现代城市如何在这一方面发挥功能，说明了动物尸体在上述由威廉·克罗农所描述的更广泛的地理性处理过程中所扮演的角色：

有一长溜的猪，其尖叫声和血肉之躯一起渐渐衰微，直到最后每一头猪又再次动了起来，水花四溅地消失在一只盛着开水的大桶中。这一切真是效率高超，以致让人都看得入了迷。这是在由机器制作猪肉，由应用数学制作猪肉……猪尸被机器从大桶中舀出，然后落在第二层上，一路向前，经过一架精巧出众的机器，它上面有无数的刮刀，刮刀可根据动物的大小和形状自我调节，将它的硬毛刮得几乎一干二净地送出机器的另一端。（Sinclair，1905：40）

西方城市变化中的工业和经济地理意味着，这样的大屠杀现在不可能落户于像芝加哥这样的城市市中心。但动物始终是构成城市的多种自然物的一部分（Wolch et al.，1995；Philo，1995）。通过驯养，它们已变成了社会、情感和经济生活中不可分割的组成部分（Anderson，1995）：与此同时，大量半野生的或凶猛的物种已开始在正在生成城市生态小生境的新类型城市中变得更为常见（Hinchliffe，1999）。除此之外，动物园的存在证明了城市中展示的自然如何时常源于地理学技术和具有历史地位的分类、捕捉和控制技术，为了满足城市观众的愉悦感，奇异的动物他者通过这些技术被公开展示：一种“自然的幻象……重新被创造出来，然后又在一场文化演出中再次呈现给人类观众”（Anderson，1995：275）。

使城市生态多样化

虽然这个地理学家用以挑剔地评论自然的概念性词汇已经变得日益精密复杂，但将这种评论还原为一种不予批评的叙事也会是种错误。人们始终都有可能断言，我们称之为自然的东西是一系列混杂的过程，通过它可培养城市中良性的依恋和参与形式。这不会自发自动地意味着千奇百怪的新世界就会从此浮现在我们眼前。例如，它可能还意味着，在由现实的和具体的行为构成的特殊处所，以及通过这些处所，产生情感投资。其实，正是通过身体（body）的多种多样的能量和行为，都市自然的程序化维度才可能得到最清晰的理解。举例来说，针对特色鲜明、超越人类的城市生态的实质性参与和实验模式，存在一系列的平凡而细微的时机（Hinchliffe et al.，2005）。尽管此类时机是由如中央公园这样大规模并相对集中地加以管理的空间所负载的，但它们也可能在间隙地带——毁坏、废弃或衰退的场所——得到领会理解，对于这些场所的忽视极有可能产生城市中的良性接触地带。关键是要寻找机会来通过都市自然的扩散去培养一种具有审慎魅力的伦理和政治（Bennett，2001）。

那么，我们是否已抵达了自然这个被定义为与城市有所区别的空间概念的终点？假如我们坚持对自然这一概念的单一性理解，即一个从基本的、本体纯净的角度加以定义的概念，那么对于这个问题的回答便是肯定的。不过，相比于这种怀旧的观点，将此理解为一种机会也许会更好些。正如尼尔·史密斯在20多年以前所阐述的那样，将社会或城市与自然对立起来已毫无意义。而且，假如我们像雷蒙德·威廉斯那样，将自然理解为一种其意义在历史上、地理上和社会文化上已发生了变化的动态概念，那么思考城市生活中被牵连与展现的多种自然（物）始终都是重要的，因为是一个关注由混合地理学构成的空间政治的更大工程的一部分（Whatmore，2002；Hinchcliffe et al.，2005）。

关键点

- 自然的概念具有多种意义。
- 不同的自然观既形成了城市观和城市理论，也形成了重新设计城市生活的实体空间的诸种尝试。
- 自然不再被地理学家们理解为在本体上是纯粹的：而是常常从物质和想象、人类和非人类的进程间一系列混杂关系的角度去构想它。
- 城市因此不是被定义为与自然相对立的，而是混合的自然物因特殊的强度和复杂性而在其间得以产生和转化的处所。

2.2 物质性（MATERIALITY）

从其最本质的意义上说，城市的物质性就是构成城市环境的物质。精确地说，城市的物质性指的是给予了城市空间以形状和实质的事物、客体和结构：那些作为城市居民日常生活组成部分的、以无数种方式遭遇和使用的东西。在物质性的这一定义中有种具体得令人安慰的东西：它似乎直接指向了那些有关城市的、显而易见的、实实在在的、明显持久的东西。

不过，物质性并非指无生命的东西。一方面，这是因为我们遭遇和使用的东西都有一定的象征性价值——例如想想许多在城市生活中使用的商品。在许多情况下，它们的价值与其所象征的意义的关系与它们实际品质的关系是一致的：服装鞋袜是显而易见的例证。此外，还有许多现象似乎在塑造着我们的城市生活体验，它们不一定是实际可触的——梦境、想象、渴望、情感。什么样的物质性可以刻划这些现象的特征呢？最后，认为物质性指的是实际物体的观点因这样一个事实而变得复杂起来：许多令城市得以运行的东西并不具备这种形式——水、电、光、热都有不可能缩减至一种物体形状的物质属性。所以任何对城市地理学中物质性的解说都必须涉及到超出它明显物质属性的详细目录，物质性还有必要被理解为一种时空过程，在此过程中，城市的更为可感、更为实在的东西是一种活跃的参与者。

质疑物质性

公平地说，在针对城市空间的地理学方法内部，实际上也在更为广义的该学科内部，物质性相对而言一直不大具有概念性。在某种程度上，这种言论也许会显得有些令人惊讶：毕竟，地理学这门学科特别强调有关人类行为与物质环境间关系的研究。进一步而言，在地理学作为一门名副其实的学科出现与加强的过程中，一个核心思路向来是对于人类如何塑造物质景观的关注。这项工作最著名的典范见于卡尔·索尔（Carl Sauer，1925）的论著中，在他看来，通过包括建筑、工具和农业形式在内的某些类型的实物分布来探寻文化行为的传播轨迹是有可能的。虽然索尔本人并非城市地理学家——实际上，就他的思想而言，他是个引人注目的反城市者——但他关于景观是一种其形态随着时间而为人类行为的能动作用所改变的物质形式的理解，可以明确地应用于城市景观之中。城市的物质形式可以被解读为某些类型文化的证据，通过这些文化，城市才得以塑造。

很显然，这种说法有些道理。建筑风格和基建模式的物质形式可被阐释为各种文化实践活动存在和扩散的证据。那么为什么还要质疑看上去似乎是一种常识的物质性概念？我们之所以能够这样做，至少有三个系列的原因。第一个系列围绕着本体论的问题而生，也就是说，围绕着有关物质性的基本特征、根本属性的问题而生。虽说物质性无可否认地与时间转换有关，但在卡尔·索尔的著作中，它往往被理解为一种其本质即使在其形式或形状发生了变化时也不会改变的物质。那么，这就是个相当静态的物质性概念，在其中，转变其实只是表面组织、结构以及某种较为基础的东西的外表上的变化。换句话说，物质性被描绘为有惰性的，被缩减至无生命的东西。不过，正如地理学家和其他人已经提出的，物质性的素材是动态的，正如有关什么构成了物质的理论所主张的那样（Kearns，2003）。

提出质疑的第二系列的原因涉及物质性与一些有时被称为“非物质的”现象和过程之间的关系。此目录中包括各种各样的表征形式，如图像、声音和信号；各种各样的体验，如做梦、渴望和回忆；还有一系列具有城市体验品质的东西，它们似乎难以定义，却又指示着某种造成一定程度的直观感觉的东西——此分类包括情绪、氛围、精神。公正地说，对于其大部分的历史而言，地理学这一学科一直在努力与这些现象以及它们与物质景观的关系达成妥协。结果，许多地理学知识都已逐渐建立在物质与非物质间的一种潜在的、欠理论化的区分基础之上，而物质被理解为某种只能为认知的、理性的和有效地去物质化的（因为非具体的）主体所充分描绘的东西。但这种区分正变得日益难以为继。结果，城市地理学家正在重新思考城市空间的物质性与一系列显然是“非物质过程”（Latham and McCormack，2004）间的关系。

第三个也是最后一个系列质疑物质性的原因围绕着当事者（可以有所作为的人或事）和力量（影响其他当事者行动的能力，以及在某种程度上可被那些当事者所影响的能力）的问题而展开。正如地理学家和其他人业已指出的，物质资源的获得和控制决非公平分配的，这也是影响城市空间的实际形式和结构的关键因素。所以，任何物质性的概念都需要有一种认识，就是物质能力能做什么、不能做什么（参见 Graham，2004b)，而且，也许同样重要的是，使事情变得重要的能力，为什么是关键性问题。但这一言论再次招致了各种质疑。难道居于某些个人或当事者能力中的力量是为了实施对物质资源的控制？或者，物质性的产物是形形色色的当事者能力作用的结果？也许更具挑衅性的问题是，难道非人类力量和能动性的物质性具有其本身的力量，它不依赖于人类行为的流动性？

对城市地理学重新加以物质化?

这些质疑领域中的每一个也许都显得相当抽象，因为它们远离了那些关于城市空间物质性的似乎最理所当然的东西。但它们为城市地理学家和其他人在过去数十年中致力于厘清城市物质性的努力形成了心照不宣的背景。这些努力可能会沿着许多条持续的研究轨迹而发生分化。

物质化的资本

第一条轨迹涉及对那些建成环境藉以被切实地制造出来的动态过程，以及，同样重要的是，这一过程的富于争议的和被政治化了的本质。这条研究路径源于地理学家们对卡尔·马克思的历史唯物主义及各类马克思主义思想家对它的后续性再思考的阅读，其力量势不可挡。马克思的思想遗产显然错综复杂，但对于当前讨论的目的而言，它的重要意义在于这样的宣言：社会和文化产品的模式分析不能脱离一种对于物质过程的理解，其中最显而易见的是人类为了生存而改变自身环境的必要性。在马克思看来，由社会和经济生活构成的关系总是会嵌入这一物质转变的过程之中。非常关键的是，正如戴维·哈维在20世纪70年代初至80年代（1973，1982，1985）出版的一系列重要著作中论述的那样，产生于实际景观中的这些关系，它们具有一种空间维度。因此，在资本主义制度下，城市建成环境变成了通过资本积累的循环来创造利润（或损失）这一过程的关键部分。正如哈维在《社会正义与城市》中所指出的：

> 在资本主义制度下，存在一种永恒的挣扎，在此过程中，资本会在一个特殊的时刻建立一种适合于其自身条件的物质景观，只会在一个后续的时间点上才会去破坏它，通常是在一场危机的过程之中。建成环境中的投资在时间和地理上的兴衰只能从此类过程的角度加以理解。因此，资本主义内部矛盾的结果，在投射进由建成环境中的固定的和不变的投资构成的特殊背景中时，会明显地出现在由此而导致的景观的历史地理学中。（1973：124）

在当时的哈维眼中，正如在包括尼尔·史密斯（1979）和阿伦·斯科特（1980）在内的其他地理学家的眼中一样，城市的实际形式——以及准城市空间——变成了资本在历史和地理上特殊循环的一种物化空间。反过来，这种关于资本如何在物质上塑造城市景观的建成形式的强调，又为凸显空间是物质消费和符号消费场所的努力所修正。这些修正反映了在20世纪80年代和90年代出现的文化理论家（如雷蒙德·威廉斯）和“新文化地理学”（典型地表现在斯蒂芬·丹尼尔斯［Stephen Daniels］、丹尼斯·科斯格罗夫［Denis Cosgrove］和彼得·杰克逊［Peter Jackson］的论著中）的影响，它强调物质景观与表征过程之间的复杂关系。这种关于表征意义的巨大关注的影响在有关后现代城市景观的出现和“翻腾躁动”的争论中可见一斑（参见 Knox，1991；亦见 Gottdiener，1994）。

不过，就许多对受马克思历史唯物主义影响的批评传统内分析城市环境感兴趣的地理学家而言，太过强调表征过程，可能会产生一种相当贫乏或“空中楼阁般的”物质性的意义。对于表征性批判成本和政治成本的日益担忧，最近已促成了对城市地理学的一种审慎的“再物质化”的呼吁（Lees，2002）——该呼吁的回声在更大的学科之中四处回荡（参见 Jackson，2000；Matless，2000）。不过，至少我们认为，此类呼吁提供了向物质性的一种更简单、更具体的版本的回归，需要记住的是，位于城市政治经济学核心的事物，其性质绝不是具体的——商品。确实，正如马克思已充分认识到的，对于商品本质的解释时常需要求助于非物质的和抽象的力量。

物质的城市文化和实践活动

地理学家用以解决上文提出的一些问题的第二套方法，是围绕着如何通过一系列涉及事物和客体的物质实践活动来生产和消费城市文化。这也许还是地理学家所关心的问题与一系列其他学科——主要是文化研究、考古学和人类学——最直接的交汇处（参见 Appadurai，1986；Attfield，2000；Miller，2005）。地理学研究已经揭示出物质文化藉以通过事物的设计、使用和时空记录而被生产和再生产的多种方法。位于此类研究核心的是这样一种论点：物质性是使城市空间体验变得有意义的过程的积极参与者。这种意义通过物质实践活动而被激活和商定，包括饮食（Cook and Harrison，2003）、城市重建（Atkinson，2007）和旅游（参见 Haldrup and Larson，2006）。例如，我们可以想想城市花园对于一种自我感、认同感和安宁感的具有表述意义的持续的重要性。这些绿色空间通过一系列可触的实际行为（挖土、除草、剪枝、除草、灌溉），并在各种材料（工具、种子、水、肥料、杀虫剂、庭园家具）的帮助下，得到培植和管理。不过，正如希钦斯（Hitchings，2007）已提出的，此类物质永远不会简单地“处于控制之下”：相反，它们具有某种不可捉摸的——而且只是部分地可加管理的——性质，超出了人类当事者的有意行为。换句话说，即使在它与人的方位感紧密交织之处，物质文化的物质性也表现恶劣。

物质文化的极端特性在另一个明显的方面也很重要。这涉及由城市环境生产的数量可观的“东西”。反过来，这指向了物质性这一术语的进一步的变形——即它与这样一种言论的关系：当代工业社会已经变得日益“物质化”，其程度甚至到了它们对于事物和物品产生了一种“扔掉”的态度。正如格雷格森、梅特卡夫和克鲁（Gregson，Metcalfe and Crewe，2007：698）业已指出的，尽管此类言论持众甚广，但当我们查看人们是如何处理过剩的物质性城市文化时，它们并不一定经得住多少周密的调查（亦见 Hetherington，2004）。因此，生活消费品的处置“远不是自动浪费阶段的问题……此类行为通常既涉及东西的节约也涉及东西的浪费；而且，从批评的角度看，……丢弃的过程是一种关键的方式，凭借它，我们使自己的一些基本的社会认同和维持它们的爱恋关系变成了活生生的现实”（Gregson et al.，2007）。

相关的城市物质性

上文概括的实践活动和对象显然从来不是孤立的：相反，它们最好被视为复杂生态的组成部分。地理学家们已经部分地借助了上文概括的马克思的思想元素阐述了城市物质性的相关维度。与此同时，通过将物质性概念化为一系列人类和非人类作用的共同产物的协调努力来对这些观念进行修正。对这种修正产生重要影响的是一套被称为行动者网络理论（actor-network theory）的理论，该理论通常与包括米歇尔·卡隆（Michel Callon）、布鲁诺·劳里埃和约翰·劳（John Law）在内的思想家有关，也与研究技术科学的女权主义学者唐娜·哈拉维的著作有关，哈拉维把半机器人的形象当作一种方法，研究科技是如何创造同时既是物质又是符号的现实的。这些术语中的物质性不是固定不变的，而是一系列混合的相关过程，这些过程并不遵循客体与主体、自然与文化间的清晰明了的本体论划分。此处强调的是要追踪有关物质性的特殊城市地理学是如何通过由循环、分布和联系构成的网络出现的：水和电是两个最显而易见的例子（参见关于“自然”和“基础设施”的条目，参见 Swyngedouw，1997；Kaika，2004）。

这种强调相关的物质性的更为重要的元素所考虑的是技术以及它与物质性的变化相关联的程度这一问题。技术并非某种对静止不动的物质世界发挥作用的东西，相反，它总是在这样一个世界中运行：在这个世界中，“‘物质’和‘社会’总是被绑在了一起，总是在绑在一起的过程中”（Bingham，1996：635）。例如，想一想包括道路、建筑或各种基础设施网络在内的熟悉事物的构造。假如我们把这些构造想成社会改变物质的证据，那么我们肯定会遗漏某种动态的过程性的东西，通过它，物质性才渐成气候（Latham and McCormack，2004）。像道路这样可识别的、熟悉的城市形式是有改造作用的共同构造，它们将各种各样的能动作用聚在了一起。

此外，某些技术的设计揭示出，物质性既非单一的，亦非同质的：它有多种标示，其中的每一种都正在发生变化。事实上，按照一些地理学家的说法，我们有可能辨识城市生活中物质性独特而新颖的标示的出现。例如，奈杰尔·思里夫特（2005a）认为，此类显现围绕着有创造性的、不可感知的物质而呈现为屏幕、编码和身体的形状。在这些东西中，编码令城市地理学家特别感兴趣，因为它被彻底嵌入了城市内部和城市之间的空间关系内的变形之中，与此同时，它促成了不同物质标示间（如在身体与屏幕之间）的运动（亦见 Dodge and Kitchen，2005）。相比于试图准确无误地弄清楚什么样的物体编码实际上到底是什么，也许更有益处的是，努力理解它如何促成了各种物质从中析出的、被阿德里安·麦肯齐（Adrian Mackenzie）称为“能量转换领域”（transductive field，2002）的东西的重组出现。

过程中的物质性

任何把物质性当作城市空间研究内部的一个概念来使用的做法，都必须同时了解物质性不是可简化或等同为物体——否则它将难以解释缺乏类似物体状态的事件和经验的真实有形的能力。相反，物质性最好被想象为一个过程，从这个过程中，明显独立的物体也许开始具有了某种程度的一致性。通常造就了这种开端的是某些种类的约束条件、深思熟虑的干预和顽强的行动。提出这些要求并不会贬损物质性藉以被牵连进力量问题的意义。事实上，它可以证明允许城市地理学家致力于对城市、力量和物质性之间的关系的更微妙理解。如果是这样，任何想使城市地理学“再物质化”的努力都不能简单地成为对某些业已存在的、坚固的、具体的物质感的回归。物质性总是处于过程之中，即使这一过程会以不同的速度展开。

关键点

• 物质性在城市地理学中常常概念化不足。

• 物质性的任何定义都不可能将它简化为无生命的东西，但认可存在着许多它可藉以被理论化的方法。

• 城市地理学家和其他人正在开始形成一种理解，它把物质性当作一种动态的过程而非一种静止的事物。

2.3　基础设施 (INFRASTRUCTURE)

建设和提供基础设施——从高速公路到 IT 光缆、电、煤气管道、水和下水道系统——的能力与一个特定地区的经济繁荣有着密切的联系。鉴于困难重重的土地购买、开发、材料、建设和维护，它需要巨额的投资，很少有私有公司愿意承担其成本。像重要的下水道系统、高速公路或发电厂之类的“巨型项目”通常由国家通过公共基金来提供。基础设施的发展历程在当代城市的发展中占有举足轻重的地位（Graham and Marvin，2001），而在民族国家的历史上以及贸易和相互依存的国际体系中也意义重大。对于地理学家而言，基础设施一个最有趣的方面是它所提供的远距离性。这种关系常常与技术变革联系起来，从电话（长距离友情的早期促进者）到互联网（如今预示着有关公开和私密、家庭和社群本身性质的固有观念的彻底解构），被视为社会空间转变的驱动者。

城市、基础设施和民族国家

高速公路、铁路、机场和桥梁等通常被首相、军队领袖或积极支持的地方政客视为非常自豪的对象，并得到由旅行和流动性构成的流行文化的支撑（Urry，2000；Cresswell，2006），长期以来在城市化的国家领土想象中拥有强大的控制力。除了这些使人的运动更为快速的革新发明之外，还有一例可以使物体移动的基础设施，如水和石油管道、堤坝、电话和电力网络，以及最近期的互联网电缆。这些技术发展与现代性和现代化有着源远流长的联系，已经替代了把自然视为恐惧和奇幻之源的传统观念（Nye，1996）。美国的胡佛水坝和中国的三峡大坝这样宏大的巨型结构都是在为人类对自然的征服而喝彩，成为现代国家政治的核心形象。

这些是地理学家们主要关注的，因为基础设施有效地缩短了距离，压缩了时间和空间（Harvey，1989）。鉴于近期对于全球化这个新出现的词汇的关注，更重要的是，思考如何借助于缩短的距离认识到民族国家在领土上更加密不可分。机场即是个典型的例子。机场虽说时常与全球化促动者的身份相关，但在地理学术语中也常被视为聚合国家广大而分散的疆域的工具，以及与疆域外的行为主体参与的手段。例如，在马来西亚，新建的吉隆坡国际机场坐落在塞庞，位于一条新兴的高科技走廊的中心，该走廊随着区域化全球经济的变位，致力于形成“控制国家地理体（geo-body）的‘脊梁’”（Bunnell，2004a：109）。

图 2.3.1　旧金山的金门大桥。此类“技术奇迹”（Nye，1996）的建造一直是城市体验的重要组成部分

在美国，联邦机场体系的建造是该国战后发展与壮大的基本组成部分。高速公路系统“通过汽车驾驶将空间联系在一起……（它也包括）将国家联结在一起。汽车旅行的‘民主性’使人们得以游览已经固定的国家景色和地点，开启了‘了解’国家的可能性……以前遥不可及的地方可被开拓至国家地理之中”（Edensor，2002：127）。

然而，基础设施发展也可能是分裂性的。水的供应和分配一直是城市化民族国家发展中的关键部分。斯温杰道夫（Swyngedouw, 2007）提供了一个非常好的例子，他讨论了水基础设施在西班牙弗朗哥政权背景下的作用。在20世纪30年代的内战之后，国家水利计划的建设是弗朗哥独裁专治下的国家建设规划的基石，虽然西班牙拥有世界上人均最多的堤坝数："水问题被构建成西班牙面临的主要集体性挑战，从而将人们的注意力从诸如社会正义或土地分配之类的问题上转移开去（p. 12）。"此外，这一基础设施的建设通过"由土地所有者、大工业家、工程师和媒体构成的网络"而变为可能，该网络"制造了一种单一的国家领土情结，消除了异己的政治声音、区域性的冲动以及非主流的形态格局"（p. 24）。出自这一讨论的一个有趣之处在于它的"技术自然"维度，在此维度中，城市化的民族国家依赖于一种基本属于"自然性"的资源，而该资源的基础设施可能对于城市居民而言是完全看不见的。

铁路网的建设是另一个引人入胜的争论领域。例如，英国与欧洲大陆间海峡铁路的开通动摇了长期公认的国家认同的话语。正如夏娃·达里安-史密斯（Eve Darian-Smith, 1999：81～82）在一篇著名的法律人类学论著中所言："围绕一条跨海峡的隧道或桥梁的可行性的工程技术争论所具有的重要性，要大大小于精神的焦虑和隧道久而久之所象征的陷于矛盾的道德困境（Darian-Smith, 1999：81～82）。"此处，深植于位于国家最高阶层的伦敦人头脑中的肯特郡是理想化的乡村（"英格兰花园"）的理念表明，该隧道代表着伦敦和英国的再度空间化，使之远离明晰的领土常识，将伦敦纳入到一个布鲁塞尔—巴黎的网络中，打开了新的区域空间。因此，隧道代表着许多解构区域、城市和国家固有本质的文化和心理转变（Sparke, 2000）。

然而，一些地区——通常是如新加坡、香港和迪拜这样的城市—国家——确实会通过开放领空政策，或充当位于东南亚或中东这样的主要区域性市场中心的"自由贸易"地带，将自身以及国家建设策略置于由旅客和商品构成的全球潮流之中。机场、高速铁路网、堤坝、隧道、高速公路及大型综合性开发区正在定义着一个世界的特征，它日益依赖快速的交通运输和基础设施的改善。在重大的区域性经济中，无论是见于泛太平洋经济区或拉丁美洲的基础设施的快速现代化（Olds，2001），还是作为欧盟统一体核心支撑物的跨欧洲网络的建设，抑或是使美国和加拿大的老工业城市现代化的持续努力，有关在重大项目上花费的争论广泛存在。

分裂中的城市主义

基础设施因而在相关的人文地理学的发展中扮演着关键性角色，该学科强调一种关于固定与流动的思辨哲学。它加入了有关全球化的争论："从全球性的规模来看，人、公司、机构、社群和建筑物之间的关系……也许在许多情况下要比它们与城市行为或在物理上相毗连的城市空间的关系更为重要"（Graham and Marvin，2001：206）。由此导致的结果是，"地方不是二维地图上的相连地带"（p. 203）。这意味着，相比于通过仅仅查看地图来理解不同地方的构成，它们更有必要被视为拥有一个时空维度。这与那些通过城市相互关联性的强度来理解城市关系的地理学家的想法是一致的。

格雷姆和马文的《分裂中的城市主义》（*Splintering Urbanism*）（2001）对许多此类潮流进行了综合分析。这个有关当代城市很有吸引力的看法建立在四个支柱的基础之上（2001：10～12）。首先，他们将城市视为"社会技术过程"，在此过程中，诸如洗衣服、做饭、上厕所、倒垃圾等等日常活动都因一系列平淡到在西方被视为理所当然的技术实践活动而成为了可能。身体与机械（不管多么粗糙）在一系列节省时间而又提供舒适的相互影响中发生互动。其次，这些都建立在一系列将人和物联系在一起的物质性基础设施——下水道、管道、电缆、天线、道路——之上。此类网络"不均衡地将跨越城市、区域、国家和国际边界的空间绑在了一起，同时还有助于定义位于城市空间内部以及它们之间的物质以及社会动态和差异"（p. 11）。在极端的情况下，这还有助于解释全球化过程，在此过程中，距离——尤其就交流活动而言——被极大地缩小。第三，此类网络的建立和维护开支巨大，涉及大量的资金投入，并“代表着金融、技术、实践知识以及组织性力量和地理政治学力量的长期积累”（p. 12）。第四，诸如“热、电力、水、光、速度和交流”（p. 12）之类的网络化技术对于理解当代城市经验、其感官条件、视觉条件以及奇异感来说至关重要，换言之，它们为城市文化作出了根本性的贡献。

全球商务旅行的增加促成了国际阶层的发展，由涉足于巨型项目开发区建设的人，如土木工程师、建筑师、项目经理和成本顾问等构成（Olds，2001）。不过，这些通常耗时、耗财的项目的费用对于意在控制公共开支的政客们而言可能是无法接受的。20 世纪 80 年代，彼得·霍尔（Peter Hall）的直言不讳的——且令人难忘的——名为《巨大的规划灾难》（*Great Planning Disasters*）的著作描述了一系列重大的公共部门的不幸事件：英法协和式飞机、悉尼歌剧院、旧金山的海湾地区高速交通系统、伦敦的第三机场和高速公路。在每一个个案研究中，霍尔都将矛头指向了一系列的私营部门利益集团、政客和官僚，这些人出于一系列五花八门而且常常相当狡诈的理由，选择低估或无视成本，或是提供一种政治化需求的预测方法。正如弗莱贝吉格（Flyvbjerg）、布鲁塞柳斯（Bruzelius）和罗森格特尔（Rothengatter）在其《巨型项目与风险》（*Megaprojects and Risk*）（2003）一书中所言，“在许多越来越大的基础设施项目在世界各地被提上议事日程和建设的同时，人们越来越清楚的是，从经济、环境和公共支持的角度而言，许多此类项目其表现之差，令人震惊”（p. 3）。重大基础设施项目的开支因此很有可能极富争议性，而各国政府正在寻找新的资助大型公共项目的方法。

因而，可以这样认为，置于城市基础设施之上的与日俱增的压力感与公众为这些项目掏钱的意愿危机同时存在。普遍远离公众集体供给的情况意味着只有私有化的解决办法才能皆大欢喜，而这反过来又涉及到得放弃现代主义关于普遍获得公共分配服务的理想。在 19 世纪的后半叶以及 20 世纪的最初几十年中，“越来越多的城市工程师致力于将日益壮大的工业城市理解为一架系统性‘机器’，这一机器需要理性地组织为一个完整的‘物体’，使用最新的可获得的科技实践”(p. 44)。这种“整体城市理想”的前提是一种具有通用概念的经过平衡的、均衡散布的服务提供模式，借助于它，“全面完整的街道网络可以一种技术专家式的方式铺设在整个城市区域中，将大都会纳入一个运作中的‘机器’或‘有机体’”(Graham and Marvin，2001：53)。在电气化的支撑下，再加上根据输电网进行过调整的街道的铺设，基础设施供应被完全整合进城市规划过程。然而，到 20 世纪 60 年代，这种“整合的理想”遭到了挑战，公共基础设施陷入了危机。现在，在许多城市规划部门中出现了一种新的正统观念：“如今，规划者的逻辑不再是致力于精心考虑如何让网络覆盖城市整体，而是与（通常是私有化和国际化的网络）操作者一起，为其特定街区的最好的网络基础设施而奋斗（Graham and Marvin，2001：113)。”

在发展理论的语境中，这些实际上绕开了城市部门的“分离的”基础设施无法承担用以支撑服务供应的必要的电缆、管道铺设或街景建设的需要。诸如马尼拉、拉各斯或孟买这样的城市因此越来越具有城市化二倍速模式的特征。当然，这一切之中都有社会地理的存在。格雷姆和马文强调了这样一个事实：因为私有化的公共事业公司的发展，驱动着分裂中的大都会的是市场理性，而非区域公平的观念。这种水管要规避发展中国家的贫穷社区，或外围房地产缺乏互联网光缆的想法破坏了提供普及服务的努力。这样一来，

> 取代了或多或少地均衡运作以“结合”一座城市标准化了的基础设施网络的，是一系列所谓的“隧道效应”。导致它们的是不均匀的时空障碍的“翘曲”，而这些障碍又是由先进的基础设施网络带来的，它们旨在抬高大都会某些部分的价值，并将它们卷入

彼此间的密切互动。(Graham and Marvin, 2001: 201)

因此，基础设施供应不是某种可被视为理所当然的东西，它的供应和维护与城市中的社会不公密切相关。这已被概念化为“全球分流术”(Graham and Marvin, 2001)，其中，付费用户允许使用高产经济空间的联接，忽视那些不那么富有成效的城市区域的网络。

半机器人城市主义

在接受了基础设施如何决定城市生活成功与否以及将城市速度和服务品质推进到国家领土的乡村区域的重要意义之后，还有一个遗留问题：个体是如何被“插”进这些服务网络的。甘迪（2005）已列出了一系列可实现这一点的途径。甘迪在唐娜·哈拉维（2001）关于“半机器人”(cyborg) 的理论化基础指出，“假如我们把半机器人理解为一种控制论的产物、一种机器与有机体的杂交，那么城市基础设施就可以被概念化为一系列相互联系的维持生命的系统”（2005：28）。这些提高人类能力的可能性也许在“21 世纪那些为保卫繁荣的国家及其企业赞助商而巡视着建筑物的角落的、在技术上得到强化的战士”(p. 32) 身上被发挥到了极致。在一个较简单的层面上，日常生活的许多方面，从心脏起搏器一直到与电脑的互动，都可被视为一个得到延伸的人（亦见 Michael，2006）。在此语境下，半机器人城市化便呈现为“对那些试图赋予数字的或虚拟的王国以超出物质空间特权观念的矫正”(p. 40)。

因而关键的问题就是这些基础设施的可见性。许多基础设施通常在视觉上屏蔽于消费者的眼睛之外。因为藏于视野之外，埋在土壤之下，再加上一个渐成气候的非地理的管理机制（例如，伦敦的供水系统目前为根据地在悉尼的麦格里银行所拥有），人们对于自然这一家庭生活源泉的依赖遭到了忽视。正如卡艾卡（2005）论证的那样，对现代家庭的安全和自治功能的预测，不仅要靠“美好”自然的进入，而且也要靠对“丑恶”自然在意识形态上和视觉上的屏蔽……房屋内良好水质的存在是基于一套由存在于家庭环境之外的物（堤坝、水库、水管）与社会权力关系（为水的分配、定价和私有化政策而斗争）两者所构成且与之相联系的网络的存在。(p. 64～65)

总之，重要的是要厘清基础设施的特点：它被视为理所当然，却是构成现代城市生活的绝对基础。因为它有能力将国家联系在一起，缩短距离，或将处于航空网络、电话和互联网联络可触及的范围之内的不同大陆的城市结为一体，所以弄清楚基础设施网络的标量配置如何建造了疆域的连续性将会是十分有益的。从帝国或国家建设的宏大空间叙事，直到对由网络化技术提供的人类能力的细微而又引人注目的修正，基础设施都为理解城市的都市化及其更广大的领域提供了一把钥匙。

在奇林（2007：223）看来，这向地理学家提出了富于挑战性的研究问题：

特别是从如中国和印度这样的迅速变化中的经济体的角度看过去，全球航空服务怎样以及在何处导致了大气中的温室气体的集结，意义重大的空中交通的增长又有着什么样的长期含义？当新兴经济体采纳北美式的交通运输政策及其对待获取性和流动性的态度时，全球环境体系会面临何种挑战？……新的分析技术、经过重新定义的空间关系、得到提升的运输能力，以及为一种全球经济准备的基础设施，这一切都不仅为对待传统问题的新态度提供了论据……而且也为21世纪对交通的思考和分析提供了富有创新性的方法。

无论是游客还是移民工人，是暂时的迁移还是从一种固定不动的生活转向另一种，正如运动的过程在支持流动的旅行者方面十分重要——它可以被纳入跨国城市主义这一框架之中，对于嵌入式基础设施系统和过程的研究也是城市地理学的一个核心主题。

关键点

• 从下水道系统到发电厂，以及对于时常被全球化理论家视为理所当然的城市间联系性的支撑，基础设施在城市的功能发挥和情感知觉之中都扮演着重要的角色。

• 虽然在许多20世纪的人眼中，新开发区被视为一种以普及性为目的的公共物品，但许多新开发区建立在“客户付钱”的理念之上，允许为那些可以付得起更多的钱的人提供优质服务。此类基础设施的获取途径在城市内部划分不均衡，这种局面在不发达国家甚至更加极端，这些国家时常因由西方公司从事的不适当且具破坏性的巨型项目而困苦不堪。

• 成功的基础设施运作使得个人被视为“半机器人”。然而，系统的故障会威胁在繁荣国度中习以为常的舒适的日常生活，并揭示出人类对于自然资源和科学专家体系的依赖性。

2.4 建筑（ARCHITECTURE）

有关建筑物及其社会意义的研究曾在学术界风靡一时。尤其是建筑史在大学中历史悠久，通常致力于通过审慎考虑建筑的形式特征（它们的规模、材料、空间和光线的使用等等）来解释特定的建筑运动和建筑类型的动机。然而，许多（尽管绝非全部）此类研究都只考虑建筑物本身，无视其在城市景观中的位置。地理学家出于该学科的性质，需要兼顾建筑物本身及其在更大的社会网络中的隐含意义，该网络既涉及它的制造（从定购其建筑的客户权力和财富的角度看），也涉及它的使用，要牢记有不同的群体在使用建筑物（从社会化住房的房客，到封闭式社区的私有住房的拥有者，到摩天大楼中的办公人员，再到参观歌剧院或运动场的观众）。

景观地理学家久已有之，他们致力于解释和阐发物质景观的表征，以及围绕着哪种表征会赢得众人瞩目这一问题而发生的社会争执。加利福尼亚大学伯克利分校的地理学家J·B·杰克逊（J. B. Jackson）在如《发现乡土景观》（*Discovering the Vernacular Landscape*，1984）和《位置感，时间感》（*A Sense of Place*，*A Sense of Time*，1994）等书中记录了美国的非都市景观，他在这方面所起的作用意义重大。然而，更近些时候，越来越钟情于马克思主义的地理学家开始将注意力从建筑物和景观本身特殊的物质特性上转移开去，去理解资本主义经济内部的建造和发展过程。这样的观点——正如诺克斯（1987）所总结的那样——致力于阐释劳动力在建造结构过程中的作用、拥有可开发并从大规模建筑中获取再投资利润资源的特殊的社会阶级，以及如建筑师之类的专家在使建筑工地的收益性最大化过程中的重要性。最为重要的是，此类方法将关注点从可见的和物质的方面转移开去，去思考那些顾及到建成环境的生产和再开发的明显非常抽象的过程。

正如简·M·雅各布斯在下文所总结的，近期有关建筑和建筑物的地理学论著，时常将建筑物本身用作一种反映使建造它们（以及，相关地，破坏它们）变为可能的社会冲突和权力游戏的工具：

> 有关建筑物和建筑事件的学问在文化地理学内部拥有多种形式。“定居点地理学”、“城市形态学”、“城市符号学”以及“建成环境的文化政治学”等在理论和方法上各不相同的领域都用这种或那种方式对建筑形式进行仔细的考察。此类学问的早期版本优先考虑的是建筑物的物质性，时常需要它来充当辩论证据，说明更大、更抽象的过程或形态学的条件。在更近期的地理学中，建筑物的技术和形式特质为更多关注表征意义和政治性的研究充当

了一种模糊的、梗概性的基础。（Jacobs，2006：2）

以下讨论力图总结某些在地理学内部作出的重点干预，它们将建成景观的视觉和物质特性与支撑其建造的社会过程拉拢到了一起。

权力的景观

在20世纪80年代后期和90年代初期左右，城市地理学和社会学中的一个特殊时刻翩然而至，当时，一场“巨变”（借用戴维·哈维的话来说）的隆隆声在英国和美国经济中变得清晰可闻。《后现代性状况》（*The Condition of Postmodernity*）（Harvey，1989b）将建筑作为一个核心主题，哈维将其看作文化产物中的一种从现代主义到后现代主义的转变，这种转变与世界经济内部的结构转变密切相联。学者们开始思考城市空间的社会和政治产物，并分析从建筑师、金融家、政客到地产开发商等构成建成环境的多种力量（Crilley，1993；Fainstein，2001；Knox，1987；Zukin，1992）。哈维（1994）和梅里菲尔德（1993a，1993b）都提供了关于虚假的金融手段的犀利分析，一些坐在那里的代理人，奠定并改变了伦敦某些办公大楼的基调。

法国社会理论家亨利·列斐伏尔（Henri Lefebvre）的著作在《空间的生产》（*Production of Space*，1991）面市的激发下，于此时变得广受欢迎。例如，梅里菲尔德（1993：1281）认为，纽约的金丝雀码头和其他地方的类似建筑充当了“社会冲突的空间碑铭”。列斐伏尔是马克思主义学者，对城市却持有一种人文主义的观点，“试图使资本主义的社会空间神秘化，探寻在它各种各样的伪装和迷惑下的内部动态，以及有生产力的时刻。这里，‘有生产力的’意味着‘积极的’和‘创造性的’，而在列斐伏尔看来，创造性是一种实际的生产过程”（Merrifield，2002：89）。因此，建造和撕裂资本主义城市的城市化过程得到了被列斐伏尔称为一种“空间再现”、“一种被形形色色的专业人士和技术人员（规划师、工程师、开发者、建筑师、城市规划师、地理学家和拥有一种科学技能的其他人）所想象和设想出的空间的东西的支撑”（Merrifield，2002：89）。因此，产自于建成环境的生产中的话语和视觉想象突然间变成了马克思主义地理学家的心头所好，他们过去的研究更多受到经济驱动的（经济的）社会阐释。所以，列斐伏尔是在这些传统间架起桥梁的关键人物。

然而，此类著作的标志是一种从建筑形式中“读出”社会关系的倾向。更为复杂成熟的解释开始作为对此的回应而出现：雅各布斯在她对“银行交汇点”（Bank Junction）这项竭力反对一座现代主义办公大楼的重要规划的个案研究中，对英国经济变化中的空间关系作出了一种更加历史化的解说，在这种解说中，她对伦敦城的城区变化进行了定位：

> 20世纪80年代的伦敦城既是座后帝国城市，又是座后现代（化的）城市：它是座处于过渡和变化中的城市。在这部冗长的再开发传奇中，“银行交汇点”（当前的和拟议的）得到了一系列利益集团的有目的性的投资。规划争议所产生的话语不是简单地关乎伦敦城的这个部分的形式和功能，而且也关乎这座与世界其他地方有关的城市的身份和地位的重新商讨。（1994b：751）

这引入了一个重点：围绕某些建筑物被摧毁、改变或建构的提议而展开的争论，可能揭示了一些位于各种文化群体的内心最深处的认同需求。

资本主义空间经济的理论架构一直是哈维早期论著的一个重要主题，在《资本的限制》（*The Limits to Capital*，1982）之中有详细展现，但他用大量有关19世纪巴黎城市化的调查来为此提供支撑，这份调查最近得到更新和再版，书名为：《巴黎：现代性之都》（*Paris: Capital of Modernity*）（Harvey，2003）。书中包括了一篇有关圣心大教堂（Basilica of the Sacre Coeur）的文章，虽然该教堂最初的意图是为在1870年的社会反叛（巴黎公社）中被杀害的工人树立一座纪念碑，却被保守的社会精英所接收并重赋意义。这是一篇许多哈维的读者百读不厌的文章，它昭示了纪念碑和庆典在建成环境中践行国家力量的重要意义。这与国家和帝国建筑关系密切，这一过程在里斯本（Power and Sidaway，2005）、罗马（Atkinson and Cosgrove，1998）和数个帝国中心（Driver and Gilbert，1999）均有目共睹。这些论著中为地理学家们所共有的东西，是对操演的兴趣——这也许使它们与建筑史家们所喜爱的更加正式的分析有所区分。正如艾登索尔所示，这在分析国家如何在本尼迪克特·安德森的著名格式中变成“想象的”时候，是种有力的工具：

> 通过将象征之地构想为舞台，我们可以探索认同是如何被戏剧化、传播、分享和再生产的，这些空间是如何被塑造以容纳特殊表演的，以及存在争议的表演又是如何围绕着既宏大壮观又平凡世俗的场所来定位的。（1983：69）

这些之所以重要，是因为雕塑、纪念碑、议会大厦、庆典广场和阅兵场的开阔空间这些死气沉沉的庞然大物会以特殊的方式被编排得生机勃勃、栩栩如生：“在世界各地，独立日庆典、总统宣誓就职仪式、升国旗、唱圣歌、宗教场合、大人物的葬礼、阅兵式以及‘古老的风俗’通常都年复一年地遵循同一种模式，从而将历史镌刻在空间之上”（Edensor，2002：73）。”所以，重要的是要避免这样的假设：此类景观如果仅凭其高度和设计，其本身并不强大，只不过社会演员表演出了那种力量。

建筑的相关地理

表达性建筑设计在近年来已呈现出一种重要的商业逻辑。因为限制工业化以及政府不愿或不能提高税收来救它们于水火之中，城市陷入了分崩离析之态，与此相应，诸如市长、州长或总规划师之类的城市管理者渐渐将城市当作一个公司来对待，力图在与其他企业化的城市对手的竞争中赢利市场“生态位”（参见“城市政治学”这一概念）。不过，标志性建筑的兴起——在如法兰克·劳埃德·怀特的曼哈顿古根海姆博物馆、乌松（Utzon）的悉尼歌剧院或盖瑞（Gehry）的毕尔巴鄂古根海姆美术馆这样的独特主张中得到表达——可以被解释为对于当代建筑表现力的强调。詹克斯（2005：185）给象征标志的定义包括“简化至一个令人震撼的形象、一段黄金之地和一场目不暇接的视觉盛宴”。它还得益于从不同的角度和视点所获得的视觉效果，以及一种隐喻性陈述（船帆、松果、鱼）的提供。这同时带来了对于这样一些建筑师的服务需求：认为他们可设计出具有强烈的视觉识别性或“签名”的东西。鉴于报刊杂志、电视节目、明信片或纪念品上总是不断地在创造、发行和消费城市形象，此类建筑可有助于识别和“在脑海中标注”常识中的地方。

这些标志性建筑的作者们——哈迪德（Hadid）、皮亚诺（Piano）、迈耶（Meier）、库哈斯（Koolhaas）、盖瑞（Gehry）、福斯特（Foster）、卡拉特拉瓦（Calatrava），等等——力图给发达资本主义的城市重贴标签、变换位置，或令它们公开亮相。他们一直被视为建筑师之“星级系统”的一部分，拥有一望而知的“签名”，它们出现在世界各地诸多项目的摩天大楼设计中（McNeill，2008a）。克雷斯·奥尔兹（Kris Olds）为这一理论发展做出了重大的贡献，他描绘了“一个由开发者、建筑师、规划者和学者构成的新兴的（又小得令人惊讶的）知识社群，他们在规划和建造世界各地的UMPs（urban mega-projects，城市大型项目）时会互相借鉴（或彼此的著作）”。（Olds，2001：27）奥尔兹利用有关上海和温哥华的个案研究，说明了设计知识是如何通过全球咨询公司得到传播和流通、通过卫星广播被广而告之并被“外国”专家所验证的。

将城市化理解为一种相关的过程这一发展趋势需要这样一种观点：

图 2.4.1　迪拜阿拉伯塔酒店：利用标志性设计来给地方贴标签在建筑和城市发展中是一种发展趋势

它将具体的、物质的空间看作正在转变的点或装有人和技术的容器，它们与远方的其他相似空间会相互关联。正如机场和通讯塔一样，摩天大楼无论是在隐喻意义上还是在物质意义上，都是引导全球化潮流的有力的候选者（McNeill，2005）。不过，摩天大楼的这种“全球”史掩盖了一系列错综复杂的相关地理：从传统的区位地理（高层建筑在世界城市中的分布），到一系列流动的视觉编码和有形运动，再到围绕跨国主义的本质、全球—地方关系和被现代主义运动推向流行的“通用的”建筑风格的理念而展开的争论（Jacobs，2006）。

全球与地方的建筑形式：摩天大楼

摩天大楼充当着中心象征结构，以及市民借以定位的地标。它们逐渐成为变化中城市历史的象征，正如大教堂和城堡统御着过去的城市（并且会继续如此——参见 Sidorov，2000）一样。鉴于全球潮流的复杂性和偶然性，许多被用于代表和谈论摩天大楼的隐喻、形容词和修辞：都在强调固定性、牢固性、根深蒂固性和恒久性，这是很具讽刺意味的。

在此类建筑内部，相当粗糙的“全球—地方”结构频频作为实践者和批评者之流重新粉墨登场，力图阐释标准化建筑生产体系令人不安的相互影响、数个世纪的本地设计史以及相对特别的生活和工作模式。这代表了那些已明确地把摩天大楼和基础设施项目当作国家现代化的象征而接受下来的东南亚发展中国家所面临的特殊挑战。例如，吉隆坡的双子星塔由一位国际建筑师（西萨·佩里［Cesar Pelli］）所设计，他用伊斯兰图案来装饰建筑物正面和楼层平面，力图使标准化的西方制造方法与具有地方敏感性的设计语汇相融合。邦内尔（Bunnell，1999，2004a，2004b）认为，双子星塔显然被用于通过可在广告、航空杂志、明信片乃至好莱坞偶像电影中充当主要角色的津津乐道的标志性建筑来昭示别具一格的马来西亚的现代性。

于是，虽然摩天大楼技术几乎全由西方公司输出（Cody，2003），但设计过程也许会受到特殊语境因素，如气候、审美或文化的重大影响。例如，对于“风水”的敬重引导着许多东南亚摩天大楼的设计，比如在位于香港的诺曼·福斯特（Norman Foster）的汇丰银行（HSBC）大楼和可与之一较高下的由贝聿铭（I. M. Pei）设计的中国银行大楼中的展示。与此类似，在日本和台湾这样的国家和地区，地震高发区的高层建筑的设计是个关键因素，而许多在东南亚出现的“批判性地域主义”（critical regionalist）的反应则重点围绕对气候的担心而展开，如杨经文（Ken Yeang）的“生物气候摩天大楼”（bioclimatic skyscraper），它给予了我们一系列在防风和遮荫需求驱动下的新形式。

摩天大楼的物质性——它的高度、形式、规模、支柱垫板、基础设施和邻里关系——使它在城市区域内占据着特殊位置。从社会的角度而言，它提出了许多有关跨国知识流的本质以及近于无形的物质交换如何得以容纳的问题。因为摩天大楼总体上被视为一道天际线，所以它能够在一个为电影制作人、政客和建筑师之流一用再用的便捷合宜的表征框架中对城市进行横向的定义。它的笔直挺拔提出了有关城市特征和生活在高处的艺术和工作问题，但也要求人们关注根基以及看不见的城市服务区域和地下交通（McNeill，2005）。

日常景观

商业的和受国家资助的纪念性建筑夺人眼目，令人难忘，但也可能构成威胁，使私下里的或家庭内部的讨论噤声，尤其是从家和住房的角度而言。在此语境下，地理学家正在利用广泛而全面的理论洞察来阐释私密空间的依恋性、审美性、物质性和表征性。布朗特（Blunt）和道林鉴定了一个被其称为“批判性家庭地理学”（critical geography of home）的术语，他们以此来倡导一种“对家的空间化理解，它把家既视为一个地方，也视为一个可在空间穿梭往来且与特殊地点相互关联的空间想象，（同时倡导）一种对家的政治化理解，它留意的是嵌在有关家的理念和进程中的压迫和反抗的过程”（2005：21～22）。他们所使用的范例和个案研究——有关美国国家建设中边缘地区的家居建设、国产化技术的传播、家对流散者社群的重要意义的观点——都足以说明此类显然具有私密性的空间在社会构成中的重要意义。这还带来了方法论上的挑战，而学者们已经提出了重构家的个人化意义的“住宅变迁史”（house biographies）法，并呼吁认可住房的多声部本质（Llewellyn，2004）。

然而，与对静态建筑的分析（选择一座单一建筑，渐次剥开由其构造和接受构成的多层叙事）相反，人们越来越钟情于解释并记录空间和景观的动态构成方式。例如，梅里曼（Merriman，2006）对于战后英国高速公路系统构成中的景观建筑师作用的探索，充分说明了高速公路这一极具破坏性的技术是如何被整合进英格兰乡村之中，使相对静止不变的乡村景象与“围绕运动而设计并体现高速驾车者的视野”

的高速公路达成一致的”（p. 85）。与高速公路毗连的那些明显平淡无奇的设施——服务站、桥梁和警察站——也同样被严肃认真地说成是中心城市的视觉代码：“景观建筑师强调，工程师和景观设计师的任务是了解驾驶者的动态视野，以便设计出缺少冲击力并且展开延伸的项目不会分散驾驶者注意力的道路”（p. 95）。

接受关于建筑的“平淡无奇”的态度使人们可以更深切地理解个人对家的依恋，比如内部装修（Leslie and Reimer，2003）和庭园（Power，2005）。它牵涉到对于市中心居民（Allen，2007）和地产开发商的更深层的理解。例如，芬彻（Fincher，2007）追踪了墨尔本市中心的高层公寓开发商的设想，研究发现，尽管有很多将住房建造与新近出现的“空巢”人群相匹配的表面上的革新发明，但大多数开发商还是保持着关于购买和租赁资产家庭类型的传统设想。随着办公地点的变动，还有一股在住房设计中增加调适性的潮流，很有可能让现在的家庭办公室实实在在地纳入开发商的盘算之中。克拉布特里（Crabtree，2006）探索了生态城市住宅形式的可能性，它按照女权主义者的关怀原则以及将工作空间整合进室内区域的原则来加以组织。

进一步的观点力图聚焦于“发生在家中的适应和拥有的复杂过程”，即仅仅聚焦于建成空间的生产与消费的方法所无法涉及到的过程（Llewellyn，2004：229）。此类理论家通过将一种经验维度放置在建成空间的中心，为有关建成的建筑如何被使用的研究作出了有价值的贡献。与此相类似，利斯（Lees，2001）对于温哥华图书馆多种用途的解说，或卢埃林（Llewellyn，2004）对伦敦的一个理想型现代主义住宅规划的居民如何理解他们在那里的生活体验的重构，都是引向技术生产与日常空间之间鸿沟的线索（亦见 Jacobs et al.，2007）。在卢埃林（2004：246）看来，“学术价值并未在建筑师完成了工作、摄影师为杂志拍摄了照片的那一刻终结。在许多方面，那正是建筑批判地理学的起点”。

关键点

• 物质性与表征性之间的张力，构成了地理学家在某些时刻如何思考建筑物的特色，但他们越来越多地转向综合分析和重新构想个中关联。

• 地理学家一直钟情于解释建筑的流动和相关的产物，以及支撑其设计、建构和维护的技术体系。

• 景观地理学家的视角已从对可视表面的固定解说转向对塑造了建成环境的社会、经济和政治过程的更深层的、有所依据的阐释。

第三章　设想与体验

3.1　图形（DIAGRAM）

许多高中生或初中生最初是通过各种特殊的线图和图形认识城市地理学的。一代又一代的学生——包括本书的某些作者——通过接触三个有关城市的图形性表征来了解城市的空间模式，昌西·哈里斯和爱德华·厄尔曼（1945）在他们有关城市发展的同心圆区、扇形和多核心模式的论文中使用了这些图形，现在已成经典（参见图 3.1.1）。尽管哈里斯和厄尔曼的模式已受到批评并得到修正，但他们所依赖的图形表征技术始终是城市地理学教与学的核心：大多数有关城市地理学的导论性教材都会包含一系列相似的城市空间透视图（参见 Knox and Pinch，2006）。此类书籍还包含照片、词汇和其他表现形式：不过，图形（以及地图）似乎在城市地理学的兴起与再现中扮演了一个特别具有影响力的角色。虽然图形在城市地理学内部具有特殊的重要性，但它们的地位反映了更广义的地理学知识的两个特性：第一，视觉表征的中心性；第二，制图义务，它支撑着该学科生成真实精确的知识言论。虽然近几十年以来此类言论一直极富争议性，但图形在城

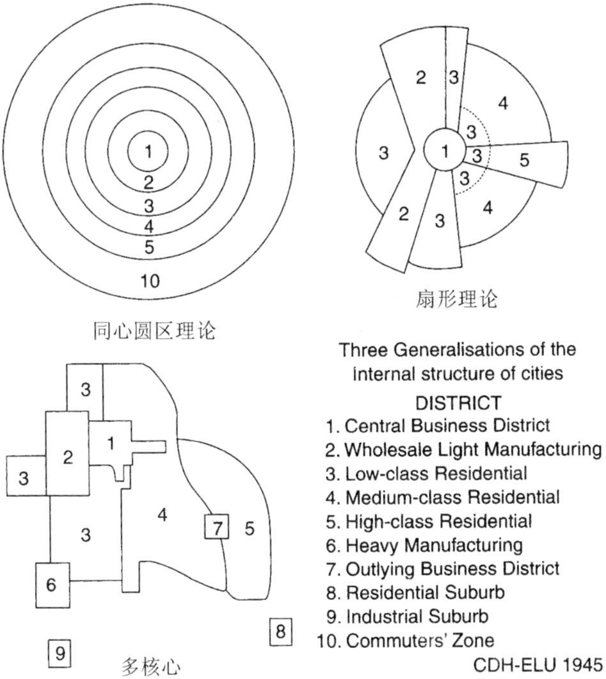

三种有关城市内部结构的归纳

DISTRICT 街区

1. 中心商贸区
2. 大规模轻工业区
3. 低等住宅区
4. 中等住宅区
5. 高级住宅区
6. 重工业区
7. 外围商业区
8. 近郊住宅区
9. 近郊工业区
10. 通勤区

CDH-ELU 1945

图 3.1.1　城市内部结构归纳。同心圆区理论是对所有城市的概括。扇形理论中的区域安排因城市而变。多核心图形代表着无数变化中的一种可能的模式。

市地理学中始终至关重要，尽管其方式也许哈里斯和厄尔曼也不一定认可。

定义图形

那么，什么是图形？最简单地说，图形就是对世界上的一个特定系列的过程的图表式介绍。所以了解图形的一种方式就是把它当作一种表征，它代表——并代替——其后所涉及的别种事物。当然，不同种类的表征之间的区别并不总是一目了然的，就如地图与图形间的区别并不总是清晰明了一样，两者都由线条构成，这些线条可被理解为世界的表征，具有不同程度的准确性和简化性。进一步而言，存在许多类型的图形式表征。例如，以下是 20 世纪 70 年代初期的一部教材列举和讨论过的图形式表征中的为数不多的几个类型：射线图、排名图、阶段图、时空图、复原图、散布图，以及空间关联图（Monkhouse and Wilkinson，1973）。

我们可以根据它做些什么，或更具体地说，它允许城市地理学家们做些什么来更好地定义它，而不仅是寻找什么是图形的简单化定义。首先，也是最显而易见的，图形提供了重要的抽象技巧。它们提供了一种以点、线、面的形式从城市生活的动态流动中萃取某些元素的图式呈现的方法。其次，与前者相关的是，图形表征是分析性简化和选择的技巧：它们使某些城市进程得以独立分区，即使只是局部的和暂时的。接下来，第三，图形使人们有可能对不同城市空间、城市发展过程之间，以及城市空间内部及城市发展过程进行全面比较。例如，哈里斯和厄尔曼的图形因此可以被用作对不同城市的空间发展和成长进行比较的基础（参见 Lichtenberger，1997）。第四，图形有种投射性质：它们允许人们根据过去的可加鉴别的趋势或过程来对未来可能发生的事情加以想象性的或计算性的预测。最后，图形（以及地图）是地理学之类的社会科学学科面向公众的主要方面。它们传递信息的方式突破了文本方式的局限性。

图形与城市地理学

鉴于其实用性，因而城市的图形表征已经几乎毫无悬念地成为了解地理学的核心方式。虽然图形的此种用法可以通过一系列地理学家和非地理学家（最为著名的是芝加哥学派）的影响来得以追根溯源，但它们一直与将地理学（以及它里面的城市地理学）转变为一种空间科学的努力关系特别密切。此类努力在 20 世纪 60 年代的计量革命期间得到了最系统的表达：此处强调的是地理学进程和模型中的计量模式的发展，其结果有可能以图表或图形的形式得到更为精确的陈述。此类表征的客观性和中立性是显而易见的，它成为了有关空间科学的言论支柱：毫无疑问，与书面文本相比，图形表征似乎更少受到主观因素的影响。这样一来，图形就可被看作是知识生产系统的组成部分，其目的是对城市空间加以概括和预测。

虽然计量革命的令人兴奋的日子已成过眼烟云，但城市的图形式表征始终影响不衰，且常被运用，当然是以一种更加动态的形式。计算机仿真和模拟已提高了再现城市进程和空间的复杂性和精确性（例如，参见《环境与规划 B：规划与设计》[*Environment and Planning B*：*Planning and Design*]中的内容）。不过，城市地理学家再现城市的技术能力毫无疑问已得到提高，此类表征在理解城市的过程中所起的作用，也受到不断增加的批评性的审视。这种审视的出现部分来自对于有关城市空间的各种表征性透视图所存在的可能性与问题的越来越多的鉴识。针对 20 世纪 50 年代和 60 年代计量潮流所使用的各种图形技术的最为重要的批评之一，是它们将人类经验简化为一种理想化的抽象概念：对于场所的日常依恋、它们自身作为常规化实践的产物，通常会被排除在城市空间和进程的模式之外。

时间地理学的案例提供了一个颇具影响且令人深省的例子，就此问题的商谈进行了尝试：它可以被解读为这样一种努力，改写空间模式和进程的图形式表征，以使这一表征将日常生活的经验维度包括进了更广大的时空结构的分析之中。时间地理学兴起于20世纪70年代初期，建立在瑞典地理学家托尔斯滕·哈格斯特朗（1970，1982）的论著基础之上，得到奈杰尔·思里夫特和阿伦·普雷德（Allen Pred）等地理学家的进一步发展。时间地理学的一个关键元素是使用一系列用以系统地追踪日常生活的日常轨迹的图形技术，以揭示与一系列由不同规模和强度构成的网络相关的个体的动态路径。不过，到20世纪80年代末，时间地理学已经不再是该学科的宠儿，这部分是因为有大量的批评将矛头指向了它试图藉以再现日常城市生活的方式。也许最为重要的是，如吉莉安·罗斯等女权主义地理学家所指出的，时间地理学始终沿用一种未能解释城市空间藉以为人所居住的多种方式的抽象模式；它既不能解释城市空间存在的多种方式，也不能容纳与城市空间相关的不同种类的身体。事实上，在罗斯（1993：31）看来，“时间地理学”试图通过将其简化到一种运动途径的方式“置身体于不顾”。

尽管这种批评的真实性存在争议（参见 Latham，2003；Thrift，2005c），但它还是充当了说明地理学家将一门更广泛的学科与表征的局限性和政治性联系在一起的例证。此类联系源于对空间科学的批判以及将来自文化研究、马克思主义思想以及有关空间和地点的人文主义理解的洞察聚拢在一起的理论发展之合流。这种对表征的批判拥有多种元素，其复杂多样性随着时间的推移而逐步演变。首先，人们一直坚持不懈地力图探索城市表征在塑造城市空间的物质产物和想象性理解的过程中所扮演的角色。其次，地理学家已向城市空间的表征永远中立这一论调发出了挑战：它们恰恰是权力关系中的积极参与者。第三，作为范围更广的、新兴的非表征理论的组成部分，该学科内部的权威人物已经指出，许多发生在城市中的事情根本不依赖于表征（参见 Amin and Thrift，2002）。其中最后一点尤其重要，因为它的含义常被误解。声称城市生活的许多方面不关乎表征，并不意味着图形是不重要的：相反，它意味着较少将图形理解为冻结过程的、静态的快照式形象，而是理解为演示（以及做）各类工作的陈述技巧。

复兴图形

这种将图形理解为过程的参与者的做法有许多重要的先驱者。首先是哲学方面的，可追溯到像米歇尔·福柯（Michel Foucault，1926～1984）和吉尔·德勒兹（1925～1995）这样的思想家的论著。这两人都将图形的意义和力量推到了它狭隘的表征性焦点之外。福柯之所以对此感兴趣，是因为他把图形理解为一种政治技术——一种效果强大的在空间和时间中安排和分配事物的装置。德勒兹（1999）更进一步，认为图形是种“抽象的机器”，可生成某种可预测的稳定性和以行为的形式出现的持续性。为什么是“抽象的”？因为事实上图形不是非得定位在一个社会机构中或在任何单一的地方：事实上它也不是某种可被任何单一个体所控制的东西。德勒兹使用“机器”这一术语时也别具含义：它不是一种有形的物体，而是不同过程间的一系列联系。此类联系也许实际上是看不见的：例如，我们也许将欲望想象为一架在身体之间生成关联的机器。并且，正如欲望这个例子所证明的，机械关联的不可视性并不会使它们的力量有所减弱。德勒兹继福柯之后，认为图形是强大的，因为它有能力跨越不同的社会，形成和安排相互间的关系。

第二种致力于反思城市地理学中的图形概念的影响是被称为行动者网络理论（actor-network theory）的一系列思想，这种理论时常与迈克尔·卡龙（Michel Callon）、布鲁诺·劳里埃和约翰·劳这些人物联系在一起。在这些思想家的论著中，人们可以更具体地理解图形，这显然比福柯和德勒兹的论著更具体：图形是异质网络的生产和维护的积极参与者。图形将事物聚合到一起，同时也允许它们在空间和时间中循环。当我们注视图形时，我们知道，它所指的事物和过程其实并不在那里；不过，与此同时，构成图形的线条似乎已转换了某种东西的性质，不管那个具体的东西或过程是什么。所以，尽管像劳里埃这样的思想家们对图形实际如何运作颇感兴趣，但他们也想让我们思考这样的问题：这项工作是如何涉及了一系列变形的和可追溯的活动的，在这些活动中，图形“在未取代任何东西的情况下取而代之，（并）在未能完全替代已被聚集起来的东西的情况下作了概括总结”。因此图形对于劳里埃而言是一种奇怪的“准线调整者，只有允许在它之前和在它之后的东西之间存有通道的条件下，才会是真实的”（1999：67）。

这些有关图形的观点一直为力图反思权力与城市之间关系的阿敏和思里夫特（2002）这样的地理学家所持有（亦见 Latham and McCormack，2004）。在此类地理学家看来，图形的概念只有在这样一种意义上才是有吸引力的：它不会将权力还原为一种意识形态或物质结构条件，自上而下地强行赋予秩序，相反，图形是多产的，因而在它们以小规模的形式渗透并调整一系列实践活动时，它们是强大的。想想工程图或建筑图在建筑和道路建设中（参见 Robertson，2007），或者，在一种更大的规模上，在城市规划领域中所起的作用，我们就能很好地理解这一点。这些图形不仅仅概括了物体的表征，它们所做的是让一系列物体和当事人得以经历一系列的转变，从而形成了一座建筑物或一系列建筑物、道路等。这些工程图还将一系列其他的图形——那些关于下水道、电、水、交通运输等的图形——集中到一起，作为建设的依据。在这个意义上，图形为不同的物质记录和象征性记录间的运动提供了一种排序模式。

与此同时，因为此类图形是投射性的，所以它们还会为未来可能存在的居所提供一种技术。这在与建筑的关系中尤为明显。在建筑（以及设计）内部，图形可能会被理解为具有一种纯粹的功能性的作用：它可以被解读为一项规划，或解读为一种为客户制作的简单化的图形表征。但建筑师和建筑批评家近期的著作将图形指为某种更具乌托邦色彩的潜能：它提供想象的空间建构，这也许会修改人与自身环境之间的关系。我们也许观察到，此类言论总是由建筑师所发表并为他们所持有，尤其是那些对通过在大城市规模上的建筑干预来使社会发生转型感兴趣的建筑师（如勒·柯布西耶）。更多近期的建筑论著吸取了德勒兹这样的思想家的看法，一直在关注图形如何变得可以造就一系列可能的未来，通过建筑实践活动与其他实践活动之间的一系列复杂商讨（参见 Allen，1999），为行动提供一种徐徐展开的语境（参见 Vidler，2001）。

重视图形

所以，诸如福柯、德勒兹和劳里埃之类的思想家的论著，为城市地理学家提供了思考图形如何促成各种空间转变的方法。他们还要求我们将图形想象为生产性的——是可以工作、转变、表现的东西。地理学家至少从三个方面正在开始接受这种邀请。第一，将图形理解为一种概念性的装置，通过它来思考形形色色的机构和当事人何以能够被拉进别具一格的城市生态学的论述。正如欣奇利夫等人（2005）在讨论各种城市未开发空间时所言，绘制图形的活动提供了一种方法，使这类空间哪怕是松散地和暂时地凝聚在一起，成为真正的争论和兴趣所在。地理学家接受邀请的第二种方法是，尝试把图形当作一种概念性装置，将其与具体的表现和实践活动空间联系起来。此处，图形变成了一种通过具体空间和建筑空间之间的接合来思考问题的方式（McCormack，2005；亦见 Imrie，2003）。

第三，地理学家们已经开始重新使用各种图形技术，以便再次确认创造性和发明能力的价值：它们是思考并厘清城市空间动态分析的必要元素。此类创造发明的可能来源包括，例如，颠覆制图的传统以及与情境主义思想家有关的实验（参见 Sadler，1998；Pinder，2005）。除此之外，一旦因其抽象性而被摒弃，那么时间地理学中的图形就有可能从一个更宏大的角度被看待，它们因与诸如德勒兹和劳里埃之类的思想家的相遇而似乎对图形更感兴趣（参见 Thrift，2005c）。加上某些创造性的再造，它们变得可以包容一系列有关日常城市生活的经验性细节（Latham，

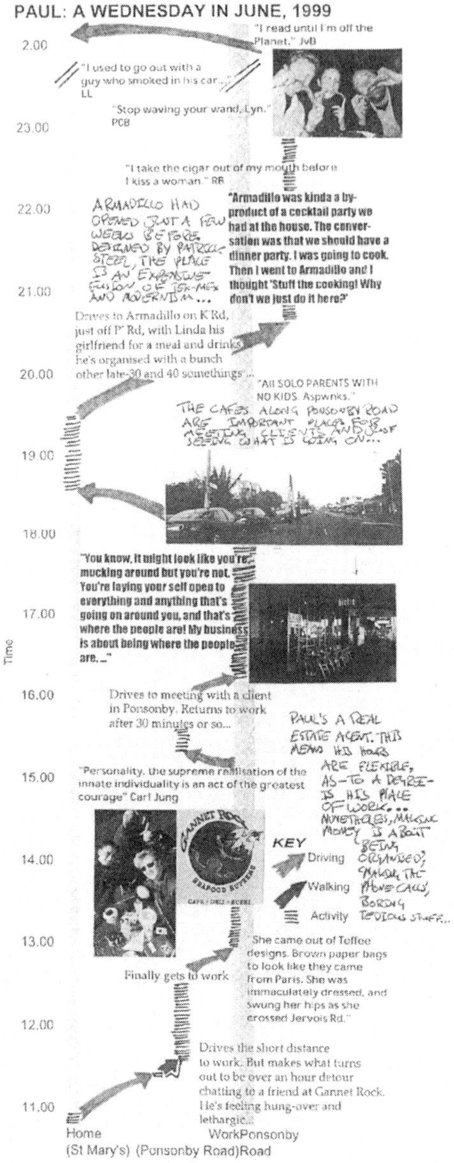

图 3.1.2　莱瑟姆（2003a）提供了一个例证，说明一个人的日常生活秩序如何能够被捕捉进一幅混合着照片和摘自日记条目的文字的图形。

2003）（参见图3.1.2）。时间地理学第一波高潮兴起以来，技术发展提供了有关图形技术的更灵活和有可能更具自主权的用途（例见Kwan，2002）。这样一来，图形便变成了一种制图性政治技术，通过它，一系列潜在的城市未来也许会得以体验。

也许最为重要的是，像时间地理学这样的技术的创造性维度可提醒我们，图形并未被定义为一个唯一的表征技术。图形也许具有陈述性，然而，它也是有美感的、有情感的、有动感的，由多种多样的想法以及手和笔的特定运动而产生。此类言论也许可被解读为夸大其词：只适用于在建筑实践或艺术实践中遇到的、更具先锋性的那类图形。不过，如果再多加上一点儿谦虚内敛，这些言论也很有可能被认为适用于包含在成百上千的有关城市地理学导论性教材中的各种线路图。

关键点

• 作为过程的一种图解式陈述，图形对于城市地理学知识的产生和再造曾经是而且将继续是核心性的。

• 尽管图形在传统意义上被理解为一种表征技术，但人文地理学更近期的论著已聚焦于作为表现手段的图形——表现某种工作的手段。

• 反过来，利用此类论著，就有可能在考虑城市空间时再次确认图形的创造性元素。

3.2 摄影（PHOTOGRAPHY）

我们怎样才能做到不用亲身游历城市却能逐渐了解它们呢？城市的视觉形象可以通过电视、电影和摄影等形式传递给我们，随后它们又通过各种形式被分散开来，如复合式电影院、DVD、互联网、报纸、杂志、明信片和网页。然而，它也许不是作为一个整体的城市形象，而只是城市的一部分——譬如那些众所周知并渐渐代表了城市整体的建筑物、街道和桥梁。精选的元素变得家喻户晓，“标志性的”形象被注入了观者的普遍想象之中。例如，歌剧院可能立即会让人在头脑里“对位”于悉尼，艾菲尔铁塔对位于巴黎，大本钟对位于伦敦，金门大桥对位于旧金山。当然，不仅有城市的视觉形象，也有城市中物品的视觉形象，例如，广告牌、海报、电视屏幕和涂鸦。（有关于此的进一步的讨论，参见“媒体”条目。）

图 3.2　东京天际线高层建筑上的时装零售广告

视觉性以及对于更为广泛的视觉文化的兴趣，一直与视觉形象对文字或口头交流模式的明显统御有关。摄影这一条目并无意参与这场争论，但确实会致力于关注摄影成像和实践活动在当代城市生活中的意义。为了对此作进一步的思考，吉莉安·罗斯在她的《视觉方法论》(2007) 一书中提供了一份有用的关于视觉成像空间地点的分类清单。她将一个形象的生产地点（它可能从电影制片厂到外景拍摄地再到家用电脑）、这一形象本身的地点（它的正式构成成分，如颜色、其客观实物的大小、其框架等等）以及观众看到这一形象（被理解为在空间移动的人工制品，如在杂志中、在明信片上、或在一间画廊里）的地点区分开来。这创造了一种重要的方法，使人可以思考因有效地“使视觉全球化的”摄影（以及摄像）技术的广泛使用和分布而变得更加重要的形象的社会意义（Schwarzer，2004）。此外，摄影还充当了一种间隔机制，随着其速度历史性地加快，城市——以及城市里的活动——可以被观看（现在还可被编辑、重置和重新发布），视觉景观逐渐被一种技术性的“摄影镜头景观”所取代（Schwarzer，2004）。

摄影与城市

为了更加充分地理解其性质，我们应当思考一下摄影与城市的历史演变过程。在20世纪“街头摄影”这一艺术形式已朝着一个令人神往的方向演变，与技术进步相结合的新的革新性框架技术已经改变了纪录城市社会生活的方式。例如，巴黎——20世纪初期的绘画、音乐和时尚界的现代化都市——成为了早期城市摄影的一个重要地点。尤金·阿杰（Eugene Atget）、亨利·卡蒂埃-布列松（Henri Cartier-Bresson）、罗伯特·杜瓦诺（Robert Doisneau）是具有影响力的街头摄影先驱者，他们的作品提供了一些城市生活最具标志性的形象。卡蒂埃-布列松是20世纪上半叶的摄影师，他的摄影作品已逐渐代表了我们可以称之为巴黎的“本源的”或“可信”的形象。像《圣·拉扎尔火车站》（*Behind Saint-Lazare Train Station*）（巴黎，1932）和《米歇尔·加布里艾尔，穆浮达街》（*Michel Gabriel*，*Rue Mouffetard*）（1952）这样的摄影作品已被用作该世纪初期和中叶的巴黎生活的符号表征。这也许是因为卡蒂埃-布列松的技巧是由对漫步街道时“他所看到的任何东西”的自发反应所构成的。卡蒂埃-布列松的摄影作品还非常典型地“在色调上灰暗平和”（Westerbeck and Meyrowitz，2001：154），因为他摄影时从不使用闪光灯，而且只拍摄黑白照片。

这种审美性是一种方法，观看者藉由它可以先看——然后再想象——巴黎的街道，这赋予了这些图像以力量，人们不仅可把它们看作艺术品，也可看作是人类学的产物，它调节着“人与视觉物体间的互动”（Rose，2007：217）。与此同时，照片的物质性也必须在考虑之列：“它们的样子和感觉，它们的形状和体积、重量和质地……它还意味着将照片放置在特殊的地理方位中以及在它们的社会和文化语境中。”（Rose，2007：219）

所以，重要的是不仅要考虑照片的二维表征，还要考虑图像是在哪里以及如何（还有对准的是什么类型的物体）被处理和传播的。追踪负载图像的物体（object）是评估图像意义的良方（Rose，2007：230）。例如，卡蒂埃-布列松在巴黎拍摄并印制的原版照片在世界各地的画廊中展出；印有他的摄影作品的明信片也许会从法国寄往澳大利亚；印刷海报可能在中国制造，而在美国销售。明信片是个特别有趣的例子，可说明城市的特殊部分或本质或“神话”是如何被定格并呈现给更广大观众的，它通常根据一个地方的刻板印象来完成，时常因一种特殊的历史、政治或社会学语境而被曲解。当然，对于游客来说，它们是可消费的图像，他们的旅行理应反映在这些大批量生产的视觉纪念品中。正如韦特和海德（Waitt and Head，2001：320）所言：

> 图画和语言所负载和传达的是社会结构，或自然化了的常识观，亦或“看待”那个不只由大量词汇或形象构成的世界的“方式”。地方的图像永远不能被当成现实的直接写照。相反，图像的意义应当被理解为由一系列复杂而彻底的社会过程以及具有重要意义的地点所构成。描绘在明信片中的地方亦不例外，它们也更关乎神话而非物质。绘画明信片被赋予了象征性意义。明信片上的图像是种机制，凭借它，旅游地可在对于具体的旅游动机和渴望的想象中被改造。

当城市通过移动的影像被描绘出来时，再如电影和电视剧中那样与虚构的故事情节结合在一起，那么表征与现实之间的关系甚至会更为错综复杂。

屏幕景观

> 美国的城市似乎刚刚步出了电影院……为了探究其秘密，那么，你不应当从城市开始，然后向内转向屏幕；你应当从屏幕开始，然后转向外部，转向城市。（Baudrillard：1988：56）

令地理学家们感兴趣的是，如何捕捉城市景观的流动感，或者，另一方面，如何在移动的图像中表现固定性。让·波德里亚（Jean Baudrillard，1988）是位颇有影响的人物，他确立了理论化的框架，通过它们，我们可以了解电影和电视里的美国城市表征，在他这样的社会理论家的推动下，"电影城市"的理论化已成为一个重要的研究领域（例见 Clarke，1997；Balshaw and Kennedy，2000；Sanders，2001；Shiel and Fitzmaurice，2001；Barber，2002）。正如大卫·克拉克（David Clarke）所言，美国城市经常在电影和电视上得到再现，他认为这导致了"作为一种屏幕景观（screenscape）的城市景观的概念化"（Clarke，1997：1）。

城市时常被用作电影的剧情工具和背景。例如，在没有对话的场景中，城市的景象不仅暗示了主题，而且提供了电影拍摄城市的特征。电影只需要一个远景——也许是一道天际线——以及演员的几句台词，即可向观众昭示它所在的位置。正如帕斯卡·平克（Pascal Pinck）所言：

> 尽管我们也许会在屏幕上认出我们家乡城市的典型形式——特别是如果这些形式像在纽约和西雅图那样具有视觉上的独特性——但电视中的建筑暗示还是会修正我们对城市的看法：它看着像什么，怎么在那里生活，它可能是如何被操纵的。框架、照

明、文字说明和图表提供的不是简单的城市生活表征，而是一种在显像管和街头同时出现的混合体：一座适合拍电视的城市。（Pinck，2000：56）

电影可能也会老生常谈，创造城市的神话特征。迈克·戴维斯在《石英之城》（*City of Quartz*，1991）和《恐惧生态学》（*Ecology of Fear*，1998）中使用了一个源自具有悲观色彩的影片框架，以建立他有关洛杉矶城市重构的政治经济学，利用诸如《唐人街》（*Chinatown*）和《银翼杀手》（*Blade Runner*）这样的电影刻划了不同时期的城市权力结构的特征。正如邦内尔（Bunnell，2004）在他对于由肖恩·康纳利（Sean Connery）和凯瑟琳·泽塔琼斯（Catherine Zeta-Jones）主演的好莱坞电影《偷天陷阱》（*Entrapment*）的个案研究中所指出的，马来西亚双子星塔（被马来西亚政府推为该国现代性的象征）的形象因与贫民窟住宅区景象的电影拼接而受到了损害，激起了引人注目的公众争论。

这证明了视觉理论家们称之为提喻法的观点，此时，一段图像充当了更大存在的表征。这可能相当简单，例如，艾菲尔铁塔的图像提供了一个即时的视觉线索，说明一次新闻播报或一场时尚摄影正在巴黎进行。在纽约的电影拍摄频频利用城市的天际线为背景，当然还有其他建筑地标，如纽约公共图书馆和冒着蒸汽的检修孔。有人将地标和风景用作电影故事线索展开密不可分的地点。例如，《金刚》（*King Kong*）将帝国大厦用作展开电影情节的一个核心的叙事手段。在电影中，该建筑不只变成了道具，它还可能令人联想到金刚对这座摩天大楼的占领象征着人猿会控制整个大都会的观点。在这种情况下，摩天大楼兼具了城市力量及城市脆弱性两种典型象征（Sanders，2001：41）。

屏幕景观的另一个元素是图像投影仪或屏幕在城市内部的现实存在。安娜·麦卡锡（Anna McCarthy）在其《周围的电视：视觉文化与公共空间》（*Ambient Television*：*Visual Culture and Public Space*，2003）一书中提出，电视也许既会构成公共空间，也会构成私人空间。一方面，公共空间——如在机场、候车室或餐馆——里的电视屏幕本应为大家所有，而另一方面，它们又显然是私人财产，因为它们时常被紧紧地固定起来，或让人够不到，不允许接触或控制正在上演的节目（McCarthy，2003：121～122）。因为无法改变，它们成了允许商业渗入公共空间的手段，尤其是通过公园里的大屏幕赞助，或购物广场和商店橱窗中的较小屏幕上的较为精细的各类商标的存在。这也增加了仅仅按照人类的可及性和用途对公共空间进行理论化的复杂性；此类空间中的视觉王国是强大的商业力量的目标，这反过来又开启了有关此类空间可能被如何解释的有趣争论。

外景拍摄

场地（location）是城市地理学中的一个重要概念。然而，一旦表明电影和电视节目也许是“出外景”（on location）拍摄的，就会引发许多涉及图像真实性的问题。例如，在吉隆坡的象征双子星塔附近进行的《偷天陷阱》的拍摄并未获得马来西亚政府迫切想要的效果，它有效地将该城“东方化”了，方法是切入了150公里之外的马六甲拍摄的欠发达地区的场景和框架（Bunnell，2004b）。

这是电影制作业的标准把戏。其他城市，如多伦多和悉尼，也一直被用作如纽约这样的“美国”城市的替身，这大多是出于经济方面的原因。澳大利亚和加拿大时常为拍摄美国电影提供巨大的经济价值。这可能有多个原因：澳大利亚元和加拿大元时常弱于美元，电影拍摄组也就不会得到像在美国那样好的报酬，或是像在美国那样组织成工会，而拿着在这些制作环节上省下的钱，就可以花更多的钱去聘请大牌演员和导演，从而可能获取更合算的收益。

所以，城市可能承担起大量的意义、叙事、类型和个性，这给观众一种毋须到那里去旅行即可知道它有可能是什么的感觉。确实，这些表征时常通过电视和杂志被凸显出来，其幕后推手是旅游委员会，它们想为一个地方创造一种特定类型的形象，以吸引人们前去旅行。电视度假节目就属这一类别：

> 在地方叙事的建构中，游客的透过显示器观察的、尤其是摄影的活动与电视摄像机的活动之间，一直存在着类似。主持人在凝视并构筑一个“他者”时，会利用权力/知识策略来让自己处于优势，而通常因为语言或其他缺陷，未能影响超越了那些不断循环的熟悉图像之外的充分的文化翻译……人们看到的不是一个地方，而是因被再生产而得到证实的连续的景色。（Dunn，2005：156）

一个地方被精心构筑的商业形象当然有可能与其他“显示器的”表征正相反，比如游客自己拍摄的照片，时常充当了高度个人化的记忆对象与经验证明（Crouch et al.，2005；Larsen，2005）。

与此类似，虚构的“电视之城”本身时常会变为旅游目的地，从而进一步改变大量中介性表征的个人阐释。尼克·库尔德里（Nick Couldry）使用了“曼彻斯特格拉那达摄影场之旅”这个例子，它是“在英国最大的、最著名的也是最获认可的媒体所在地”（Couldry，2000：67）。在英国风靡一时的肥皂剧《加冕街》（*Coronation Street*）就是在这里拍摄的，这也是游客被吸引至此的一个主要原因，在这里，“人们付钱参观他们已经在电视上免费看了数年的场地，快乐不是因为看到了不同的东西，而是证实了这场景与曾经看到过的一模一样”（Couldry，2000：69）。那条街道已经是一个真实场地的虚构表征了，由它招来的成群结队的游客还是每天对它进行再想象：

> 人们在感兴趣的地方拍照片，并且让别人给自己拍照片……（他们）将该场景的细节与他们以前对该街道的想象进行比较……

> 暂时假装你生活在这条街上，将门把手握在手中，或给一个角色打电话，这是很有趣的事。(Couldry，2000：70)

尽管它也许与他们在电视上看到的不完全相同（没有可交谈的电视角色，墙体正面背后没有真正的室内环境），但它仍是一种令人满意的表征。在这个意义上，《加冕街》变成了一个代用的旅游目的地。人们被吸引至此，不是因为在幻想与现实之间存在差别，而是因为能够探索媒体制品，将提升自己作为积极的媒体观众的形象。最为重要的是，这种探索可以通过拍摄自己的照片来留作纪念，而照片充当了高度私人化的纪念品。

关键点

• 不存在任何思考静止的和移动的摄影与城市的固定方式。电影技术的改进、流行文化中的潮流以及图像在全球规模的分布之便捷使拍摄行为成为当代视觉文化的核心方面。

• 摄影作为一种实践活动，也可能被理解为对图像的操纵。然而，尽管地理学家们一向倾向于将真实空间和表征空间看做完全分离的存在形式，但他们已经开始对它们的相互影响产生兴趣。

• 电影和电视不仅通过它们的视觉表征影响着城市，而且还具有一种经济和社会的影响，尤其是通过旅游活动。

3.3 身体 (BODY)

当我们停下来想一想，似乎会本能地明白，我们的城市体验依赖于身体的种种能力，以及它们提供给我们的移动、行走、休息、触摸、示意、感觉、感受和感知的方式。不过，当我们再作进一步的思索时，这些行为中没有一样会依赖我们已有的关于身体是何种概念或我们有可能如何使这东西概念化的任何感知。所以讨论作为概念的身体的任何努力都务必从一种有所保留的说法开始：身体并不只是将它们概念化的术语。也就是说，思考身体一直以来是如何被概念化的这一点始终都很重要，这里至少有三个理由：第一，因为我们如何将身体概念化会严重影响我们对于思维（以及暗含的有关城市的思维）是什么的理解；第二，将身体概念化这件事是个政治问题，因为它涉及与身体显示差异的方式达成和解；第三，因为有关身体的思考涉及凸显城市空间的情感维度。

概念化的身体

首先，值得反思的是，身体在更广泛的哲学框架中以及西方知识传统中所占的位置。此处的关键是身体与思维活动之间的关系。在许多西方哲学中，身体被定义为对思维活动的补充，而非不可分割的组成部分：勒奈·笛卡尔（René Descartes，1596～1650）通常被公认为持此观点的核心人物。在笛卡尔看来，身心显然是相关的，但又大不相同，因为它们由不同的物质构成，一个（身）是可分的，一个（心）是不可分的。作为一种思想实验，他想象如果将他的身体的一部分——例如肢体——砍掉会出现什么情况。虽然这样做的结果是会失去身体的一部分，但这并不一定会降低他的思考能力。假如身体可以像这样被分割而不会对心产生任何影响，那么它就一定是由不同的物质所构成的。

笛卡尔有关身心间差异的观点具有两个重要的涵义。首先，它将思维（即某种在内心发生的东西）与诸如情感（位于身体之中）之类的现象分离开来。其次，它在理性的思维主体（心）和一种非思维、无理性的客体（身）间划出了一道裂口。此种区分为许多西方思想、包括尽力去思考城市的理论打下了基础。遵循它们的逻辑意味着，对于城市的动态和发展的理解应当建立在一种合理的客观性的基础之上，这种客观性会尽可能地将如情感这样的非理性的具体过程的影响排除在外。转而，这种思维会引领大部分城市规划。

虽然影响深远，但这种对于身心关系的理解一直都受到“少数的”哲学传统的挑战，在此哲学传统看来，身体扮演着更具情感性和行动性的角色。作为与笛卡尔相比较的对象，荷兰哲学家本尼迪克特·斯宾诺莎（Benedict de Spinoza，1632～1677）尤为重要。斯宾诺莎像笛卡尔一样肯定理性思维的重要性。不过，与笛卡尔不同的是，斯宾诺莎不认为身心是两种不同的物质：尽管是不同种类的事物，但两者都是同一物质的表现。所以，假如笛卡尔倾向于赋予身体以客体性，我们从斯宾诺莎处得到的则是，将身体理解为一种关系与力量间的较量：这意味着，斯宾诺莎很少从身体是什么的角度去定义身体，而更多地从它们能或不能做什么的角度去定义身体。在后来的思想家弗里德里希·尼采（Friedrich Nietzshce，1844～1900）的论著中我们也可以发现类似的有关身体的动态观点。在尼采看来，西方思想和社会需要重新肯定身体是知识和智慧的源泉，即使这种知识并非产自于构成笛卡尔哲学重要组成部分的超验的和无身体的主体。

向笛卡尔哲学的身心分裂说发起进一步重大挑战的是一些女权主义学者。女权主义思想家从更为具体的方面质疑了将男性的头脑说成是理性的、抽象的和思维的而将女性说成是肉体的和感性的趋势。女权主义理论家包括那些极力反对任何将性别与哲学间的关系本质化的人，也包括像伊丽莎白·格罗斯（Elizabeth Grosz，1994）这样的人，她们认为，身体是血肉、液体、器官、骨骼与梦想、欲望、观念、社会传统和习惯间的随机结合。至少，此类论著使任何想从超然的、无身体的客体性的角度去理解城市空间的产物或将身体说成是在抽象空间的几何网格中游移的被动物体的努力复杂化了。

身体化的城市政治学

有关身体的思想传统超越了哲学领域的范畴。它们还尽力将包括城市（政治的发生地）在内的政治空间以及各种空间加以理论化。实际上，人们通常用物质条件的架构去理解是什么构成了一个政治存在：

有关身体政治的思想为此提供了例证。英国政治哲学家托马斯·霍布斯（Thomas Hobbes，1588～1679）1651年的著作中将国家与一种类型的身体进行了著名的对比，“其中，主权国家是人造的灵魂，它将生命和情感给予整个身体”（1985：81）。在这个“人造的身体”中，法律官员是关节，奖惩系统与神经系统相联系，财富则是它的力量。城市是身体与政治间的这些关系被构想和组织的关键地点。在古希腊人的观念中，城市的功能是充当使公共生活和民主政治得以运行的样板。有关代议政治的当代假设的许多方面都根据这个城邦（polis）的早期版本得以塑造。但此类空间并不包含在当代民主国家的成就方式（或者至少是渴望成就的方式）内：它们的运行要依靠对于某些种类的身体的排斥。值得关注的是，参与这种政治空间活动的人仅限于少数经过精挑细选的男人。正如吉奥乔·阿甘本（Giorgio Agamben，1998）所写道的，这种政治空间格局的本质更多涉及它所排斥的身体类型，而非它想要建构的理想城市的类型。

此处的关键在于，身体不仅被绑定在城市政治空间的不同概念化之中，更有甚者，它还是城市政治生活得以生产、再生产和角逐的地方。人们一直以多种方式对此类政治进行批判性探索。首先，身体被视为是产生差异和质疑差异的场所。部分是在将未显示差别的身体描述为一种分析对象的批判性解说的促动下，女权主义学者，包括地理学家们在内，已揭示了差异性政治是如何涉及城市空间中在生物性别、社会性别、种族和阶级方面都被进行了划分的身体之定位、调整、体验和再现之中的。例如，琳达·麦克道尔（1995）证实了在位于伦敦的金融机构中，各种特点鲜明的身体化的表现如何将工作场所定义为一种富有男性气质和攻击性的环境。在这样的环境中，女性银行职员只有向这一工作场所的被身体化的标准妥协并在某些方面屈从，才有可能得到认可。

其次，在米歇尔·福柯（1926～1984）的影响下，人们逐渐认识到，身体如何成了一系列政治技巧和策略的实施对象，这些技巧和策略试图以各种特殊的形式来调整并影响它（参见 Sennett，1994；Bridge，2005）。这样的言论为城市空间的某些规划和调整提供了依据。即使城市规划并非总是在大规模地进行构思，但理性地规划和整治城市的思想和理念还是使身体成为了需要解决的问题，因为它作为规划实验的对象，有可能扰乱这一秩序。就这点而言，城市秩序作为一种政治问题的出现伴随着这样一种趋势：管辖各种行为和身体，使它们可以合法获得并占有包括街道、广场在内的假定公共空间。反过来，调整和管理的形式又受到彻底改变了身体能力的实践活动的干扰：喝酒后身体会急剧地变得飘飘然起来，就是个明显的例子。对此类管理形式的调整如今并不少见，其争议性也并未减少：地理学家和其他社会科学家都在致力于如何使城市空间中的监控制度和体系变得更加精细和复杂（Koskela，2000）。

第三，即使身体变成了管理技术和技巧的实施对象，它依旧是政治变化的关键之处，尤其是通过旨在表达认同感的实践和表现而发生的变化。游行和示威是明显的、公开的典型案例。这些事件当然可以围绕特殊的政治目的或目标来加以组织，无论在哪种情况下，它通常都是重要的城市空间中的大量身体的直观呈现。但即使不是明确围绕一种对立的政治抵抗运动而组织的事件，也可揭示认同感藉以通过身体得到清晰表达和争取的方式。例如，纽约每年一度的圣帕特里克日（St. Patrick's Day）可被理解为爱尔兰民族性的特殊展示和具体表现。虽然它也许具有庆祝性并具备正能量，但近来因围绕着同性恋群体参与游行（这一直遭到积极抵制）而引发的冲突却将爱尔兰民族性的这种表现的局限性置于人们的关注之中（Marston，2002）。

身体化的城市经验

对身体的强调也很重要，因为它提供了一种思考并厘清城市体验空间各维度的方式。对于城市如何影响体验的思考成了有关城市现代性写作中的一个关键问题。例如，在 19 世纪末期，**浪荡子**（flâneur）

逐渐成为一种特殊的城市体验的象征：这种人无所事事地穿过城市人群，四处闲逛漫游，在感官上沉浸于这些人群之中，并从这种体验中汲取特殊的乐趣，而与此同时，又始终以推理分析的方式超然于人群之外（参见 Benjamin，1999）。尽管这一形象提供了一种独特的、相当身体化的城市参与模式，但它也通常被视为一种绝对属于男性的模式（亦可参见 Wilson，1991）。

体验与身体化之间的这种关系一直是城市现代性研究内部的关注点。例如，德国社会学家格奥尔格·齐美尔（1858～1918）认为，现代城市性的一个重要特征是感官和精神生活的过度刺激，他认为这是一种负面的发展，因为它实际上导致了社会孤立和情感疏离的新形式（参见 Simmel，1997）。同样，当代城市的建成环境也被理解为缺乏足够的刺激。例如，社会学家理查德·桑内特（Richard Sennett）批评了似乎“赋予了身体感官以太多特权”的社会的现代形式与“似乎成了大多数现代建筑所诟病的感官剥夺之间，与使城市环境饱受破坏的枯燥、单调和触觉匮乏”之间的明显矛盾（Sennett，1994：15～16）。在桑内特看来，这种感官剥夺藉以展现的一种重要方式是对监管的日益增加的恐惧以及触摸和抚摸的减少。

法国社会理论家亨利·列斐伏尔（1901～1991）重点讨论了身体与城市的空间维度间的关系。在列斐伏尔看来，现代、理性的城市规划之所以存在问题，是因为它“忽略了空间的核心和基础，即完整的身体、大脑、姿态等等。它忘记了，空间不是由智力表征投射构成的，而是首先被听到（倾听）和表演（通过身体的姿势和运动）的”（1991：200）。列斐伏尔认为，任何评论城市的努力都必须了解，身体化了的体验是城市空间生产、再生产和争夺的中心。

对这一言论的推论是，要厘清身体与城市空间之间的关系，就得关注那些可能平常处于地理学研究标准之外的细节：例如，走路、拿东西和做手势的方式（Katz，1999；Laurier and Philo，2006a，2006b）。如果再进一步，研究者的身体也有可能变成厘清城市这一过程的组成部分。事实上，列斐伏尔（2004）认为，城市思想家应当将身体想象为一种节拍器，通过它，人们可以理解城市生活的节奏。与此类似，社会学家罗克·华康德（Loïc Wacquant，2004）在一项参与式的对拳击的人种学研究中，赞成把身体想象为藉以理解城市中的感官具象和体验修正的工具并对此进行实验的重要性。

感性的身体与城市空间

身体以不涉及或依赖冥想性或表征性思维的方式参与到也许可称为城市体验的“基础结构”中。在这点上，地理学家们和其他一些人最近已开始更多地关注作为城市体验登记薄的情感作用的重要性（参见 Thrift，2005b）。此外，人们还越来越认识到情感过程是如何被区别以及这种区别是如何令我们对于感性的城市生活的理解复杂化的。按照斯宾诺莎的论著及吉尔·德勒兹（1989）和布莱恩·马苏米（2002）的著作随后的详细阐述，情感可从身体间的前个人的关系张力的角度来加以理解，此处所说的身体不一定非得是人类。例如，足球场上的比赛行为可以被理解为一种情感场——一系列由不断变化的持续时间和张力构成的关系。接下来，也即第二点，感觉可以被理解为身体内的这种张力的可感知到的存在。在身体内部，足球场上的情感关系的登记——无论是运动员还是观众——都可以依据情感变为感觉这一过程来加以理解。第三，也是最后一点，情感可以被理解为以一种经由社会认可的表达形式而清晰地说出和表达的感知到的张力。所以，运动员对体育记者提出的问题所作出的“我欣喜若狂”的事后回答可以被理解为情感的表达。

城市无疑是各种各样因年龄、性别、阶层、种族等而异的情感体验的产生地（参见 Pain，2001）。情感体验的部分构成因素是纷纷扰扰的环境氛围，以及在各种身体及当事者中以不同方式循环往复和存在的感觉张力。例如，在 2001 年 9 月 11 日的事件以及那些主要选择城市作为攻击目标的“恐怖分子的战争”之后，恐惧的重要性变得显而易见（Graham，2004a）。虽然恐惧气氛的产生显然通常由非常真实且过于暴力的事件所致（Thrift，2007），但它也可能与情感力量有关，那种迄今尚未实现的未来情感力量，对一个有可能发生的事件的恐惧可通过它凭借物质力量反馈到现有的组织（参见 Massumi，2005）。在面对此类潜在威胁时，城市空间的物质性可以通过新的安全措施、拘留空间等加以重构，这一事实无疑使地理学家们更有必要继续发展他们认知城市的情感维度至关重要的多元方式。

身体比我们想象的更重要

为免此话题变得过于阴郁，这里值得加上一句提醒：身体进行各种正面投资的多种多样、善于创造的能力会带来许多机会，为城市生活提供希望、奇迹和快乐之源。这在多个方面得到了体现：身体能够通过舞蹈（Malbon，1999）、滑板运动（Borden，2001）、散步（deCerteau，1984）、甚至驾驶（Katz，1999）这样的活动促进平时的即兴之举和创造发明能力；身体为培养与可感知的生活中的其他更常与自然范畴相关联的形式间的依附关系提供了机会；身体促进了各种各样需要投入情感的联系，参与了以游行、马拉松和节日庆典等活动为例的城市空间的公共生活。

情感作用的正面可能性还应当使我们回想起身体的额外特性：事实上，它们总是想摆脱任何想用概念性的术语来束缚它的企图。如果谈论身体即意味着要提及一系列部分属于生理的、部分属于社会文化的错综复杂的过程，那么将身体概念化为一种单一的、普适的存在就毫无意义。此外，身体不是在城市空间里四处游走的简单物体：城市空间的连续呈现是一个过程，而各类身体则以隐喻的、物质的和情感的形式参与其中。正如斯宾诺莎提醒我们的那样，此类对身体的理解应当使我们不再那么坚持不懈地想要定义城市身体是什么，而是我们也许会得到更好的建议，去理解城市的组织、转变和体验如何形成并依赖于许多感性的身体能做或不能做的事情。

关键点

• 身体是体验城市空间方式的核心，不过，许多西方学科一直将身体排除在有关城市空间的思考之外。这一影响可见于许多城市规划和管理之中，通过努力调整和控制身体及其体现形式。

• 身体是城市空间政治学被记录、再生产和争夺角逐的关键之地。

• 城市地理学家们和其他一些人最近已在强调情感的作用，将其视为理解身体与城市间关系的重要元素。

3.4 虚拟性 (VIRTUALITY)

虚拟这个概念时常与数字密切相关，而虚拟城市时常被理解为一个由数字信息技术所促成的、近乎真实但不是十分真实的环境。从这个角度看，虚拟城市是一个与城市平行的世界，一座由“位元”(bits)而非砖瓦构成的城市(Mitchell，1995)，通过屏幕可以接近，通过键盘和操作台可以操控，在性质上与由房屋和街道构成的真实的城市环境截然不同。此类城市世界的出现提出了有关城市结构、组织和体验的重要问题。不过，将有关虚拟这一概念的任何讨论都限制在它与数字的关联上，则大错特错(Shields，2003)。虚拟并非20世纪末期电脑力量的杰作：它一直是具有悠久历史的技术和工艺的创造对象。进一步而言，数字技术近期的发展使虚拟现实得到加强，此概念也就成了哲学讨论的主题。这样一来，虚拟的概念需要被区分成至少三层特点鲜明但相互关联的意思：想象性虚拟，数字性虚拟和时间性虚拟。

想象性虚拟

那么，我们一开始所要讨论的是，虚拟是城市空间的想象维度的元素这一言论意味着什么？一个很有用的方法是想想阅读关于一座城市的文学描述时的体验（例如乔伊斯笔下的都柏林，狄更斯笔下的伦敦，或左拉笔下的巴黎），然后再想想这种体验的实质。很显然，读者的这种城市体验不是发生在真实的地方，即使文中的一些位置和地点也许确实存在，读者也未曾实实在在地身临文中所描写的空间。不过，假如那描述在某些方面是成功的，则读者便会有种身临其境的感觉，尽管它是想象中的。这个世界可以被认为是虚拟的，因为它可以被体验，却与真实有形的城市不是一回事。与此相似，对于它的记忆也有虚拟的成分。对于任何特定城市空间的记忆之所以是虚拟的，原因既简单又明显：我们的头脑中并没有重构一座实实在在的城市。与阅读有关一座城市的文学描述时所发生的情况相似，记忆也会产生一种类似于身临其境却又并非如此的体验——这就是想象性虚拟。

这种想象性虚拟是城市空间体验的构成元素，许多非数字技术和工艺被设计出来使这种元素发挥作用并得到加强。此类技术和工艺的历史可追溯到范围广大的一系列活动和地点（参见 Boyer，1996b）。这其中最明显的是宗教，因为一种几近真实却并不十分真实的体验维度正是信仰活动的核心。进一步而言，正是在宗教之中，虚拟观显示出了与有关德性的看法在词源上的关联。对环境进行构筑以唤起想象中的、近乎真实的善良感是城市中的许多宗教空间的建筑设计的组成部分，哥特式和巴洛克式的大教堂比较典型（参见 Shields，2003）。当然，教堂的建构还出于其他远非那么高尚的理由，不过，鉴于它们的部分目的是使现世的人能够与另一个世界进行交流，教堂也可以被理解为生产虚拟性体验的建筑机制（参见 Klein，2004）。

数字性虚拟

此处的关键在于，信息技术的革命并没有在虚拟空间中起到多大的引导作用：然而，它为虚拟这一作为城市体验中业已存在的元素的数字化作好了准备。这为理解数字性虚拟的地理环境提供了一种更为适合而有细微差异的方法，对于它，至少有四个方面已经受到了特别的关注。第一个方面涉及数字信息技术复原城市之间以及城市内部空间关系的方式。此处强调的是，信息传输的加速度，即增加了的数量，以及改善了的质量，如何促进组织并联络城市经济的新方法，使之成为曼纽尔·卡斯特尔（1989）所称的“发展的信息模式”的组成部分。重要的是，卡斯特尔的说明凸显了这样一个事实：这种新的发展模式的空间效果得到了不同的记录：不是每个地方都与数字性虚拟的地理环境联网（Graham and Marvin，1996）。

探索数字性虚拟空间性的第二种方式是，调查由它所促成的各种特点鲜明的体验空间。这种评论的较早版本，或哀叹或赞扬虚拟城市环境对真实实体的明显重复过剩的描绘。然而，对于真实的与数字方面得到提升的体验空间之间的复杂关系如何通过诸如视觉之类的感官记录来得到清晰表达这一问题，近期的论著展现了一种更加富有经验的理解（参见 Boyer，1996a）。

地理学家们悉心研究数字性虚拟与城市之间的关系的第三种方法是，竭力将虚拟用作一个研究和教授的对象和空间。就与前者的关系而言，这可能涉及对代表着现实空间的逼真的虚拟环境的构筑，随后，它可被用来呈现各种有关城市的未来情况（比如海平面的变化）（参见 Batty，2005，2006；Batty and Smith，2002）。把虚拟城市作为一种研究或教学环境的做法指向了数字性虚拟与城市空间关系的第四个也是最后一个方面。这涉及数字性虚拟对城市社会政治生活的影响。对于技术性基础设施的出现和发展的最初批评性反应从空间政治学的角度得到了表达：它们许诺要通过允许在“信息高速公路上”的无摩擦的和民主的流动性将个体从地点的约束中解放出来。与此同时，真实世界致力于通过构筑社区网站或电子村庄的方式，或通过使用可提高公民对政治决策参与的经过特殊设计的软件的方式，来使政治交流和阐述变得更加民主。不过，虽然值得称赞，但公共空间的虚拟版本通常代表着真实的城市公共空间的一个精选的和经过净化的版本（参见 Graham and Aurigi，1997；Whyte and Mackintosh，2003）。

这最后一点尤其重要：它提醒我们，讨论数字性虚拟的容易程度可能会夸大技术的新颖性和效果。正如奈杰尔·思里夫特（1996）所说，这种夸大其词预演了技术决定论的一个版本，其中，发明创造从根本上被去社会化了，呈现为一种对社会起作用的力量，就仿佛它是刚从另一个世界来的。“新技术”的新颖性通常不过是对业已存在的技术的提升改造。虚拟技术也不会使城市内的互动空间的社会性比现在更少。思里夫特通过有关伦敦城的金融服务部门的讨论证实了这一点，在这些部门中，社会互动（如面对面的会见）和前数字表征活动（如阅读）始终是流动空间的虚拟地理环境得以生产和再生产的核心。正如思里夫特所指出的，伦敦城“看上去不大像是突然出现了一个居民时进时出的新的、异样的信息空间，而更像是个更为复杂、历史性构造成的一套‘技术’实践”（1996：1485）。

时间性虚拟

伦敦城中的许多——如果不是大多数的话——交易都是以数字性虚拟的方式进行的：它们不一定涉及真实物品的交换，而是由数字信息流构成的。但某些在城市里交易的产品指向了虚拟这一概念，可以从与城市空间的关系的角度加以理解的第三种方式的性质。这些产品，如衍生物，不是简单地在被想象和/或数字意义上的虚拟。它们是在这样的意义上的虚拟，某种决定着其价值的过程或事件并未发生：这些过程或事件是不确定的未来。不过，这些不确定的未来变成了某种金融决策的对象，并构成了别出心裁的金融产品的基础。所以，伦敦可被理解为对于第三种虚拟记录而言相当有特权的地方：这种虚拟可称为时间性虚拟。

这一对虚拟的理解的宗谱可以追溯到马塞尔·普鲁斯特（Marcel Proust）等小说家以及包括亨利·柏格森（Henri Bergson）、吉尔·德勒兹和布莱恩·马苏米（2002）在内的哲学家的论著。从这些人物的著作中出现了一个虚拟概念，可以总结如下：它是非现实的真实。这句话意味着什么？或者更重要的是，从对城市理解发展的角度而言，它的重要意义是什么？对于这两个问题的回答都与如何思考空间与时间之间的关系大有关联。在著作期在 19 世纪末 20 世纪初的像柏格森（1859～1941）这样的思想家看来，时间被概念化的决定方式是通过空间化。也就是说，时间通常被理解为类似另一类型的空间：一种既拉得回到过去又扯得进未来的容器，里面盛放的是行动、事件和物体。时间这一概念与度量有关。例如，前人的时间距离可以用年、十年和世纪等单位来度量。与此相似，尽管在未来到底会发生何事尚未可知，但我们都有一种感觉：在一个可以被分割成互不相干的单元的时间容器中，无论展开的是什么，都会是如此。是这种时间概念支持了以下的问题：你多大？五年后你会在哪里？长大后你想做什么？你针对都柏林从现在起的 20 年的交通量可以制定何种计划？

但时间作为一种被分割成单元（秒、毫秒、毫微秒等等）的连续线的概念提出了某些相当令人困惑的问题。假设这条线可被这样分割，我们也许就会问，现在（我们经历的“当下”）会持续多长时间？现在在我们想象中的时间线上的哪一点开始又在哪一点结束？这是个重要问题，因为假如我们不能确定现在的起点和终点，那么将现在说成是时间或经历的一个离散的单位又有何意义？进一步而言，同样令人大惑不解的是，那些已经在时间线上成为过往的东西和事件，或那些尚未到来、被定位在时间线上的未来某处的东西和事件，它们的地位是怎样的？我们也许会说，鉴于它们要么在过去要么在未来因而要么已不存在要么尚不存在这一事实，那么就可以说，它们既不真也不实。虽然直觉上似乎如此，但这句话相当奇怪。鉴于刚才所说的定义现在单元的困难性，我们便无法确认，未来的非现实性会在哪个点上转变为现在的现实性并随后转变为过去的非现实性。我们只能说，现在是现实的无限小的瞬间，它会将未来的非现实转变为过去的非现实：现在似乎有种魔力，它可以拿着无，将它转变成有，然后再将它转变为无。或者换句话说，就时间的标准概念而言，未来不存在，过去也不存在，而我们不知道现在有多久，或者甚至谈论现在持续多长时间是否有意义。

当然，反驳这一言论也是有可能的。我们所经历的过去其实是一系列表征性快照——储存在我们头脑中的形象，为我们提供了记忆的源泉，我们有时会心甘情愿地、有时则是心不甘情不愿地沉浸在其中。与此类似，我们可以借助在脑海中构筑未来的形象或通过各种各样的表征性媒介想象未来。但这便要求仅仅作为表征的记忆或想象不会真地提供一个令人满意的答案，其理由有很多。首先，此类形象制造必须发生在一个无穷短的时间之内——在我们对其持续时间不得而知的现在。进而，鉴于我们对于现在的体验的显而易见的不可分割性和持续性，我们又如何知道现在的一个单元已经结束，而另一个已经开始？如果不知道这些，我们或我们的大脑又怎么可能留下世界的另一幅影像？即使此类影像可以被记住，那么我们怎么才会记得在各个影像之间所发生的事情？因为毫无疑问，在各个影像之间一定有事情发生。这一言论又一次可被这样的提法所反驳：记忆更类似于电影而非一系列影像呈现。但电影不正是由一系列的影像以一种特定的速度投射出来的吗？

那么，我们又如何能够区分具有某种真实性的现在与通常被理解为不再存在或尚不存在的过去和未来？柏格森对这一问题的解决方法是，将现在、过去和未来都说成是真实的，尽管其存在方式各不相同。定义它们之间的差别的是，现在是现实的，而过去和未来两者都是虚拟的，所以后两者具有“非现实的真实”的意味。此外，就我们的经验而言，在现实与虚拟之间并无严格的区别。虚拟的过去/未来总是在被现实化：否则我们穿越时间/空间的感觉就是不可能的。与其说现在是一扇在连绵不断的时间线上移动的窗户，透过它，我们留下影像，为未来提供总是流逝进过去的现在的参考，倒不如说，现在是虚拟性持续的现实化过程，在此过程中，过去和未来总是彼此包含。

虚拟的城市性

对虚拟的理解在城市空间分析中正变得越来越有影响力，尤其是那些与非写实理论相关的分析。例如，在靠近《城市：重新构想的都市》（*Cities: Reimagining the Urban*）的开篇部分，阿什·阿敏和奈杰尔·思里夫特宣称，他们的目的是“把城市构想为虚拟性的……不是通过复制现在用来举例说明的东西，而是一系列包含着不可预知元素的潜在可能性”（2002：4）。换言之，阿敏和思里夫特所说的是，我们对于城市时空现实的感觉不能够根据一系列无穷无尽的影像来定义现在。城市空间的真实性不仅涉及现实，或是涉及此时此地的单一事实。正如我们已经看到的，这个此时此地只有放在与未来和过去两者真实的虚拟性的关系中来理解才是有意义的。继而，在阿敏和思里夫特看来，城市空间的真实性由多元的过去和未来所构成，这些过去和未来以不可预测且结局开放的形式在现在得到了各不相同的现实化。

虽说颇具挑战性，但对于虚拟的理解为了解政治经济分析中的某些特别难懂的对象的本质和力量提供了路径：那些衍生物赖以建立的陌生未来，那些加速了城市空间的重新排序的尚未可知的恐怖威胁。此类事物实际上并不一定存在，但从其潜在效果会变成现在的组织方式的组成部分这一角度而言，它们又是真实的。进而，也许最为重要的是，时间性虚拟通过使我们对于城市到底是何种物体的理解变得复杂化（这样做是必要的），也使我们对于城市的理解、我们在此努力中使用的理论以及我们投身于此类思索时也许会发生的事情的期待变得复杂化了。例如，它也许意味着，城市理论面临的挑战不是领会或建构一个对应于一座现实城市的概念性模型，而是从虚拟性和现实性的动态混合的角度，形成思考城市空间的方法。这并不排除与虚拟的想象或数字元素的结合：它反而会涉及对于城市的真实虚拟性如何通过设计、使用和由包括但又仅限于数字在内的一系列技术体验而被现实化的思考。

关键点

• 虽说时常与数字体验相联系，但虚拟可被区分为三种元素：想象性虚拟，数字性虚拟，时间性虚拟。

• 想象性虚拟是通过文学描写、回忆、梦境和欲望而获得的日常城市体验中的一个重要元素。

• 地理学范畴的近期论著为了凸显构成城市空间的虚拟未来而从哲学那里汲取了营养。

3.5 监控 (SURVEILLANCE)

乔治·奥威尔（George Orwell）在《一九八四》中描绘了未来社会残酷而荒凉的景象，在那里，一个无处不在的权威——“老大哥”——通过安装在城市各个角落的摄像机监控着整个社区。奥威尔创造了 20 世纪最流行的比喻之一，它是对国家监督的触角越伸越长这一状况的反应，与这种状况相伴随的，是共产主义政治体系在战后世界各大区域的兴起。如今，监控技术就如同在奥威尔笔下那样盛行。政府、企业和个体市民将众多的记录装置安装在城市各处：

> 从道路收费系统到手机电话，从地铁站里的摄像头到印有条形码的办公室门钥匙，从商店的会员制到工作中对互联网使用的检查，监控网密密麻麻地分布在城市之中。不过，其目的倒不一定是要盯着每一个实际的事件看，尽管这始终是个重要目标——不如说，这更多地是为了预见行动，为不测事件作准备。（Lyon 2001：54）

然而，与奥威尔的“老大哥”不一样的是，监控——尤其是受国家资助的监控——并非无处不在。它的安装和维护耗资不菲，可能需要无以计数的人力物力来监测、解读和分析其结果，并且——因为它对城市街道或景观的监控视角相对固定——将捕捉到成百上千个小时的绝对平凡的活动。不过，在近来的社会科学话语中，监控成了一个众人趋之若鹜的研究领域。产生这种情况的因素包括：城市恐怖主义和军事战争的实际活动，米歇尔·福柯有关政府管理术（简单些说，就是国家如何干涉个人生活）的论著的风靡一时，以及随着影像捕捉技术在价格上变得亲民化而无处不在的摄像头的出现，让人们日益敏感起来。监控技术中还一直存在一种引人注目的小型化和移动化现象，包括手机摄像头、旅游相机、闭路电视和网络摄像机。

城市中的摄像机

一点也不奇怪，大多数论著都在关注城市中最为普遍且最为明显的监控技术类型：闭路电视（CCTV），这是许多学科的学者都越来越感兴趣的话题（参见 Neyland，2006：599～600）。尼兰（Neyland）对英国一个有着 65000 人口的城镇中的一套闭路电视系统的描述揭晓了以下装置：

> 该镇的闭路电视系统有 32 架摄像机，它们通过光导纤维网络与一个控制中心相连。在控制中心，有 16 个小型的分画面监视器和 2 个大监视器（一个用来放大较小的影像，一个反映着当地警察局的情况）。中心由一组工作人员一天 24 小时不间断操控。这些工作人员通过一个无线电系统与当地警察局、其他紧急情况服务单位和当地零售商保持联系。这个闭路电视系统不停地操作延时记录仪，它们每过几秒钟，就将来自每一架摄像机的影像压缩进一盘磁带中。如果工作人员觉察到一个事件正在发生或有可能会发生，则可以开启一架实时记录仪。（2006：604）

在尼兰看来，这些通常很平凡的活动——他用来与圆形监狱或

“老大哥”形成对照——可以被理论化为一种“空间解说”形式，它通过摄像机操作人员与警察之间的口头讨论过程得到验证、分析和“表现”。因此，纯粹经由技术捕捉的影像本身是不够的，只有通过“闭路电视工作人员与其经理间、闭路电视工作人员与警察局办公人员间”的专业互动，“并且在法庭上”（p. 601），才会有所成就。权力关系遍布这种监控之中，这强调了人们有必要将焦点对准这一切是如何与性别、种族、阶层和其他社会分类形式相互关联的。

然而，尽管这就是平常的构想过程的发生方式，但还是有将这些活动放进国际“警察”国家的语境中的激烈言论。通过监视景观及其使用者，如交通和行人、人行道和像银行、机场、娱乐场和宾馆这样的建筑物内部，闭路电视已被指为城市空间中更大的社会分类过程的助推者，通过向市民传达恐怖威胁所带来的不安全感，这一过程时常被说成是合理的（Lyon，2003；Coaffee，2004）。虽然这一技术也许似乎是压制性的，但有人认为，监控技术对于其监控对象所拥有的外向力量也有积极的一面：

> 重要的是，从一开始就应注意到，监控在此处也许可以被看成是生产力，而不仅仅是专门展现全景的外观。安全、保障和社会秩序在大多数人眼中被视为积极的成就……许多监控活动和装置通常都会极大地改善城市生活，也因此而受到欢迎。（Lyon，2001：53）

不过，这个全景记录器通常会左右评论。迈克·戴维斯（1998）在其《恐惧生态学》中讨论了监控技术在涉及“智能”或有知觉的建筑这样的城市环境中的使用。他认为，此类建筑——特别是摩天大楼——因其包含的大量保证感知系统运行的硬件而被认为“装满了致命的火力”：

> 许多洛杉矶新办公塔楼的感知系统已经包括了全景视野、气味、对温度和湿度的敏感性、运动检测，在几个案例中，还包括了对听力的监测。有些建筑师现在预言，建筑自身的人工智能电脑能够自动识别人类住民、甚至会对他们的情绪状态（尤其是恐惧和惊吓）作出反应的时代即将到来。在不用惊动保安人员的情况下，建筑将能够管理小的（如命令街道上的人不得入内或阻止他们使用厕所）和大的（如将窃贼困在电梯里）两方面的危机。（Davis，1998：368）

此类有知觉的建筑是被戴维斯贴上“扫描景观”标签的物品的一部分，即在城市景观之内，摄影机和记录装置大量增加，就连建筑物都是“有知觉的”，能够预知其居住者的身份乃至个人需求的细节（他们喜欢房间温度热而非冷，电灯的光线暗而非亮，喜欢开着窗帘而非拉下窗帘）。不过，监控始终都与日常生活的视觉活动联系在一起，其中，屏幕上的影像（例如，一个保安人员对于一座建筑门廊的观察）会将那个空间转变为一种观察的容器（Koskela，2000）。

作为生物计量扫描的监控

不过，尽管监控常意味着“看着”个人，但就个体生活的管理而言，它还具有一种更广大的意义。在国家记录有关生活在其领土内的个人活动情况的历史作用中，出现了一种显著的变化。拥有完全的记录之所以具有吸引力，有多个方面的原因：将纳税申报最大化是一个；维护内部安全是另一个；掌握统计记录为规划基础设施和为未来预算提供帮助是第三个。例如，在日本，国家警察厅（Keisatsuchō）在农村的邻里社区中设置了一个警察岗亭网络，从而使街道一级的监控得以实施，但也会对房屋及其住户和屋内财产一年进行两次调查（Wood et al.，2007：554～555）。此类调查是管理活动的一个重要方面，但在其他国家却甚少使用，这部分是因为，实施它们需要成本和人力资源。

最初只不过是为了获取重要的国民统计数字，随着记录的电脑化，已经得到了快速的发展。许多国家都已经开始使用或正在考虑使用国民身份证系统（Lyon，2004：1），这引起了对于滥用个人隐私权的担忧。正如格雷姆和伍德（2003）详细论述的那样，系统的闭路电视（例如，将面部识别软件和运动识别与犯罪记录数据库相匹配）、生物统计筛选（使出差者在机场获得优先通过权）以及遗传监控（它使医疗保险企业得以对顾客进行精挑细选）等方面的进步将为顾客和公民权利带来意义重大的反响。除此之外，小的监控器械已经变成了新的商品，如同其他许多人们习以为常的现代生活奢侈品那样受人觊觎，且对日常生活而言不可或缺。

监控与被捕获的消费者

广义而言的监控每天都在消费领域发生。零售方面的理论家已对地理编码（geocoding）这一概念进行了长期研究，所谓地理编码，即在数据的基础之上，通过邮政编码（邮区代码）来映射不同群体的社会经济特性。对此类数据感兴趣的行业已为使用地理信息系统（GIS）的公司组建了一个现成的市场，它们能够“为优惠券促销、筹款募集和政治推销选择对象，（并且）还能帮助全国连锁店选定新商店和餐馆的地点”（Monmonier，2002：145）。使用商店的优惠卡使零售商得以将商品购买与个体消费者日益联系起来，从而使锁定特殊顾客群总数和个人化的目标成为可能。例如，信用卡公司拥有充足的数据，可根据个人借款记录的即时获取（共享的数据库使此成为可能）来进行个人风险评估。它们随后便可以向能够及时还本付息的顾客提供似乎没有限额的信贷额度，从而为这些公司提供连续不断的收入来源（而不是偿债本身）。此处的监控可以被理解为一个范围广大的连锁数据库网络，如果政府不对此网络进行持续的调控，它就将日益渗透进个人生活之中，巩固当下城市零售空间的形态，产生出一个“消费者”公民身份（根据一个人为服务付款的能力），而不是一个基于法律面前人人平等原则的正规合法的公民身份。

作为娱乐消遣的监控

有目共睹的是，监控镜头已经越来越多地为媒体（media）娱乐节目提供廉价且广受欢迎的素材，尤其是从弥补商业电视频道的迅猛增长的角度而言。2000年代初美国好莱坞编剧的罢工威胁使这一类型横空出世，这时的制片人意识到，他们可以通过偷窥性地拍摄真人及他们对彼此的反应来制作"一种廉价的针对特殊人群的节目编排形式"（Andrejevic，2004：2），而不是使用在摄影棚中对着精心制作的剧本照本宣科的演员。许多此类节目都在公共空间上演，不然就是涉及拍摄发生在公共空间里的事件，这意味着，此类真实演出的场地虽然曾局限于电视工作室，但现在它们似乎有了取之不尽的拍摄地。例如，像《世界上最差劲的司机》（*World's Worst Drivers*）和《警察》（*Cops*）这样的节目靠播放发生在公共高速公路、商店或街头的各种违法行为和解决方法盛极一时。确实，比雷西和纳恩（Biressi and Nunn，2003）指出，"电视及其他屏幕文化总是展现出对于违法乱纪和由此产生的强烈的紧张状态的极大关注。它们虚构的和新闻性的产品都为观众提供了无数的犯罪变种：它的运作、主角和结果"（p. 278）。这种极大关注也表现在其他类型的非虚构的电视节目中，比如《犯罪观察》（*Crimewatch*）和《美国最大通缉犯》（*America's Most Wanted*）这类节目。这些节目"将它们自身晋升为法律的延伸，方式是邀请观众来帮助解决犯罪问题，提供富有戏剧性的重构，使得观众能够'看到'犯罪的发生，从而提供一种喜欢看新闻节目或犯罪小说的人所无法获得的体验"（p. 278）。卡尔弗特（Calvert，2000）描述了这些偷窥性的"真实"节目如何类似于

> 纪实拍摄……之所以是偷窥性的，是因为作为电视观众的我

们永远也不必与我们眼看着被戴上手铐、遭到伏击、受到惊吓和暴露在电视屏幕上的人进行互动。那些人只是外面的“他者”。我们安全地与他们保持着距离，互不相干。他们不会出现、至少不是亲自出现在我们的客厅或书斋之中，并强迫我们跟他们聊天或共饮一罐啤酒。(Calvert，2000：20)

城市空间的军事化

监控技术总是首先与军事行动联系在一起，从“根据地图侦察”(Monmonier，2002)一直到新一波的所谓“智能”武器，这些武器通常被（错误地）宣称能够从空气中感应到人或固定的目标。战争已经日益变得城市化了，在这里，使领土视觉化的先进能力——制图术——对于通常针对关键的基础设施的准确军事轰炸而言至关重要。就国内的层面而言，战争和恐怖活动为特定的安保产业提供了经济增长(Marcuse，2004：265)。当然，因为恐怖活动的目标是公共生活，所以这种增长最终在公共空间最为普遍。此类安全措施的例子如下：“增加的警力、K-9（警犬）炸弹小组、侦测化学、生物和辐射物质的感应器、防炸弹垃圾箱、防盗报警器以及路障”(Marcuse，2004：265)。这些技术在其他区域的城市空间的分布是不均衡的，很少有喀布尔、贝尔格莱德或巴格达的居民拥有此种水平的保护。

这就需要地理学家将对于疆域的理解转变到另一个维度，在那个维度上，空中视觉力量是主导性范式。格雷姆（2004c：21）针对美国在伊拉克和阿富汗进行空战的行动写道，有必要有相应的“垂直的地理政治学”，它可以提出“方法，借助它们，远距离的垂直监控、目标锁定和实时杀害可对抗美国超级力量抵抗者的有形力量……”。这样一种地理政治学“将需要分析这样一些方法，有了它们，美国军事沟通、监控和目标锁定系统即可被无缝地整合进美国国内空间和网络空间，并整合进跨国空间，成为‘国家安全’推动力的组成部分”。

所以，监控是当代城市社会的一种核心活动，虽然它也许会有助于提升市民的安全感——例如，在防御恐怖主义方面，或减少街头犯罪方面——但它也传播了其他的恐惧，特别是就个人自由的丧失这个意义上而言。正如里昂（2001：56）所言："监控不是简单地强制和控制。它通常是个影响、说服和诱惑问题。当我们离开不同的监控机构侦测和观察的轨道和踪迹时，我们全都参与了我们的监控。"与无所不在的老大哥相比，许多城市居民也许直接参与了复杂的自我监控。

关键点

• 对于监控研究的兴趣因城市恐怖主义、军事战争和米歇尔·福柯有关政府管理术的著作而有所增长。

• "空间解说"是摄影机操纵人员与警察间的口头讨论过程。

• 监控在如预防犯罪、内部安全和个人金融等个人生活的管理中起了重大的作用。它还引起了对于侵犯个人隐私权的关注，尤其是在真实的电视节目中。

第四章　社会与政治组织

4.1　隔离（SEGREGATION）

处于最佳状态的城市是由其异质性和多样性来定义的。但城市生活的一个很多自相矛盾的地方是，城市表面的自由下却潜藏着错综复杂、时常是隐而不见的隔离和排斥网络。这其中的一些是可以感知的，建立在经过清晰定义和理性构建的原则之上。公园中没有房屋、工厂和（大多数的）商业设施，为的是营造一个有别于环绕它们的城市的绿洲。高速公路禁止行人和骑车人入内，因为这些人跟不上汽车和卡车的速度。火车和地铁轨道与城市的其他部分相隔离，为的是确保它们的顺畅运行并保护公众。雨水不得进入大部分城市的排水系统的下水道中。但许多其他的隔离方式则既不自然，也非如此明显地具有理性的基础。城市还被社会阶层、民族和种族所隔离。它们是由街坊邻居和居住小区构成的一块错综复杂的小小隔离区，这些地方在不同程度上微妙地将富人与小康人家分开，将小康人家与穷人分开，将穷移民与富移民分开，将少数民族人口与多数民族人口分开，将吉普赛人与富裕的社会保守分子分开，诸如此类，不一而足（Knox，1982；

Ley，1983；Frazier et al.，2003）。

还有其他一些更加微妙的隔离，它们定义了城市的内部形态学。住宅的隔离与职业的隔离密不可分。不同的种族群体不仅通常生活在城市的不同角落，而且他们通常也在不同的地方干着不同的工作。住宅的隔离导致了不同社会群体在不同的地方消磨休闲时光——他们频繁出入什么样的公园，他们去什么样的购物广场或购物中心，他们光临什么样的剧场和电影院等等。住宅隔离的模式还与教育机会的隔离密切相关，因为最好的学校位于“最好的”——即最富裕的——区域。同样的模式时常体现在其他的社会供给领域，如卫生医疗和儿童保育。不过，像城市生活的如此众多的方面一样，要理解城市隔离的动态是相当困难的。一个原因是，隔离的起因多种多样，隔离并非只是一个民族、种族、教育程度或经济地位的问题，而是这些（以及其他）因素间的相互作用的问题。并且，尽管高度的阶层和种族隔离可能会产生各种各样的不良影响，但在使人们团结为一个群体方面通常也确实有优势。通常很难梳理出隔离事实上是何时从它被强加在一个特殊群体中被挑选出来的（Peach et al.，1981；Peleman，2002）。

测量隔离

城市地理学对住宅隔离的最初兴趣围绕着如何在城市区域里测量并绘制出种族性住宅隔离图这一问题展开。两点关注推动了这一工作。第一点是想要理解背后有什么隐性的驱动力将城市再划分为复杂的土地使用的小小隔离区。第二点主要关注，隔离的某些模式是否可能导致许多不受欢迎的社会后果，其中最受关注的后果是，某些种族或人群的高度空间隔离将妨碍他们成为主流社会一部分的能力。关注人类生态学的芝加哥学派于 20 世纪 20 年代和 30 年代生成的思想观念认为（参见 Park，1925；Burgess，1925），在美国工作的城市地理学家和城市社会学家们发展出了一系列的技巧来测量一个城市区域内的居住人口空间分配状况并为此绘制了地图（Duncan et al.，1961；Tauber and

Tauber，1965；Peach，1975；Peach et al.，1981）。

这项工作的许多部分都围绕着客观测量隔离程度的指数的发展而展开。这些指数中使用最为广泛的是相异指数（Index of Dissimilarity）（Duncan and Duncan，1955；O'Sullivan and Wong，2007），它：

> ……比较了两个群体的分布，并计算出一个群体中多大比例的人必须（在地理上）迁移，才会使两个群体在所有区域中均衡分布。（Dorling et al.，2007：46）

所以，举例来说，假如一个特殊种族群体的相异指数为 40，那就意味着，那一群体中 40%的人需要迁移，这样那一种族群体在所有区域内才可以均衡分布。用一个简单的公式就可以计算出相异指数：

$$ID = 1/2\sum_{i=1}^{k} \mid x_i - y_i \mid$$

此处的 x_i 指在第 i 个区域整体中的 x 人口的比例，y_i 指在第 i 个区域整体中的 y 人口的比例，而总和则通过构成如城市这样的总体区域的所有 k 单元而获得（Johnston et al.，1986；Shaw and Wheeler，1985）。其他指数包括分离指数（Index of Isolation）（测量一个群体与其他群体的接触程度）、聚类指数（Index of Clustering）（测量一个某一群体占据优势的区域与另一个也被那一群体占据优势的区域的毗邻程度）、多样性指数（Index of Diversity）（测量所有群体均匀混合的程度）以及集中度指数（Index of Centralisation）（测量某一人口在一座城市的核心区域周围的集中程度）。事实上，马西和登顿（1988；亦见 Massey et al.，1996；Simpson，2007）在回顾有关隔离的文献时，发现了不少于 20 种旨在测量住宅隔离方面的不同指数。

诸如此类的指数是隔离模式的有力概括。但它们也有几个弊端。它们没能显示一座城市中隔离的实际空间分布——这些依然得靠制图。更为显著的是，大多数指数，尤其是相异指数，对于规模高度敏感。

普尔和博阿尔（Poole and Boal，1973）在一个经典案例中研究了北爱尔兰贝尔法斯特的清教徒与天主教徒社群间的隔离程度。在使用贝尔法斯特的15个选举行政区进行计算时，相异指数是50。在对3000座临街建筑进行微观分析时，这个数字飙升至令人不安的71。鉴于这些局限性，在如社会科学的统计套装软件（SPSS）和地理信息系统（Geographic Information Systems）这样新兴的基于计算机的统计编程软件的辅助下，相异指数之类的指数的使用已得到一系列统计技术的补充，如聚类分析、因素分析和趋势面模拟，它们使研究人员得以提供更为精细的隔离模式图。尤其是，近期研究已在强调，隔离是多维度的——它不仅涉及住宅的差异，还涉及住宅的分隔、集中、聚合和聚类的模式（Massey and Denton，1993；Massey et al.，1996；O'Sullivan and Wong，2007；Simpson，2007）。

少数民族聚居区、贫民窟和族群飞地

许多有关隔离的论著的核心都是少数民族聚居区（ghetto）这一概念，尤其在美国。少数民族聚居区这一术语最初指的是中世纪欧洲城市中自然与城市的其他部分相隔离的犹太人飞地。当这一术语传至美国时，其意义发生了转变。少数民族聚居区渐渐指任何一个与主流社会明显有差异的单一族群所占据的区域——这意味着，这一空间上的集中造就了一个与主流社会的价值观和道德规范鲜有共性的平行社会。起初，少数民族聚居区这一术语未必是贫民窟这一概念的近义词。哈维·佐尔博（Harvey Zorbaugh）在《黄金海岸与贫民窟》（*The Gold Coast and the Slum*）中，绘声绘色地将贫民窟描写为：

> ……一个荒凉的社会沉渣的隔离区域；一个由极端的贫困、租房客和摇摇欲坠的房屋构成的、由被逐出租屋和躲避房租的人构成的区域；一个由外出工作的母亲及孩子、极高的出生率、婴儿死亡率、私生子和死亡构成的区域；一个由当铺、二手店、帮

派、每张床在此都是一张选票的“浮点计算”构成的区域。(Zorbaugh in Bell and Newby，1972：96)

尽管少数民族聚居区时常以高度的贫困为特征，但它们也显示了一定程度的内部社会的组织化，而这很难认定为是贫民窟生活的特征。移民聚居区不只是供社会最贫困和最卑弱人群生存的垃圾倾倒场，它们也为新移民在美国社会获得立足之地提供了根本性的支持和帮助。历史研究显示，大多数所谓的少数民族聚居区在将移民整合进美国主流社会生活方面做了不少贡献。一个例外是，在伯吉斯著名的1925年芝加哥中心地模式中勾勒出的少数民族聚居区中，没有一个在40年后依然存在。事实上，更近期的有关19世纪末和20世纪上半叶美国城市中的移民空间集中度的研究，已强调了移民居所的可渗透性。这个所谓的少数民族聚居区不是与城市的其他组成部分相隔绝，而是以事实上程度相当高的种族多样性为特征。尽管有些区域确被某一特定族群集中占据，但一个族群构成一个邻里街区的超过50%的人口的情况相对较少。所以，更准确地说，美国20世纪初的移民聚居区最好被描述为飞地（Philpot，1978；Lieberson，1963，1980；Massey and Denton，1993）。

渐进的少数民族整合历程的一个例外是非洲裔美国人口。正是非洲裔美国人居住在老城区的体验——以及构成其特征的集中性的贫困和社会剥夺模式——在渐渐定义着许多围绕城市隔离和所谓的少数民族人口的贫民窟化而展开的争论。与同样在经济上处于弱势的移民一样，非洲裔美国人集中在城市较为老旧的中心街区。然而，与移民群体不同的是，非洲裔美国人面临着来自现有白人的根深蒂固的敌意和通常是公然的暴力与歧视。恐吓、暴力袭击、反对非洲裔美国人的骚乱、私刑和对非洲裔美国人财产的破坏，再加上如将非洲裔美国人排除在位于郊区的住宅开发区之外的建筑盟约之类的歧视性合法手段的使用，导致了严格限定的非洲裔美国人聚居区，实际上几乎只有黑人居住于此（Hirsch，1983；Massey and Denton，1993；Sugrue，1996；Jargowsky，1997；Fogelson，2003）。虽然移民飞地“充当了更广泛的社会流动性的跳板……黑人却深陷在一个越来越难以渗透的种族界限之中”（Douglas and Denton，1993：33）。

非洲裔美国人聚居区的令人震惊——且特色鲜明——之处是隔离程度和他们内部的经济及社会剥夺程度。阐述非洲裔美国人聚居区的隔离程度之所以独一无二，不仅是因为它在美国的集中程度大大高于其他少数民族，而且因为它们的隔离体现在一系列不同维度的隔离之上——非洲裔美国人聚居区居民与其他城市居民高度隔绝，他们与邻居们聚集在一起，形成了一个彼此相邻的大飞地，而且这些邻居都集中在市中心。在这些“超级隔离”和“超级贫民窟化”（Massey and Denton，1993：74，77）的条件下，像社会学家道格拉斯·马西和南茜·登顿所说的那样，“生活在聚居区中心的黑人在地球上属于最与世隔绝的人之列”，并非完全是出于想象。当然，如果这种程度的隔离是自由选择的结果，则它将不会引起人们多大的兴趣。但它并非如此。正如我们已经看到的，它是被强加给聚居区居民的。更有甚者，它还与巨大的社会劣势相关联。高度的失业率、高度的福利申请率以及与之相伴随的高度的贫困逐渐成为非洲裔美国人聚居区的定义。这些高度的贫困已将一种巨大的——实际上是无力承受的——紧张感放置在地方性资源之上，既增加了对于各种各样的公共援助的需求，同时又降低了政府提高税收以支付如学校、图书馆、公园等公共服务的能力。与此同时，如银行、超市、连锁购物商店之类的基础商业服务的提供被高度限定为非少数民族聚居区的业务，因为在经济贫困街区进行投资几乎无利可图。随着教育和就业机会日渐受到限制，那些出生在聚居区的人的社会进步已变得遥不可及。非洲裔美国人聚居区已转向了一个内在功能不良的空间，“一座人的仓库，那里面弃置着城市生活中被视为声名狼藉、弃之不顾和危险重重的碎片”（Wacquant，2001：107；2007；J. Wilson，1987；Jargowsky，1997；Frazier et al.，2003；

Massey and Denton，1993；D. Wilson，2007）。

郊区、围墙、封闭式社区：特权者的聚居区

市中心非洲裔美国人聚居区长期持续进行中的衰落，时常作为日益扩大的社会和经济两极分化的标志，许多城市评论家将这种两极分化视为当代城市化模式的最典型特征之一（Mollenkopf and Castells，1991；Harvey，2000；D. Wilson，2007；Wacquant，1999，2007）。关于日益加深的城市贫困的原因及可能的解决办法，也成了高度政治化争论的焦点。虽然大多数评论家——正如我们已经看到的——强调经济和政治因素在非洲裔美国人聚居区的持续重要性，但以查尔斯·默里（Charles Murray，1984）和劳伦斯·米德（Lawrence Mead，1986）为主的保守批评家则提出，少数民族聚居区"下层"的出现是以"依赖文化"为基础的福利的直接产物。这一论调，以及受其影响而在 20 世纪 90 年代和 21 世纪最初 10 年进行的福利改革，使一些城市评论家开始谈论一种受新自由主义驱动的"城市复仇主义"（Smith，1996：1；亦见 Brenner and Theodore，2002；D. Wilson，2007）的兴起，其中，攻击性的自由市场政策，再加上粗暴的管辖和其他措施，都被用于惩戒少数民族人口，从而努力为"白人中产阶级""收回"城市。不过，也许在美国之外的富裕国家中的种族隔离动态最令人震惊之处并不是它们反映了多少非洲裔美国人聚居区的体验（正如我们已经看到的，这也是只存在于美国的种族体验之中），而是折射了定义着它们的多种多样的模式。虽然英国的少数民族像他们在许多德国城市中一样，集中在大城市的市中心，但在法国，所谓的暴力街区——以高度的贫困和大量的移民人口为特征的区域——则集中在郊区边缘，与瑞典的 problemområde 大同小异。与此类似，控制和管理这些"问题"区域的政策是不一致的，正如在所谓的移民住地内的种族多样性的程度也大不相同（Wacquant，1999，2007；Peach，1996，1999；Kesteloot，et al.，1997）。

尽管存在有关种族隔离动态的持续争论，但在当代城市地理学中的许多方面，都对关注隔离的直接映射和测量表示出极大的不安。这部分是因为，它似乎将少数群体想要生活在彼此接近的地方的做法归于病态的。另一个——有足够的证据证明是更为重要的——不安的原因是，聚焦于少数群体的做法，模糊了隔离在多大程度上是主流文化的问题。正是多数的（在北美和欧洲社会的案例中）白种人居住在与其他种族群体最为隔绝的地方。更进一步而言，在英国，正如丹尼尔·道林（Daniel Dorling）（Wheeler et al.，2005：1；Dorling，2007）及其同事已经证明的那样，中产阶级和上层中产阶级的居住地越来越与那些在社会等级制度中排在他们之下的人完全脱离：

> （在）英国，人们生活在完全不同的世界中。对于一些人而言，资源和令人愉快的事唾手可得；对于另一些人而言，生活的特征就是被剥夺和困难，即使在他们迫切需要援助之时。

由此可以看出，为了掌握当代城市开发和再开发的动态，最为迫切的需要之一就是了解精英群体及中产阶级群体用于控制他们与较少特权的人接触的策略。在对犯罪和任何形式的混乱的极度恐惧以及不惜任何代价保护财产的渴望的促动下，诸如业主联盟和共同利益开发区（CIDs，在这些地方，住宅开发区的住户分摊维护共同财产的开支）、封闭式社区（这里的开发区实实在在地向城市其他部分封闭）、市中心商业改良街区（BIDs）、郊区“边缘城市”办公开发区（其位置远离老旧的、“受到犯罪困扰的”市中心区）以及封闭的郊区购物广场之类的新设施，正在以意味深长而通常令人不安的方式重构着城市空间。

这些革新有许多本身听上去就幼稚之极（参见 Webster，2006），它们正在营造一个几乎是单独分隔的城市世界：一座不是由其集会场地而是由其围墙和飞地来定义的城市（Marcuse，1997；Davis，1998；

Soja，2000；Low，2004）。当然，这些开发区中有许多已在城市发展的早期阶段被预想过。例如，二战后的美国，郊区的急剧扩展在不小程度上是受到了对于市中心的犯罪和混乱的种族主义焦虑感的促动，而且在建构时，会千方百计地将其讨厌的少数族群排斥在外（Jackson，1985；Fishman，1987；Self，2003）。当代封闭式社区拥有自己的围墙、私有道路、景致美丽的花园以及——在更为排他的案例中——高尔夫球场、游泳池和健身馆，它们是18和19世纪伦敦及其他地方的早期住宅开发区的复本。

不过，对于当代“私托邦”（privatopias）（McKenzie，1994）的兴起，有四个因素尤其令人震惊：

1 它们越来越变得无处不在。它们是新住宅开发区的一个日益显著的部分。

2 它们与周围相邻城市的联系少之又少。使用大门、雇用保安人员意味着这种新飞地与其相邻区域间少有渗透性。

3 它们是新兴的城市几何学的一部分，并达到了这样的程度：小康之家毋须与不太富裕的人家互动。住宅飞地、定向于汽车的边缘城市办公开发区和郊区购物广场的结合，再加上私家车，营造了一个完全封闭的环境网络，特权者决无风险之虞。

4 在所谓的北半球和南半球的城市之间，生成隔离模式的程度有着巨大的差异。长久以来一直与像圣保罗和开普敦这样的城市联系在一起的隔离程度现在正越来越多地出现在像洛杉矶、休斯顿、纽约或伦敦这样的城市中（参见 Caldiera，2000；Lemanski，2006a，2006b）。

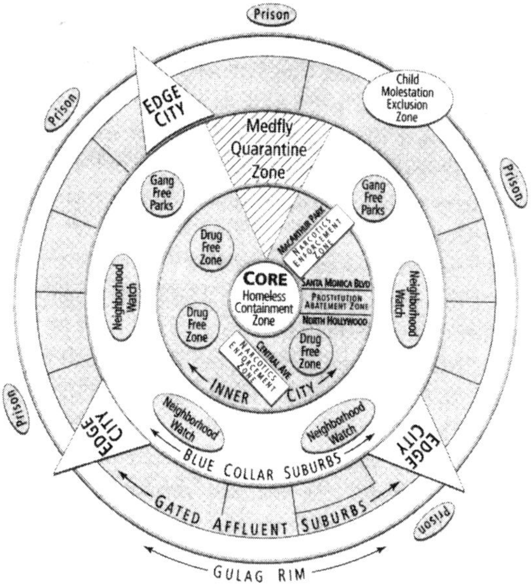

The ecology of fear

The ecology of fear　恐惧生态学
CORE　核心区
Homeless Containment Zone　无住宅控制区
INNER CITY　内城
DRUG FREE ZONE　无毒品区
MACARTHUR PARK　麦克阿瑟公园
NARCOTICS ENFORCEMENT ZONE　禁毒执法区
SANTA MONICA BLVD　圣莫尼卡大街
PROSTITUTION ABATEMENT ZONE　卖淫缩减区
NORTH HOLLYWOOD　北好莱坞
CENTRAL AVE　中央大街
BLUE COLLAR SUBURBS　蓝领郊区
Neighborhood Watch　邻里监督组织
Gang Free Parks　无黑帮公园
Medfly Quarantine Zone　地中海果蝇隔离检疫区
GATED AFFLUENT SUBURBS　封闭式富裕郊区
EDGE CITY　边缘城市
Child Molestation Exclusion Zone　儿童猥亵排斥区
GULAG RIM　古拉格（前苏联劳改集中营）边缘
Prison　监狱

图 4.1　迈克·戴维斯将伯吉斯的芝加哥模式重新运用到了他的以洛杉矶为研究基地的“恐惧生态学”中。

关键点

• 隔离自从城市地理学这门子学科建立之初起，就一直是城市地理学家们的兴趣所在。

• 隔离是多起因和多维度的。

• 高度的住宅隔离可能是腐蚀性的，但种族飞地也可能提供促进社会流动性的根本资源和援助。

• 当代非洲裔美国人聚居区代表了一种几乎是独一无二的、极端的、多维的隔离案例。

• 中产阶级和精英城市人口日益致力于重构城市空间，目的是使他们不必与社会地位比自己低的人进行接触。

4.2 城市政治学 (URBAN POLITICS)

城市政治学这一领域从来不易定义。原因之一是，它不仅限于人文地理学范畴。确实，说城市社会学、政治科学、城市规划学、不动产金融和经济发展等学科对于城市中的政治活动的结构都有比地理学家们更有发言权，这可能是事实。不过，地理学家们通过把空间性、规模和地方认同用作关键的分析概念，为权力如何被有效地城市化这一问题提供了一系列特殊视角。

作为理论和实践两者出现的全球化挑战了这样的假设：城市政治学由规模性的领土国家的阶梯状层级结构所决定：例如，市政厅在地区议会之下，地区议会在中央政府之下，中央政府在欧盟之下。这微妙地暗示了“地方”是怎么架构的。在阿敏看来，“如果不是将地方政治活动视为独一无二的，那么地方也许可被视为一种场所，其中各种政治并置在一起——地方的、国家的和全球的——凡是我们现在所能见到的。这种并置极其重要”（2002：397）。换言之，城市是网络化的实践场所，这些实践被延伸到很远的地方，也许由从未谋面的人实施，至于他们希望与特定的地方或地区互动多长时间，他们有着完全不一致的时间标准。对于如克里斯·奥尔兹（Kris Olds，1995，2001）这样的理论家而言，部分如温哥华这样的城市中主宰城市发展政治学的，是跨出了国门的网络化的行动者，如地产开发商，他们可以调动自己的金融力量并凭借对当地市场的了解来巧妙地战胜社群的反对意见。地方行动者因而可以与局外人结合，从而提升他们的支配能力，例如，要么通过更大的资金流动性，要么通过更多的知识，去开拓特殊的地方局面。

在了解了地方与非地方、内部与外部之间的这种紧张关系后，下面的讨论简单地勾勒出了城市政治学中的三个关键问题：结构和当事者在城市政治学中的角色，地方认同的构筑和论争，代表和表现的问题。

作为政治行动者的城市：结构与当事者

一个关键的问题是谁在为城市代言的问题。批判地理学家和社会学家们时常认为，商业游说团体的目标是绘制一幅紧密凝聚、团结统一的城市图画，从而掩盖这样的事实：分等级的、剥削性的工作条件也许在某一地区占据着优势。从属于地方的等级制度主宰着城市的政治生活，它已被理论化为增长联盟（Logan and Molotch，1987），它强调行动者之间的正式的和非正式的政治网络的重要性，这些行动者的共同兴趣在于，将一个地方的经济增长最大化。考克斯（Cox，1993，1998）曾提出，这些团体对于特定地方的责任意义重大，要么是通过长期建立的消费者基础、重要财产的持有权、受过训练的劳动力以及与地方供应商的经过长期发展的联系。要么，它们也许是重要的城市机构，如大学、运动队或报纸，它们——尽管拥有公共功能——仍然是根据创造利润的原则来运行的。这些机构常与“追求生活品质”的群体、尤其是环境保护主义者和致力于保持舒适性（通常还有他们有关家的价值观）的业主发生碰撞。商业精英追求的增长是从转卖、开发和出租中赚得的收益性的普遍增长，而地方委员会追求的是源自于这些利润的赋税收入。近来，这样的方式已经受到了批判，因为它们变得极端地方化（例如，无视中央政府或大企业的结构化的权力）或唯意志论（e. g. , Jonas and Wilson, 1999；尤其是 Jessop et al. , 1999），从而赋予了地方行动者过多的行动权力或能力（参见 Stone［1989］有关政权制度理论的论述）。这样一种激烈反应见证了理论家更多地关注因宏观经济的抑制而加在行动者身上的结构性约束，它时常被当作国家经济控制原则变化的征兆。

对这种世界观的最大挑战之一，来自世界经济中的新自由主义所发起的大规模侵袭（e. g. , Kipfer and Keil, 2002；Swyngedouw et al. , 2002；Weber, 2002）。批判地理学家们一直对这一范式的解释权青睐有加。例如，勃伦那（Brenner）和西奥多有关“城市与‘实际存在的新自由主义’地理学”的讨论清晰明确，它试图开启他们所谓的新自由主义“空间”。此处：

> 城市——包括其外围郊区——已经变成了越来越重要的地理学目标和为新自由主义政策尝试所准备的机构性实验室，这些尝试包括地方营销、企业与授权区、地方税收缩减、城市开发公司、公私合股、当地支持的新形式，以及工作福利、土地再开发项目、商业孵化项目、社会控制的新策略、监管与监控，还有地方性或区域性国家机器内部的大量其他机构性修正……此类新自由主义城市政策尝试的总体目标，是将城市空间调动为定向于市场的经济增长和精英消费活动两者的竞技场。(2002：368)

虽然这种有关城市的涉及面相当广泛的行为忽视了这些变化在特定情境下相互调停的许多细微差别，但毫无疑问，在过去的 20 年中，许多城市在意识形态和调整控制方面都发生了变化。这些变化的影响范围很广泛：从办公室清洁工的不稳定的工作状况（Herod and Aguiar，2006），到水边再开发的竞争性逻辑（Swyngedouw et al.，2002），到激励文化和创造性产业发展的艺术政策的商品化（Peck，2005），到跨国休闲和酿造公司对夜间经济的影响（Hollands and Chatterton，2003）。

地方、认同与论争

在围绕城市企业化的争论中，人们已经很自然地将城市定位成主体（Hall and Hubbard，1998；Harvey，1998a）。此处，地方政府被视为一个公司，致力于与其他市政府进行城市间的竞争。这些市政府积极地向给它们投资的人推销战略性地点、生活统计的质量、文化设施和劳动力技能。金融、税收和资本投资在更深入地理解城市力量时是关键的问题："尽管意义不大但城市预算是重要的政治文件，因为它们体现了一种持续的努力，努力厘清谁应当为服务和相关项目付钱而谁应当获得服务等"（Judd and Swanstrom，2006：330）。要理解这些预算需要一种技能，这种技能是非专业人士所不具备的，还需要一定程度的坚持不懈。而且它也很难各国通用，因为像美国这样的国家拥有发展完善的当地财政形式，它们通常围绕着地方联盟、地产税和政府援助的问题而运行（Weber，2002）。这导致财政"飞地"的兴起，它们是拥有独立财务规章的城市区域片区，如在增税财政措施（TIFs）之下进行了再开发的区域、商业改良区域和开发公司（Weber，2002；Swyngeduow et al.，2002）。

有人大力强调用图表来记录此类政治对地方认同的影响，尤其是制造业的衰落对社群政治的影响（e. g.，Merrifield，1993a，1993b）。这已经重塑了传统的政党政治，像巴塞罗那（McNeill，2003a）或曼彻斯特（Quilley，1999，2000）这样的城市的执政党已有意识地修改了其发展策略，以吸引"知识工作者"和诸如重大的艺术展览、体育赛事和商务旅行等城市事件。这并非仅局限于西方。马来西亚高科技走廊和节点的增长已对土著群体产生了意义重大的影响（e. g.，Bunnell，

2004a)。

然而，如果把政治实践仅与国家行为联系在一起将会是一个错误。包括安德森和雅各布斯（1999）有关20世纪70年代悉尼的住宅行动主义的研究、城市政治在如以唐人街为例的结构中的种族主义化（Anderson，1988，1991）、工会在社群政治中的角色（Wills，2001）或与艾滋病激进派相关的公民权的重新谈判（Brown，1995，1999）都是极好的例证。

不过，与理性城市主义相伴随的问题是，关于地区的静态的、固定的分析可能会被忽视。理论家们一直在寻找城市的持续性和宗谱藉以得到探索的方式，它允许讨论基于地方政治的特殊性，同时仍对影响城市政治的宏观系统保持敏感。对此，有许多好的例子：阿伦（1998）有关高度城市化的英格兰东南部在20世纪80年代和90年代期间的转型的多层面的解说，雅各布斯（1994）对于当代全球化叙事中的殖民城市主义“焦虑”的解说，克罗农（1991）有关19世纪的芝加哥作为一个黏合体系的城市与乡村整合的研究，甘迪（2002）对于纽约的城市化和自然的研究，哈维（2003）对于挣扎于19世纪的巴黎的空间化阶层的宏大叙事。在所有这些作者中，只有克罗农是专业的历史学家，所以一个有趣的推想是，地理学家们提供的专业视角如何为那些由历史学家们撰写的论著提供有关特殊地域的城市变迁的独到解说。此处的一个关键问题是如何推出城市政治学的“偶发性”，其观点是——与新自由主义理论家可能持有的观点正相反——政治和实践会因地点的不同而发生极大的改变。

从一种社会和政治秩序向另一种社会和政治秩序过渡的过程中最可能看到偶发性，正如卡伦·提尔（Karen Till）在有关柏林的论述中所言：

> 人们创造有关自身及其过去意义的核心方式是，他们期望地方如何在情感、社会、文化和政治方面发挥作用。人们如何使地

方划出时间界限并代表时间（过去，现在和未来）？反过来，这些地方如何定义社会关系？通常，一系列居于主导地位的、在文化上基于地方的实践活动——即琳达·麦克道尔（1999）所谓的“地方政体”——逐渐开始定义人们关于一个地方的位置、社会功能、景观形式和审美的看法，有关国际商业表现乃至个人经验属性的看法。但这些地方政体也许会在社会和政治转型期内遭到质疑。（Till，2005：11～12）

全球化已对中国城市产生了极其深远的影响（e. g.，参见 Wu 的论文集，2006）。在南非，后种族隔离时代的国家重构赋予了那里的城市政治学以特殊性（参见罗宾森［1998］有关民主转型期的政治认同重商的研究）。在波兰，伴随着其他后社会主义时代的经济形式，工人运动发现，面对新自由主义经济日益成长，很难继续维持工人的工资和权利（Stenning，2003）。

市长与想象中的城市地理环境

城市管理——与“地方政府”有着自觉的区别——一向是种重要的机制，在多种规模的国家中叱咤风云的当事者借助它操纵政治过程。这一争论的框架通常根据结构性的宏观经济势力（利率、中央政府的规划政策、国家及世界范围的消费趋势），它通常将城市经济管理构筑为被地方间的竞争所严格缩减的（Peterson，1981）。不过，忽视个体的、个人化的政治形式和城市领导的重要意义将会是一个错误。这甚至可视为表演性的，其主张包含在更为流行的“治国术”这一概念之中。

城市领导的代表人物当然是市长。作为“第一市民”，市长通常与政党联系在一起，可是，许多最为成功的市长通常是那些能够“为”自己的城市说话的人。例如，鲁迪·朱利安尼（Rudy Giuliani）虽说执行的是新自由主义政治的议事日程，却时常被视为置身于国家共和党的主流之外。进一步而言，市长在向外部当事者（无论它们是国家政府还是重要的公共或私人投资者）清楚阐明其城市利益时通常举足轻重。一种与市长管理之间的述行关系强化了这种功能，而市长管理可概括为三个相互关联的方面。第一，市长“体现”城市。许多人出生在他们所代表的城市（此处的“代表”有双重含义），因而与其居民的基本特性（通常指口音、幽默感或对先贤品性的“继承”）有着千丝万缕的联系。在这里，他们与自己的选民/市民追随者进行交流。第二，他们将充当城市空间的激励者。与追求一种有关领地的抽象概念相比，市长更刻意追求在城市日常生活中的出镜率，尤其是在危机时刻（想想鲁迪·朱利安尼在9.11事件爆发时和爆发后在世贸中心所在地附近的亮相）。从主持庆典到在公开巡游中的频频亮相，他们力争成为“普通人”，以体验当地的城市生活（我们应当考虑这些术语被性别化了的本质，包括有关“城市之父”这一更为普遍的概念）。第三，他们很有可能在自己的记者招待会和公开露面中提供有关他们所代表的区域的过去刚发生的以及现在和未来的某种叙述，对涉及犯罪、对恐怖主义的畏惧、经济气候等的公共话语进行塑造和回应（McNeill，2001a，2001b）。

总之，近年来引发了对于城市政治地带如何被概念化的再思索。一方面，全球化理论的影响已促使许多学者清楚地认识到，构成城市的是资源流动、兑换率、迁移模式以及发生在其他地方的投资决策。这使有关城市的基于地域的理解变得复杂化，并成为“地方政府”（它令人联想到的是固定的边界和某些程度上的政治自治）何以正在被城市管理（其假设是，决策受到如大公司这样的非国家行为的强力影响，政治实践活动发生在城市管理范围之外）所取代的一个原因。我们还可以追踪政治当事者的越来越重要的意义，这些政治当事者要么是在公共视野中、要么通过私人间的关联得到体现，具有贯穿整个话语的物质形式，且避免将“国家”理解为一种单体的、不变的、“黑匣子式的”机构。文化地理学有关这些问题的洞见丰富了城市政治学的研究。

关键点

• 不能把城市理解为具有单一共同利益的内聚性实体。相反，它们的管理和内部的财富分配被高度政治化了。

• 城市理论家们认为，在过去30年中，一直存在着管理形式的过渡，其转变方向是城市管理的新自由主义形式，同时，如地产开发公司这样的跨国性网络化实力集团对城市政治的影响越来越大。

• 城市可被代表和被呈现，而如市长这样的行动者具有相当大的权力去传达关于一座城市理应是什么、一向是什么和未来将是什么的具体设想和话语。

4.3 社群 (COMMUNITY)

社群是个具有愉悦、温暖色调的词汇。它令人联想到友情、联络、凝聚力、互相支持。篱笆后的茶会，友好的窃窃私语，邻里间的互相照料。围坐在酒吧壁炉前啜饮着的一杯杯暖暖的苦啤酒，足球场边为孩子摇旗呐喊的妈妈们，家长教师联谊会，教堂庆祝活动。社群使人们脑海中浮现出一个世界大同的景象。它是某种几乎无论持什么政治立场的人都喜爱的东西。而谁又会不喜欢它呢？谁不想要凝聚力、人际的温暖、相互关心的人？可是，尽管看上去简单之至，社群却是社会科学中定义最不清晰、最具争议性的概念之一。早在20世纪60年代，玛格丽特·斯泰西（Margaret Stacey，1969：134）就指出，“作为一个概念，‘社群’对于严肃的社会学分析毫无用处”。而这也是许多城市学者共有的感觉（例见 Sudjic，1991；Harvey，2000；Thrift，2005b）。不过，它的使用却持续不衰。可以讨论的是，随着有关社会资本以及围绕可持续性城市的当代论争的论著的出现，它在过去的40年中已变得更加靠近城市争论的中心，而不是更加远离它。

什么是社群？

那么，就概念而言，什么是社群？虽然说几乎有多少位作者论及社群，就有多少个有关社群的定义，但我们还是有可能概括出使用这一术语的三个准则：

1. 作为地方和邻里的社群。就其最普通的用法而言，社群就是指某一特定区域里的人口——以及这些人口间的相互联系。人们会说起伊斯林顿社群、可鲁兹堡社群、波兹伍德社群、北帕默斯顿社群等等。通常蕴含在这一概念中的意义是，某一地方的人因共同生活在同一环境中，他们也就不知不觉地拥有了一套共同认可的有关得体的行为、合宜的生活方式等价值观念。当然，这掩盖了一个事实：每个社群本身都由种族、人种、阶层和宗教（这里只举了三个重要的差异轴）构成的形形色色的亚社群构成。这些亚社群也许除了共同存在于一个特定区域这一事实外，相互之间其实毫无共同之处。

2. 作为拥有一系列共有的价值观、实践活动和存世方式的社群。这将讨论带向了社群的第二种用法，即社群指一群拥有一系列共有特征、社会实践活动、价值观和信仰的人。适用于社群这一用法的群体的显著例子包括宗教团体、种族群体和基于阶层的社群。此类社群也许会被一个特定的地方所定义，但这决不意味着它们必须存在这一先决条件。与此类似，尽管社群的这一用法也许时常被视为与有着清晰定义、可予确认的群体——如“穆斯林社群”，或“同性恋者社群”，或“老年人社群”有关，但它的界定也可能融入各种形式的同一性之内，这些同一性都经过选择，且只构成一个人生活的似乎相对很小的一部分而已。这一社群概念的一个核心特征是一个群体所共有的价值观和信仰，因而，这个群体在某种意义上由社群构成，大家普遍“习以为常”，它们作为一种共有的情感或法国社会学家皮埃尔·布尔迪厄（Pierre Bourdieu，1977）所谓的习性而存在。也就是说，尽管在这些社群内部会针对有关信仰或行为这一特殊议题更好的论点产生争论，而且可能存在定义群体行为和成员资格的正规的章法体系，但支撑这些的是一种对于世界该如何运行的隐含的、在情感上根深蒂固的共同理解。

3. 作为具有共同利益的社群。社群的最后一个普通定义是指一群具有共同利益的人。社群在此处的门槛要低于上述的社群定义。在许多情况下，它也许仅指涉及一个人生活的相对狭小的方面。实际上，大多数人都是各种各样的利益社群的成员。他们也许是一家职业协会的成员，或者是一个住宅联盟的成员，或者是承受社会压力群体中的一员等等。强调社群的第三种用法之所以重要，是因为不同于作为一系列共有的价值观、实践活动和存世方式的社群，这一形式的社群的定义性特征是，它主要建立在与他人的有意识的、理由充分的联合行动的基础之上。纯粹的利益社群不是基于情绪的或相互的情感，而是基于对通过联合为一个团体而获得好处的显性的评估。或者，说得更简单些，人们之所以走到一起构成一个利益社群的组成部分，是因为这样做对他们最为有利。

我们可以就社群这一概念再说上许多。但相比于更深入地钻研这一概念本身，更加有用的也许是，稍稍转移一下焦点，去看看社群这一概念是如何被放入到城市地理学和城市研究中加以使用的。

社群缺失

从尽力定义社群开始，读者也许会惊讶地发现，许多最具影响力的城市研究——以及与之伴随的城市地理学——最初在思考社群时，根本不是聚焦于社群，而是聚焦于它的缺失。19 世纪和 20 世纪初的社会思想家们在他们将新兴的“现代”社会与孕育了现代社会的、理应是传统的封建社会截然分开。法国社会哲学家爱米尔·涂尔干（Émile Durkheim，1947）是现代社会理论的奠基者之一，他认为，从封建社会向工业社会转移的典型特征是从一个建立在由风俗、责任和情感构成的“机械团结”基础之上的社会世界过渡到一种“有机团结”，它根植于劳动力的高度驳杂的、个人化的分配之间的相互依赖性，在这里，“社群从我们身上夺去的东西会少些”。斐迪南·滕尼斯（Ferdinand Tönnies，1963）在《社群与社会》（*Community and Society*）这部也许是有关从封建主义向城市化的工业社会过渡的最具影响力的书中令人信服指出，一种狭隘的手段定义了现代社会中的社会联系。

涂尔干和滕尼斯两者的论述都是围绕着将“传统”社群的衰落反映在一种乡村对城市、前现代对现代的两分法中来进行组织的，此处，乡村社会代表着传统和社群，城市社会代表着现代性和个人化的社会。在绘制这一景象时，涂尔干和滕尼斯都为在欧洲和北美知识分子和社会评论家中的根深蒂固的文化偏见提供了知识力量，这些人在城市化大举兴起的背景下，将对它的一切侵蚀都视为好的和崇高的（Glass，1972；Williams，1973）（哲学家让—雅克·卢梭把城市称作“人类物种的深渊”）。这是英国、北美和其他地方的城市改革者在20世纪初期所采用并详加描述的主题。如帕特里克·盖地斯（Sir Patrick Geddes）、埃比尼泽·霍华德、雷蒙·温翁（Raymond Unwin）、弗雷德里克·奥斯本（Fredrick Osborn）、刘易斯·芒福德这样的批评家以及美国区域规划协会（Regional Planning Association）都认为，工业城市是种顽固不化的社会形式，它阻碍了真正的社群的发展（Miller，1989；Hall，1996；Welter，2002）。用芒福德的话来说，工业城市只不过是“混乱的结晶”而已。一个由“原始的、放纵的环境和一种狭隘的、收缩的、处处碰壁的社会生活”所定义的世界（Mumford，1938：7，8）。

被拯救的社群，被解放的社群

这些将现代城市说成是社群的坟墓的问题——即便如此，它们还是流行而普及——是完全错误的。现代工业社会，更别说是现代（或者，其实是后现代）城市，在方方面面都与传统社会（和城市）截然不同。但这并不意味着，它们就不存在社群。事实远非如此。正如美国城市批评家简·雅各布斯（1961）在一部有关霍华德和芒福德的影响深远的批评论著中所说的，城市的问题不是它们是否有社群，而是那里的社群是如何被组织的。一旦城市研究者们开始着手寻找社群而非就其缺失作理论上的讨论，他们便会发现它无处不在。威廉·F.·怀特（William F. Whyte，1943）的《街角社会》（*Street Corner Society*）、迈克尔·杨和彼得·威尔莫特（Michael Young and Peter Willmott，1957）的《伦敦东区的家庭和亲属关系》（*Family and Kinship in East London*）、赫伯特·甘斯（Herbert Gans，1962）的《都市里的村民》（*The Urban Villagers*）和（1967）《莱维郭居民》（*Levittowners*）以及艾略特·利博（Elliot Liebow，1967）的《塔利的角落》（*Tally's Corner*）——这里只举出几个突出的例子——这些研究证实了城市中经久不衰的社群活力。

阐释这些研究的一种途径是指出定义传统社会的亲密关系事实上被带入了现代工业城市。但这种在传统社群和现代社会的非个人的联系之间简单地进行二元论分割的做法经不住推敲。它不止是社群被从现代性的侵蚀性效果中"拯救"了出来。社群以各种有趣的方式得到了转变和重制。事实上，如果我们开始将城市想象成相关联的大剧院，那就有可能发现，现代城市生活事实上产生了极其丰富多样的公共联盟的新形式（Fischer，1982；Wellman，1998；Amin and Thrift，2002）。

据怀特、杨和威尔莫特以及甘斯的关于邻里的研究，这些联盟形式中有一些始终牢固地扎根于地点。许多其他的作者描绘了已从地点的"教区制度"中"解放"出来的社群（Wellman，1979：1206）。巴里·韦尔曼（Barry Wellman，1979：Wellman and Leighton，1979；Wellman et al.，1988）和克劳德·费希尔（Claude Fischer，1982）描述了对于许多城市居民而言，社群是如何通过由朋友、同事、邻居和亲属网络这些通常不大会有多少空间重叠关系构成的个人网络得以定义的。更近些时候，对国际移民生活感兴趣的学者已指出，有许多移民已经构建了根植于移民的到达地以及其祖国的“跨国社群”(Kearney,1995)。事实上，人类学家迈克尔·彼得·史密斯相信，这些跨国的社会网络的动态相当普遍，以致我们可以谈论起一种跨国城市主义的出现（Smith，2001)。

想象的社群，社群与排外，轻社会性

既然发现社群并没有缺失，也不一定非得与地点绑在一起（事实上可能完全与地点无关)，那么社群还有什么可留下来供城市地理学探索呢?

想象的社群、大众传播与大众消费

首先，城市地理学可以探索社群是如何被想象的。要认识到城市事实上可以维持并培养社群，其最大的概念性挑战也许是它们的规模这一纯粹事实。城市意味着一个巨大的社会协调问题。为数如此众多的人如何能够形成任何类型的有意义的社群？假如社群被认为主要涉及面对面的直接互动，那么将城市当作社群贮藏地的想法似乎就荒诞不经。但假如我们认识到，任何超出了最小范围的社群都有个想象的维度，它允许其成员越过自己的切身体验的束缚来看待事物，那么将社群放在规模如此广大的情形中去加以思考，就会变得更加清晰易懂——实际上是顺理成章了。在许多社会的宗教中，它具有复杂的仪式性功能，可将各不相同的社会群体整合进一个更大的群体；在当代城市中，这些早就存在的整合模式已与一系列范围广大的大众传播技术叠加了——报纸、杂志、广告板、电影、收音机、电视等等，这里仅列举最为突出的例子，它们以各种各样的方式促进了社群和社会关系的想象（McLuhan，1962；Anderson，1983；Morley and Robins，1996)。

也许这些大众传播技术中最早的、无疑也是起始阶段最具影响力的，是大众新闻——每天和每周发行的报纸和杂志。正如文化历史学家本尼迪克·安德森在其富有创造力的著作《想象的共同体》(*Imagined*

Communities，1983）中所强调的，大众的阅读写作能力，再加上廉价的机器印刷，改变了在为数众多的人之间构筑关联的可能性。虽然安德森的论著关注报纸的出现与民族主义之间的关系，但一个并行的过程也塑造了城市生活。早在 20 世纪 20 年代，颇有影响的芝加哥学派作家及前任城市新闻记者罗伯特·帕克就曾指出：

> 大城市的发展大幅增加了（报纸的）阅读公众的数目。曾经在这个国家中是奢侈品的阅读已经变成了城市中的必需品。在都市环境中，读写能力几乎与说话本身一样重要。（1923：274）

帕克强调，所有的报纸从根本上说都是“为有组织的闲言碎语提供的装置”（p. 277），但报纸和其他大众传播形式所做的不只是促进信息和“闲言碎语”的传播。报纸报导的简单行为赋予了日常城市体验以某种份量。确切地说，因为报纸的出版是有规律的，所以它报导的许多内容都关注日常生活的方方面面。与日常事件的耸人听闻的断裂——火灾、意外事故、罪行描述、出乎意料的好运、或是厄运——相伴随，它们叙述了一座城市的“自然”节奏——它的节日、体育和政治事件等等（Anderson，1983：7；Lewis，1993；Fritzsche，1996；Lindner，1996；Schwartz，1999）。

社群、排外与好城市

当然，认为大众传播有助于社群的形成是认识到了社群不是自发的（或不仅是自发的），而且也是“被建构的”（Robins and Morley，1996；Latour，2005）。报纸讲述的故事，或电视新闻摄制组拍摄的故事，或被制作出的电影，都通过编辑决策、技术限制和产品协议的复杂结合而被放在了一起。实际上，近期大量的城市写作都聚焦于这种媒体化的城市生活如何将城市转向为一种大规模的公开展示（cf. Debord，1994；Merrifield，2002）。迈克尔·迭尔（2000：8）描述了如洛杉矶这样的后现代城市形式如何正“日益被有关公开展示和消费

(consumption)的需求所左右”。与此同时，戴维·哈维（1989a）也同样述及了城市景象的制造如何变成了资本积累的关键策略（参见“建筑”这一概念）。

尽管是许多当代都市写作中的一个流行比喻（参见 Brenner and Short，1996；Hall and Hubbard，1998；Dear 2000；Lees，2002；Smith，2002；Theodore，2002；Hall，2006；Silk and Andrews，2006），但这个论点是有问题的。它极其倚重“社群缺失”叙事。与此同时，它还加上了一种有关虚假意识的叙事，认为尽管在后现代的、以消费者为导向的当代城市中，人们确实感觉到一种亲密的关系和通常的关联，但这种感觉是被制造出来的并流于表面的。或者，换言之，它不是真正的社群。不过，这一连串的论著确实指向了城市地理学家们正应用于社群的进一步研究的方法。这就是检验社群这一术语本身是如何被大量的公众、政客、媒体和城市策略制定者所使用和利用的（参见“城市政治学”这一概念）。

因而，如迈克·拉可（Mike Raco，2005）和罗博·伊姆里（Rob Imrie）（Imire and Raco，2003）这样的作者已在探讨社群在制定城市政策时被用作一种修辞手法的方式。社群的比喻既被用作调动某一区域的人去援助某些政策目标的手段，也被用作划定什么被认为是不能接受的手段。正如伊姆里和拉可所述：

> ……英国城市中“通过社群来管理”的结果很有可能是在制造新的社会划分……事实上，给人和/或地方贴上“不积极的”（或依赖的、或不正常的）标签的可能性正是劳工党政府“复兴”英国城市的政策设计的组成部分。（2003：6）

当然，并非只有政客和政策制定者才会这样使用社群。史蒂文·派尔（Steven Pile，1996）利用心理分析理论，探索了大众媒体如何清晰地表达正常、归属和所谓的越轨行为这些转变中的概念，其方式是，在有关犯罪、人种、种族和性别差异等问题的报导中唤起一种“我们”（we-ness）感。在《排外的地理环境》（*Geographies of Exclusion*）中，大卫·西布莉（David Sibley，1995）论证了社群为何时常极具防御性。在许多情况下，有关地方社群凝聚力的断言都是围绕对于那些被大多数人定义为“肮脏的”、“不卫生的”和“不纯净的”人的排斥来组织的。事实上，在许多美国城市中，社群已渐渐变得要通过高墙、大门和保安人员的存在来定义，它们的目的是不让外部城市的混乱干扰内部的宁静氛围。赛萨·劳（Setha Low，2004）在《大门背后：生命安全感，以及在壁垒重重的美国的快乐追求》（*Behind the Gates: Life Security, and the Pursuit of Happiness in Fortress America*）中探讨了一个屡现事端的不幸国家（参见“隔离”这一概念）。

激情、轻社会性与日常关联性

这些有关社群和社会排斥的争论让我们了解到许多社群的危险和局限。它们是对那些将社群——以及与之相关联的社会资本这一概念——视为解决当代城市所面临的许多问题的万能灵药的绝大多数政客和政策制定者们的一种警告。不过，它们并未告诉我们多少城市内部关联性实际发生的方式。正如我们已经看到的，城市中充满了具有各种各样的社会性和互动性的关联，有些亲密无间，有些不为人知，有些具备固定形式，有些持久不衰，有些转瞬即逝。城市地理学家们探索社群的第三种方式是——多少有些悖论性地——越过它去尝试和思考。与思考某些特定的互动是如何累积为更大的社群不同，阿什·阿敏（2007）、奈杰尔·思里夫特（2005；Amin and Thrift，2002）、德里克·麦科马克（Derek McCormack，2003；Latham and McCormack，2004，2008）、艾伦·莱瑟姆（2003b，2004，2006）以及艾瑞克·劳里埃和克里斯·菲罗（Eric Laurier and Chris Philo，2006a，2006b），这些作者则将关注点投向了小的互动和简单的联系时刻，通过它们，许多的城市社会性得以组织。

从有些角度而言，这涉及到对各种常被忽视的实践活动和事件位置的思考。此处指的是诸如友情或阿敏和思里夫特（Amin and Thrift，2002：45）所称的“轻社会性”之类的东西——“短暂地聚集在一起、随后又再次分散的群体”，或是公共汽车或购物队列中的日常互动，这里举出的仅是几个例子而已。要么，它也涉及到关于城市四处循环不止的奇异激情的思考。从足球到搜集铁路机车号码、日光浴、钓鱼、爵士乐、到罗南·基廷（Ronan Keating）（这张表可谓名副其实地无休无止），各种各样的澎湃激情使人们变得亲密无间，将他们聚集在一起，并在此过程中产生形形色色既大于又小于社群的关联性和归属感。我们也许还会思考各式各样非人类的行为涉及关联性产生的方式，也许甚至是与我们平等地参与到社群中的方式（参见“物质性”这一概念）。想想软件在互联网中或在相互博弈的环境中的作用。或是想想借助于随身听或MP3播放器的耳机的交流。所以，简言之，以这种方式去思考关联性和超越了社群之外的东西，就是在思考日常互动和日常物质在我们的城市现实的魅惑中绑定在一起的方式（Bennett，2001）。

关键点

• 长期以来塑造着城市理论的，是认为定义城市的是真正的社群缺失这一看法。

• 来自社会学、人类学和地理学的学者们已经指出，社群在现代城市中并未“缺失”。而是采用了一系列范围广泛的新形式。

• 媒体在构筑当代城市社群的过程中扮演了核心角色。它有助于在多样化的城市人口中生成一种关联感。

• “社群”这一概念并非只关乎容纳。它可能也被用于排斥那些被视为另类或与大多数人不同的人。

• 许多地理学家们现在不是聚焦于社群，而是更愿意思考社会关联性或共同体的作用。

第五章　场所与实践活动

5.1　消费 (CONSUMPTION)

在过去 20 年中，消费已成为社会科学领域的一个关键概念，产生了大量的文献资料和研究议题，并跨越了从社会学到经济学、心理学乃至人类学的学科界线。地理学家以两种主要方式对此论题作出了贡献。第一种是通过对消费藉以在空间上得到组织的过程的清晰叙述。虽然最初的城市居民点与其周围供给食物的田地和果园密切关联，但城市社会的日趋复杂则长久地割断了这种关系。换句话说，“因聚集和人口稠密而导致的需求无法通过当地的供应本身得到满足。当地的消费无法使城市回归到一种封闭的经济圈”（Amin and Thrift，2002：70）。举例来说，令地理学家逐渐感兴趣的是有关商品链的解说，即物品在从原材料直到消费产品的过程中是如何获得价值并实质性地得到分配的（e. g.，Hughes and Reimer，2004）。第二种主要方法是通过对城市消费场所的考查。此处，鉴于城市既是商品和服务的重要需求的生成者、也作为消费经验的所在地的重要性，我们将讨论限制在后者。

城市里的消费空间几乎无所不在。具有讽刺意味的是，尽管家有可能是最重要的消费场所，但公共场所却成为压倒一切的焦点。当你沿着城市街道前行时这很明显，可能会看到无数块从快餐食品到奢侈的名牌服装等的广告牌（Cronin，2006），见到像迪士尼乐园和环球影城这样的主题公园（Hannigan，1998），见到从新加坡的小市场到巴黎的街头咖啡馆以及美国城市中类似好莱坞星球和星巴克之类的全球食品连锁店的食品大观园（Smith，1996；Klein，2000），见到服装连锁店或时尚精品店（Crewe，2001；Breward and Gilbert，2006）；还能看到特定的旅游场所以及与之关联的从机场到酒店的消费型基础设施的促销（McNeill，2008b）。

然而，一向存在一种将此类空间视为“全新的”倾向，忽视有关不同民族社会中会出现不同的消费形式的更深层的、历史性的解说。根据格伦尼和思里夫特（Glennie and Thrift，1992）的观点，“现代”消费模式可追溯至从17世纪末叶开始的帝国贸易体系的发展，当时，“新颖”（novelty）成了商品选择的一个重要方面，证据见于“新的外国商品种类：茶叶、咖啡、糖、巧克力、烟草、新纺织品，以及各种陶瓷、木材和金属物品”（p. 429）。反过来，这些新商品注入到了新的社交活动中，如饮茶、喝咖啡和抽烟。因此，重要的是把消费视为一种城市化的活动，它在过去几个世纪中一直在成长和变化，而且与变化中的社交活动、习惯和技艺相关。这逐渐演化为消费者中的一种越来越多的自反性，即“主体反思其存在的社会条件的能力”（p. 436）。当代社会的规划取决于被一些人称为“消费者公民权”（consumer citizenship）的东西，个人可运用它们的权利来保护自己，或调查其来源，甚至是退货，如果商品不符合一种主体知识应该体现的品质的话。

商品自我

我们得以进入消费世界的方式是通过大批量产品生产的实现，不仅仅是食物、服装、住所和娱乐意义上的具有交换价值和使用价值的物体。它们还是传达意义的符号。将意义传递给产品的一

> 种重要手段是可被视为消费语言的广告。它使商品呈现为可使个人创造其自身语境、自身世界的手段，而无论这世界是短暂的，还是永恒的。(Sack，1988：643)

在许多理论家看来，自我通过商品的购买得到了表达。通过广告，消费者受到鼓励，“把商品想象为藉以传达其个性的核心手段”(Sturken and Cartwright，2001：198)。“商品自我”(commodity self)所表达的理念是，“我们的自我，其实是我们的主体性，部分是通过我们对于商品的消费和使用来调节和构筑的”(Sturken and Cartwright，2001：198)。认为购物是一种社会行为的观点是这种观点的关键部分，“一种休闲和取乐形式，并且是种治疗形式……(因为)商品满足了情感需求”(Sturken and Cartwright，2001：197)。这一向被归因于“一种从19世纪(以及更早)基于性格的模式向自我表现模式的逐步转变，在后一模式中，外表和身体的呈现可‘表达’自我”(Glennie and Thrift，1992：437，对Featherstone，1991观点的概括)。

与消费者建立联系的一个关键机制是通过广告活动。空间的使用和地方的选择是广告和消费中的两个重要元素。广告牌、明信片、电视屏幕、海报都会被放置在某处。城市中的广告增加了城市景观(参见摄影这一概念)的“视觉混淆”(Cronin，2006：615)，并且按照某些评论家的说法，会“成就地方的结构”(Cronin，2006：616)。此处应当指的是商品的意义，即生产和分配的模式和实践活动，浪费和污染在广告活动中通常会对消费者加以隐瞒。

广告的视觉性还被扩展至了其他消费空间，如大型购物广场、主题公园和遗产地。像迪士尼这样壮丽的休闲和消费空间围绕着食品、纪念品和“交通工具”之类的物品消费而展开。而且，这些场所忙于出售“体验”和品牌。这些消费场所通常旨在“营造一种无地方特性的环境”(Mansvelt，2005：59)，在这里，消费者可以将现实抛在脑后，进入一个精心设计的幻境(Hannigan，1998)。其他消费空间包括

图 5.1.1　商品的包装和陈列是消费量的关键元素

“文化中心、复合式电影院、体育场馆、购物广场、餐馆和艺术画廊”。正如马林斯（Mullins et al.，1999：45）所声称的那样，“有一种社会空间关系，存在于家庭住宅区与其城市区域的那些经过特意建造或再开发、用以鼓励人们前往以使他们能够在那里批量购买和消费多种商品和服务的部分之间”。

确实，建设物的设计通常围绕可消费的幻想体验而展开，最显著的例子见于环球街市步道、迪士尼乐园和拉斯维加斯之类。建筑批评家阿达·路易丝·赫克特斯布尔（Ada Louise Huxtable，1997）将专门作为娱乐空间来建造的建筑结构命名为“娱乐建筑”（Architainment）。当然，这些地方是赚钱的地方，但它们对于一个善于互动的消费者而言也是表演的舞台。这一分析对于这样的理解非常重要：美国建成环境和景观中的特殊空间的尤为重要的创建理念是，要为“观众”再现其喜闻乐见的形象。此处，景观变成了娱乐。

作为城市体验的零售业

大量重要的文献围绕零售业的地理纷纷出笼。里格利和洛（Wrigley and Lowe，2002）的《解读零售》（*Reading Retail*）确定了消费地理的两条线索——在空间上得到延伸的零售供应网络，大型超级市场的采购决策，“零售资本变化无常的地理和空间转换”，再加上四个地理学家概括出的零售消费的关键场所——街道、商店、购物广场和家。注意力越来越集中于购物的环境心理学，其最明显的例子是高斯（Goss，1993，1999）有关西埃德蒙顿购物中心和美国购物中心的研究，并在零售顾问帕科·昂得希尔（Paco Underhill）的畅销书《我们为什么买》（*Why we Buy*，2002）和《购物中心的召唤》（*The Call of the Mall*，2004）中得到了更加令人信服的论述。更广泛地说，尽管购物中心与北美有着超常的关联，但人们对于购物中心的地方特性越来越感兴趣。《哈佛购物指南》（*Harvard Guide of Shopping*）（Chung，2002）在探索世界各地的零售文化方面发掘了无尽的宝藏。埃尔基普（Erkip，2003）基于安卡拉的研究揭示了一种社会现代性的复杂历程，它在将一些妇女从固有的社会角色中解放出来的同时，又在根据阶层而实施隔离。随着导致了一种由“砖块加鼠标”构成的新地理学网络购物的增长，一直有人担心，购物活动将会被彻底重构，但在目前，这种担心似乎不足为凭。还有一系列有趣的文献在探讨消费的“边缘空间”，如汽车后备箱出售处和慈善商店，这两者都凸显了商品生存历史的重要性（e. g.，Crewe and Gregson，1998）。

食品风景

当然，消费的常见意义通常都与吃喝有关，图解这一过程的空间性对于地理学家来说变得越来越意义重大。大卫·贝尔和吉尔·瓦伦丁（David Bell and Gill Valentine，1997）在《消费地理：我们存在于

图 5.1.2 迪拜的马卡图购物中心（Mercato Mall, Dubai）的设计模仿了一家意大利市场。

我们的饮食之地中》（*Consuming Georgaphies*：*We Are Where We Eat*）中概括了多个食品消费可在其中得到概念化的量表。这从身体延伸到家庭、城市、地区、国家和全球烹调风格。他们认为，从高档餐厅的礼节，一直到咖啡文化的社交礼仪（Laurier and Philo，2006a，2006b），外出用餐之举“包含了许多社会和文化的活动、规范和密码”（p. 125）。

另一种使此得以概念化的方式是通过“烹饪之旅”（culinary journey）这一概念。正如让·杜鲁兹（Jean Duruz，2005）对位于悉尼和伦敦的两个购物街的研究所证明的，食品使得更宽泛的认同得以“筹划”。她选择的街道——悉尼纽顿区的国王街和伦敦哈林盖区的格林巷——都是旅游地，但都有令人难以捉摸的感觉。这里，“与这些街道相关的食品购买、烹饪和食用的日常活动为讨论家、种族和归属感的意义提供了空间”（p. 51）。对于移民而言，在这些街道的购物活动是他们流民身份的重要展现——换言之，即使在离开祖国数十年后，通过购买和消费的食品，还是能够重建他们与祖国的联系。或者，此类“种族”食品大观园也许会提供一种手段，使人不用亲自离开自己所在的城市即可旅行和体验其他文化。然而，在杜鲁兹看来，它也变成了此类景观藉以唤起跨文化互动的复杂形式的途径，其中，食品消费与历史悠久的“盎格鲁—凯尔特”澳大利亚人或英国人的生活交织在一起了。

由于这一切都聚焦于消费，所以一点也不奇怪，人们越来越担心某些人会过度消费。西方社会越来越高的肥胖比例，特别是年轻人中的肥胖比例，提出了一项重大的社会挑战。正如英国的一个政府委员会所注意到的，“自相矛盾的是，体重的显著增加出现在对于个人外貌的明显痴迷之时。体育馆比任何时候都多，所谓的‘健康饮食’机会也更多，阿金饮食法（Atkins diet）占据着销售排行榜的前列”（House of Commons Health Committee，2004）。健康专家越来越担心“肥胖基因城市”（obesogenic city）这一概念，换言之，即似乎旨在诱人增肥的城市环境。这有几个原因：首先，以非常低廉的价格提供大份食物的廉价快餐连锁店迅速增加；其次，人们缺少对营造徒步或骑车环境的关注，或缺少对营造日常都市生活中的结构性健康体制的关注；第三，存在与零售区域的经济地理有关的“食品沙漠”问题。例如，惠兰等人（Whelan et al. 2002）研究了城市区域中在地理上无法获得新鲜食品的经济的和自然的原因。从经济上说，低收入家庭在新鲜食物选择范围方面十分受限，因为零售商将边缘化的地方视为不经济的区位；从自然上说，大型超市可能都与公共交通缺乏联系，其设计难以令没有交通工具的行人接近。还有第四个令城市地理学家和社会学家感兴趣的元素：通过品牌、图标和广告对城市景观中的消费者形成的视觉诱惑。这些研究中最为著名的是由瑞泽尔（Ritzer，1997）精心撰写的论文“麦当劳化”（McDonaldization），以及内奥米·克莱因（Naomi Klein，2000）的反品牌宣言《拒绝品牌》（*No Logo*）。

这对城市理论意味着什么？许多学者已接近了有关肥胖与城市的关系的研究（Sui，2003；Longhurst，2005）。马文和梅德（Medd，2006）使用了通常与人的身体相关的“新陈代谢”的隐喻，并对这些隐喻进行了改写，以认识城市是如何应对肥胖的：“在身体（作为个体）、城市（作为集体的行动场所）和下水道（作为基础设施）中的脂肪的偶发事件和新陈代谢……凸显了城市新陈代谢的多样性”（p. 313）。他们认为，尽管肥胖常与流动性相关（尤其是农业综合企业的肉奶产品在全球的生产和分配），但它也是打开非流动性的关键。美国的大城市现在已根据影响城市人口健康环境的因素进行了排序——从人均的垃圾食品经销店一直到由健身房和娱乐区域构成的“保持健康”的基础设施。他们描述了费城力图摆脱其美国最肥胖城市地位的努力，从积极促进一项“集体减肥”计划的市长，一直到对锻炼时间的鼓励以及有关餐馆多脂食品的有针对性的规定。然而，也存在着基础设施方面的挑战，因为下水道越来越多地被餐馆丢弃的多脂食物所堵塞。而且，尽管肥胖城市竞赛是在一种非常视觉化的层面上展开的，“使下水道问题变得引起公众注意却一直是地方当局和负责下水道维护的单位所面临的挑战”（Marvin and Medd，2006：318）。

此类“肥胖城市”提出了一个有关城市中资源使用性质的更广泛的问题。正如沃尔克所言，地理学家

> 才刚刚开始从都市足迹、仅限于产品的生态破坏以及跨物种的公正性所构成的地理环境的角度去面对城市消费，或是清晰说明一项地理研究议事日程……我们需要倾向于持续性的研究，利用多种多样的分析方法，研究可促进再利用的可选择的城市食品机制、地方流通体系、搭车计划、自给自足的住宅开发区、可减少消费的“社会营销”活动，以及诸如格雷格目录之类的社会技术……（2007：377～378）

对于有关消费的城市研究而言，这是个重要而富挑战性的研究方向，而且它在未来将变得越来越重要。

关键点

• 近年来，在社会科学中，消费一直是个重要的兴趣点。地理学家感兴趣的是消费发生的场所和活动，特定的场所如何有可能鼓励或促进消费，从而改变有关消费行为的历史的和跨文化的观点，以及特定的社会关系如何有可能被安置在特定的场所。

• 消费者景观有时会被“伪装”，从而将用户建构为一个“听众成员”，而非一个以经济为目的的消费者。广告活动鼓励消费者通过对商品的选择来锻炼他们的“自我”。

• 在公共空间吃东西可能被认为是一种“民主化的体验”，因为这种行为与专属于富人的体验恰好对立。从鼓励过度消费的商业文化，到发生在城市中的非正式的跨文化交流，食品消费是一种复杂的社会性模式。

5.2 媒体（MEDIA）

近年来，不同形式的媒体层出不穷。国家电视台的“无线接收”节目受到了五花八门的有线电视和数字电视的挑战。互动电台让听众可以发表自己时常对有争议话题的意见。互联网的发展已使网络商店、粉丝社区和新闻频道如雨后春笋般纷纷涌现。手机技术通过下载使消费机会得以增加。就连报纸这样的传统印刷媒体现在也在纸质和电子形式两者间往来运作。事实上，这些类型的媒体都在日常基础上有所交叉，一家媒体捕捉到的事件会在另一家媒体上报导和争论，从而形成汇聚。无论是向广告牌或报摊作一扫视，或是使用手机、边开车边听车载收音机，这些媒体技术在公众例行的日常生活中十分普及。

媒体这一条目讨论的是媒体何以既在城市的固定空间内十分重要，

也在都市风格的理性理解中举足轻重。研究者对“媒体铸造的空间之间的联系”（Couldry and McCarthy，2004：2）越来越感兴趣。占据着这些“空间之间”的是分别流向制作者和接收者或消费者（我们可以把他们想成观众成员）的交流和形象。这些流动最为重要，因为它们将天各一方的地点联接在了一起。所以，当务之急是要思考媒体文化的生产、分布和消费的性质，以及发布和传播信息的媒体渠道，如电视和电台、新闻办公室和代理机构、摄影和代理机构。这与城市地理学有着显而易见的关联。例如，它会促使人们提出这样一些问题：媒体的制作地点在哪里？它的播报出自何处，又流向何方？它是如何分布的？观众的位置在哪里？媒体是怎样流动和聚合的？简言之，什么是媒介地理学？

地理图像

正如“摄影”条目中所表明的，物体的图像是现代城市的重要构成部分。例如，奈杰尔·思里夫特认为：

> ……图像是空间的关键元素，因为我们是常常通过它们来记录周围的空间，并想象它们将来可能会是个什么样子。甚至更为重要的原因是，我们越来越生活在这样一个世界里：其中，新闻事件之类的事情的画面可能如事件本身一样重要，甚至更加重要，或者可能是一件事物的很大的构成部分（例如一种商标或一位媒体名人）。（Thrift，2003：100）

思里夫特的“地理图像”表明了对于媒体的运行、传播中的图像、趋向和分布过程的关注。这些趋势很难用直截了当的术语来定义，许多学者都赞成使用隐喻来解释日常生活中的媒体活动和图像的互联性及其多向度的流动。保罗·维里利奥（Paul Virilio）使用“矢量”（vectors）这一术语来捕捉图像的传播方式，麦肯齐·沃尔克（McKenzie Wark）在《视觉地理学》中使这一主题得到了发展：

> 维里利奥用它来指物体、信息或弹头可以神不知鬼不觉地从中通过的轨道。可将过去常常把图像从伊拉克传送至美国再传至英国的卫星技术视为一种矢量。媒体矢量具有固定的性质，就好比在矢量几何学概念中的一条线的长度。不过，这一矢量不是非得有固定的位置：它可以将任何两个点联系在一起。（1994：11）

其他隐喻也被用来尝试获取这些流动：库尔德里和麦卡锡（Couldry and McCarthy，2004：1～18）利用“栅格”（grid）的概念来解释这些联系；查尔斯·阿克兰（Charles Acland，2003）在论及形象的分布时使用了“交通”（traffic）一词；米切尔·施瓦策尔（Mitchell Schwarzer，2004）使用“镜头景观”（Zoomscape）来帮助解释移动的图像在城市理解中的确切性和不确切性；而全球化理论家阿尔君·阿帕杜莱（Arjun Appadurai，1990：295～310）使用了“景观”（scape）的隐喻。这些“景观”在图解围绕着由人、媒体图像、技术、金融资本和思想观点构成的流动而展开的“新的全球性文化经济”的透视性质时尤其有帮助。这一新的文化景观“必须理解为一种错综复杂、相互交叉、相互分离的规则，该规则再也不能根据现有的中心—边缘模式来理解”（Appadurai，1990：296）。换言之，来自地理上相距遥远的地点的事件和图像可能被立即传播至全世界各地的屏幕上。

为这些媒体渠道奠定了基础的**基础设施**是一个重要的考虑因素。供互联网、电视和电话使用的电缆贯通于城市景观之中——或隐，或显——将大量使城市顺畅有效运行的至关重要的交流网络串连到了一起。正如斯蒂芬·格雷姆所注意到的，城市空间中的此类基础设施的普遍性和不可视性极为重要，虽然它们中的大多数都不为普通民众所知，这些普通民众并不会去想这些“超出了电源插座、手机、汽车点火开关、水管或厕所之外”的网络（Graham，2000：184）。

当然，媒体并不仅限于街头，也出现在家中，并越来越自如地游走于这两者之间。如同在迈克·戴维斯（Mike Davis）的“扫描景观”（参见“**监控**”这一概念）中的智能办公楼一样，家现在也可以用电线连接起来，以改善家庭生活。正如菲奥娜·阿隆（Fiona Allon）说明的：

> 装配了网络化的“智能型”基础设施之后，接通了（智能）系统的住宅正日益整合进交换和交流的全球性空间，在这里，它们可以深入了解永远都是多元化的媒体和信息路径。智能住宅还是这样的处所：在扩展需求与安置需求之间商议交涉，使人们可以在网络化的交流达到更高程度的整合和互联的同时，从公共生活中剥离出去。（2004：256）

正如阿隆继续讨论的那样，媒体因此证实了使家的界线变得更具流动性的方法，与此同时，它也展示了数字技术的成就——它现在可以在一种家庭环境中被接近和利用（Allon，2004：253～255）。正确无疑的是，联络的基础设施（从老式的天线到新式的电缆或无线网络）将电视及其内容带入了家庭，这导致有些人认为：生活的公共—私人维度部分遭到了侵蚀。

文化经济与媒体产品

现在人们对所谓的“文化经济”有着强烈的兴趣，电影、电视、电台、摄影、广告和许许多多其他产业是工作和税收的重要来源。从政策分析和规划（Cunningham，2004；McGuigan，2004）到文化经济和城市经济发展（Landry and Bianchini，1995；Hall，2000；Scott，2004）以及重要的媒体基础设施的发展（Jenkins，2004），都在当前的工作范围之内。理查德·佛罗里达（Richard Florida，2002）的《创意阶层的崛起》（*The Rise of the Creative Class*）可能是一部最具影响力的书籍，它探讨了这样的观点：为富于创造力的人提供了衣食住行的城市在经济上更为繁荣，而且，事实上，城市可以通过由这些人产生的创造活动而得到新生（参见“中心性”这一概念）。

所以，与将媒体普遍视为负面的、支配性的力量的“文化产业”的早期版本（它于战后初期在法兰克福学派的倡导下兴盛一时，现在得到了翻译和再版，如 Adorno，2001；Adorno and Horkheimer，2002）形成对照的是，有关文化产业的学术研究日益乐观起来。城市被塑造为一个舞台，在这个舞台上，大众媒体可以兴旺发展，并成为以各种方式鼓励大众文化发展的途径。鼓励方式之一是培养个别的名人，即名流，它可以追溯到大众报纸（包括像《纽约邮报》这样的小报）于 20 世纪初期开始出现的时候：

> 大量发行的报刊最显著的特点之一，是在城市的增长似乎要将个体掩没在默默无闻的大众之中时，有能力令普通人崭露头角。经过报刊的照亮，男男女女们赢得了新的显著地位，并转变为公众人物……随着报刊的扩张，它的覆盖面包括了新的城市生活领域，记者们用以决定新闻价值的标准也随之有所扩展。（Ponce de Leon，2002：48）

与之一脉相承的是当今制作的真人秀节目，庞斯·德·里昂（Ponce de Leon）（他关注美国经验）在此处指出了城市是如何充当促使大众媒体自街头人群中创造公众名人的催化剂的。通过聚焦于“富有人情味的”故事，此类报纸报道犯罪场景、市政大厅、上流社会的飞短流长、法院消息、戏剧评论和商业机构（亦见 Park，1923；Lindner，1996）。它们还考虑到广告的发展，这使得报纸和当地的“增长联盟”紧密联系（Logan and Molotch，1987）。这也导致了名人文化的形成：

> 到19世纪中叶，任何与新闻故事有牵涉或有关联的人，以及定期被报刊报导的机构，都是新闻宣传以及变成公众人物的合理候选人……卑微者的辛劳困苦一旦招致报刊的关注，就会变成对形形色色通常悲惨的人情故事大为有用的东西。（Ponce de Leon，2002：48）

当然，这在今天也一如既往，因为许多小报、杂志和电视节目都会展示普通人的或悲惨或令人称颂的故事。进一步而言，博客（如blogspot. com）、个人图片库（如flickr. com）以及各类邮箱供给网络都使观众变得不再仅仅是被动的观看者或听众，而是能够以全球都可接触到的互联网为基础，促进媒体内容的创新。

媒体、观众和地方

一直有人认为，媒体技术新的可达性对社会行为产生了影响。对此有主要贡献的是《消失的地域》（*No Sense of Place*，1985）一书，乔舒亚·梅罗维茨（Joshua Meyrowitz）在书中指出，技术会重组社会环境，而这最终会降低地理位置的重要性：

> 现在，你可以在不亲历现场的情况下成为一场社会表演的观众；你可以不与别人在同一个地点会面的情况下与其“直接”交流。其结果是，那些曾经将社会分为许多截然不同的互动空间环境的物理结构，其社会重要性已大为降低。（Meyrowitz，1985：vii）

因为交流在近年来已发生了如此剧烈的变化，社会关系也随之变化，形成了“新的社会景观”，当代媒体正是在这一点上对生活方式产生了影响。一些人认为，这些媒体过程已促成了实际距离的瓦解，创造了一种单向度的信息流，它导致了文化认同的全球同质化。然而，库尔德里和麦卡锡（Couldry and McCarthy，2004）却强调媒体过程的“规模效应”，即地方和全球产品间、消费与分布间的差异，特别是从这些效应在特定的地方会得到怎样的理解这一角度而言：

> 所以，正在显现的画面不是地方的瓦解——实际上，由于媒体将我们联系在一起，我们前往远方旅行的理由是增加了，而非减少了——而且我们与其他地方和当事者的互动被更加细致地整合进了我们的日常经验流中。(Couldry and McCarthy，2004：9)

观众是这些被媒体化了的空间想象中的关键因素。作为这些图像的消费者，观众成员有可能最终走向图像（正如库尔德里［2000］有关《加冕街》拍摄地参观者的研究），或是让它走向自己（例如复合式电影院）。重要的是要认识到，观众在媒体藉以得到定位、了解其过去和未来的方面，以及在媒体化信息的传播方式方面，都是个关键因素。互联网观众不同于电视观众，也不同于电台和报纸的听众或读者。进一步而言，不同类型的媒体按照自己的格式将观众概念化。一家地方报纸的同一位读者在互联网上读到同一条信息时，会产生不同的看法。实际上，一旦与网络挂上了勾，这一信息就有可能四处传播，这也许会改变观众成员的性质——从被动的读者到急切的检索者或创造者。正如卡伦·罗斯（Karen Ross）和弗吉尼亚·南丁格尔（Virginia Nightingale）针对技术和互动性的出现而指出的：

> 世界范围的网络的发展以及逐渐变成一种大众媒介的过程需要我们对观众和媒介两者都予以重新思考。甚至位于世界最偏远角落的网吧、远程计算中心和基于社群的设施的相应发展，意味着媒介吸引大量观众的潜力是相当可观的。(2003：147)

因为这一技术，媒体化的信息和图像得以在它们以前从未出现过的地方和时间出现。这使得各地都可以访问全球新闻，反之亦然。

旅行中的媒体：从好莱坞到复合式电影院

尽管阿帕杜莱的“景观”概念在了解图像在构筑不同的媒体叙事中的影响方面举足轻重，但我们也必须考虑到使图像得以映射和消费的基础设施建设——即物质性和政治经济学。例如，查尔斯·阿克兰（Charles Acland，2003）在《屏幕交通》（*Screen Traffic*）中探讨了使好莱坞电影得以在全球范围扩展其发行和营销的过程。他分析了发行统计、复合式电影院的建造、美国连锁影院的成功率、观影频率、作为娱乐空间的购物中心兴起以及将电影院当作体验一种“旅行”形式的场所来吸引观众的理念。正如他的解释：

> 这里有一系列在其他任何地方都没有的技术、活动和共同投入。前往电影院的行程、贯通大厅的通道以及食物、饮料和游戏的消费，都是观影的前奏——电影的朦胧光影的前奏——如同为看电影而准备的一部城市或建筑的预告片。依照电影产业机制的广泛分工，生产、发行和展演都为电影商品从生产到消费提供了一种叙事途径。毫无疑问，电影产业机制不仅涉及电影的营销，而且涉及将电影传送至观众，将观众聚集到一起，并为观众观看电影提供一个场所……电影向部分人群的传送、发行和展演也许最好被理解为是在塑造这部分人群……这种塑造不仅限于文本约定这一领域，也包括空间和时间的领域。无论是把它想象成地方活动的产物也好，还是想象为国际大众品味的体现也罢，电影的“何时”与“何地”都是观众结构中的关键元素。（Acland，2003：229～230）

这一分析对于掌握媒体流在实际层面上的运行方式至关重要，它引发了有关信息和图像一旦在“地面”（如生产、发行和消费的场所）

工作完成时的流通方式的更大争论。

然而，当制作出一部好莱坞电影或电视节目时，特定的地点因素在其生产语境下会有多重要？例如，一部电影也许一直在多伦多拍摄，但其场景被设置为纽约。因为制片组成员的雇用费在多伦多没有在纽约那么贵，这就从经济上说得通了。电影的价值也与演员捆绑在一起。所以，一位好莱坞巨星相比于不知名的男女演员而言，更是票房收入的保障。不过，对于一个工作室来说，明星的薪资也会大大高于不知名的演员。实际上，他们是生产、发行和消费的每一过程的重要组成部分。以电影来说，它们通常会考虑到请引人注目的男女演员来拍摄。当发行时，明星会经常到各地旅行，促进放映，而在电影为其消费作准备时，有广泛的影迷基础相当重要，而这一基础时常是通过影迷网站这类更为随意的媒体内容奠定的。

尽管好莱坞是全球电影产品无可争议的中心，但其他媒体都市也以来势汹汹的气势在娱乐和新闻产业内异军突起。正如迈克尔·柯廷（Michael Curtin）解说的那样，这些都市，例如香港，

> 呈现为具有自身特定逻辑的媒体活动中心，它们不一定对应于特定民族国家的地理、利益或政策。例如，香港电视的生产和消费地是台北、北京、阿姆斯特丹、温哥华和吉隆坡。所有这些活动的核心节点是香港，但促成其发展的运筹却并不主要受中国利益的左右，甚至不受“特别行政区”（SAR）的左右。（Curtin，2003：203～204）

所以，在某些城市，这一跨国电视的概念也为媒体的输出打下了基础——作为交流矢量的轴心。在本例中，香港充当了“经济、社会和文化流的复杂模式的交叉点……与其说它是一只容器，不如说它是纽带或交换点”（Curtin，2003：204）。

我们还可以将电影的发行标识在城市构造本身之上。菲尔·哈巴

德（Phil Hubbard，2002，2003）有关英格兰莱斯特市的电影消费（consumption）的位置因素和设计因素的研究，强调了通常位于远离市中心的零售中心或郊区购物广场的复合式电影院的增长。这些复合式电影院都是新建成的，设计的初衷是可提供许多各种不同的电影（大多数复合式电影院通常都提供 15 至 20 块屏幕），其环境也要比传统的市中心电影院舒适得多。这与许多城市的去中心化趋势密切相关，在这些城市，娱乐——以及住房、购物和上学——已转向新的郊区区域。城市中心性（centrality）的衰微和再发现中也存在可对比之处，即在中产阶级化了的邻里街区中出现的支持所谓的“严肃艺术”电影的强烈倾向。这反映了电影产品媒体观众的差异。它还与城市中具有强力空间定位的观众的多样性相关。

总之，库尔德里和麦卡锡提醒我们，随着“电子媒体凭着其他地方和其他（想象的或真实的）空间秩序的图像日益渗透进我们的日常空间，如果讲述一个社会空间故事却不同时讲述一个媒体故事会变得愈加困难，反之亦然”（Couldry and McCarthy，2004：1）。这一主题，在库尔德里的《媒体权力的位置》（*The Place of Media Power*）中得到了较早的开发，提出了需要建立“媒体与领地”间的广泛联系的问题：

> ……在媒体产品中起着重要作用的空间具有特殊的地位：工作室、外景拍摄地、目击新闻事件的场所等等。如果真是如此，那么媒体就不是简单地“覆盖”领地，更别说“瓦解”地方间的界线了。它们不是塑造和重组它，而是制造新的距离——例如工作室与家之间——建设意义重大的新存在、新地方。将这两点合起来看，“媒体框架”涉及在两类地方间的一种错综复杂但相当明确的区分：一类地方是媒体消费在此发生的大量分散的场所，一类是媒体在此得以生产的数量要有限得多的场所。（Couldry，2000：26）

就此意义而言，地方概念可被视为谈论媒体空间和活动时的一个重要方面。不均衡的媒介地理学不仅统辖着媒体的制作、消费和发行之地，而且也务必对将这些地方联系起来的流动性保持敏感。

关键点

- 媒体的生产、发行和消费是现代城市生活构成中的核心活动。
- 认识到这一点非常重要：在如何给媒体定位、媒体化信息如何抵达其消费者市场等方面，观众都是一个关键因素。
- 媒介地理学不仅包括媒体的制作、消费和发行地，而且包括它们从中通过的节点（或媒体资本）。

5.3　公共空间 (PUBLIC SPACE)

公共空间已经成为当代城市学术界内部的核心战场之一。虽然大多数城市理论家都承认，公共空间是城市生活的一个关键维度，但到底什么是公共空间，或它真正应当是什么，却没有任何简单明了的定义。从其最基本的意义而言，公共空间就是指为公众所共同使用的空间。然而，“公共”这个词涵盖了一系列范围广泛的不同关系使事情变得复杂起来。公共一词可以如我们已经提议的那样被简单地用作集体的同义词。从公共这个概念的一个更正规的引伸意义而言，它可以指为国家所拥有和控制的空间。此处，这个词的双重意义一目了然，因为尽管某些特定种类的公共建筑和空间，如公共图书馆、博物馆、公园、海滨浴场等等，事实上是向所有人开放的，但还有许多其他的公共建筑和空间的进入条件更为苛刻。议院、行政办公室、警察局、水库——这里仅举几例——只向普通民众提供限制性的、高度管控的进入权，虽然它们是为了公众而存在的。在这种情况下，公众事实上指的是一个合法的实体，公共一词在概念上被等同于国家及其公民。与它们的用途比较，这些空间的公共性（public-ness）更与它们为公众所拥有的性质相关。

当我们想到那些既不为集体所拥有又不为集体所管理、却又在某种意义上是“公共的”一系列空间和机构时，事情变得更为错综复杂起来。小酒馆，或酒吧，以向普通民众——即公众——提供盛情款待而著称，它仅与基于严格定义的会员资格或邀请才可获得盛情款待的私人俱乐部或私人会所的空间形成了对照。公共的这一概念建立在所有希望——并可负担得起——使用它的人都可进入的理念基础之上。它不是基于所有权——大部分酒吧都为私人所拥有并由私人来运作。公共的一个平行概念体现在购物专区和大型购物广场中。在购物专区，情况多少有些令人困惑，因为在大多数——但并不是说全部——情况下，此类专区的人行道为公众所拥有。可是，商店和其他便利设施的内部空间就如同在大型购物中心的例子中一样，并不为公众所有。至少从法律上说，它们相当清楚地属于私人财产。可是，从实践上和日常经验的角度看，它们却是公共的。它们向公众开放，并从公众那里获取生命力。最后，“公共”还有一个松散地标识于公共空间之上的意义。这一用法仅指这样一个事实：有些东西是向普通民众“陈列着”，而且它是种十分常见的传播。而且这里面有一系列的意义。有人寻求公开性，或使一个事件公之于众，有人出版书籍或文章，有人摆出自己的“大众面孔”，而演员或表演者则会在自己的公众面前表演。

公共空间与公共领域

如果说有关公共是什么、某件事物怎样才能变成公共的以及公共性的实质是什么的观点远不够明确的话，直到最近，城市地理学罕见地努力去克服这种模糊性。在城市地理学内部，作为为公众所拥有、向所有人开放、以及一个人可在那里合法地申明政治主张之处——我们可以称之为公共空间的“共和传统”，因为公共空间见证了作为民主生活核心的充满活力的城市公众的培养（参见 Amin and Thrift, 2002）——这一概念已左右了大多数公共空间的理论化过程。

这一思维传统要感谢两个先驱性文本：德国哲学家尤尔根·哈贝马斯（Jürgen Habermas）初版于 1962 年（英文版是在 1989 年）的《公共领域的结构转型》（*The Structural Transformation of the Public Sphere*），以及美国社会学家和历史学家理查德·桑内特（Richard Sennett，1977）的《公众的衰落》（*The Fall of Public Man*）。这两部著作都呈现了自 17 世纪末叶以来现代民主公民这一概念的兴起历史。两者也都认为，这一兴起中的核心因素涉及从封建统治阶级的管辖中独立出来的地方和机构的创建。最后，两者都认为，大多数西方民主政体在 20 世纪后半叶都曾目睹了在公共生活的陡然衰落。根据哈贝马斯的论点，新近才异军突起的商人和商业阶级逐渐发展出了一系列公共机构——在艺术、文学和商业领域——它们围绕着个人平等和合理原则这一激进观点而建立。哈贝马斯发现，在资产阶级的公共领域中，私人、公众和国家达到了特殊的平衡，他认为就其内容而言，这种公共领域，正在——为那些包括在其中的人——提供一种真正意义上的平等主义的公共范畴。

桑内特讲述了一个略有不同的故事。与哈贝马斯相比，他更关注构成城市公共生活——街头生活、剧院、在咖啡馆喝咖啡、去城市公园游玩，等等——互动性的实质。桑内特探讨了 18 世纪和 19 世纪上半叶欧洲的一系列别具特色的古怪格调如何参与了作为一种包罗万象的公共范畴的具体体现的城市概念的崛起。与整个 18 世纪的皇权专制的腐朽和宫廷重要性的衰落并驾齐驱的，是早期现代大都会的“公共便利设施”使用的彻底民主化。桑内特认为，这一民主化的一个关键部分涉及坚持不懈地寻找并尝试组织和安排这种新兴的公共领域的方法。这牵涉到什么是公共和什么是私有这两个概念间严格意义上的区分，它还导致了从本质上是作为一种戏剧性空间的公共空间概念的出现——在这种空间中，人们通过由技艺和表演构成的错综复杂的仪式来进行互动。

消费、城市奇观、城市收复失地运动与公共空间的终结

正如我们已经提及的，哈贝马斯和桑内特认为，这些民主成就正在当代社会中遭到破坏。在哈贝马斯看来，这种衰落的源头是由自我指向的消费主义的兴起、媒体的商业化、媒体与资本主义国家的日益勾结等构成的复杂组合。在桑内特看来，衰落的由来有些更为微妙：自我真实性这一概念的出现，加上大众媒体和人们看待公开亮相方式中的变化，破坏了早期那些使朝气蓬勃的城市生活得以繁荣发展的机构。

无论是哈贝马斯还是桑内特都不是怀旧的思想家。他们不希望重写衰落的历史。但他们的论点——尽管它们存在细微精妙的差别——却为许多此后的公共空间研究提供了一种基本的叙事样板，而此样板在有关城市公共空间公共性的某种类型的历史衰落或腐朽的观点中居于核心位置。因此，如果说有一件事是大多数城市地理学家似乎都能一致表示赞同的话，那就是：赋予我们城市的公共生活以活力的传统的公共空间在某种程度上正陷于危境之中。

哈贝马斯和桑内特的文本是城市地理学关于公共空间写作的共和传统中重要的文本（即使现在经常是被人遗忘的或被低估的，甚至是被忽略的）。不过，迈克尔·索金（Michael Sorkin，1992）主编的论文集《主题公园之变迁：新美国城市与公共空间的终结》（*Variations On A Theme Park*：*The New American City and the End of Public Space*）是本实实在在地对城市地理学与公共空间结合的轨迹进行了定义的书。它与马歇尔·伯曼（Marshall Berman，1982）更早出版的《一切坚固的东西都烟消云散了》（*All That is Solid Melts into Air*）一道，重新架构并重申了一座城市的城市公共空间是这座城市的社会和政治健康的核心指标这一观点。不过，非常关键的是，索金及其合作者提出的有关公共空间的衰落——其实是“终结”！——的解说将公共空间衰落的地理学解释放在了它的正中心。

索金等人对哈贝马斯有关大众消费主义及社会的超媒体化的腐蚀性力量的论点进行了延伸，并使之空间化，进而提出，它们可以探寻出美国城市中的新城市范式的崛起。从表面上看，许多这种“新城市”（Sorkin，1992：xii）似乎具有巨大的积极性。在美国各地，政客、地产开发商和中产阶级社群正在重新发现城市生活的乐趣。诸如老城区的中产阶级化之类的过程，加上节日市场、露天市场、农夫市场、接待性商业街以及形形色色的生活方式指向的城市再生主题，已经改变并显然复兴了美国较大城市的所有区域。

但索金等人认为，这种新都市风格，以及居于其核心位置的公共空间，更像是一种假象而非真实情况。他们指出，新城市“补充了……城市化的传统意义”（Sorkin，1992：xv），其方法是，通过闭路电视、私有化的保安公司以及处罚性细则来调整它们，使之“仅仅成为一张全球性网络的交叉点，对于这张网络而言，时间和空间都是……陈旧过时的”。也就是说，虽说有其“地方”感，但这种城市“复兴”的许多方面都受到资本、公司策略的驱动，其行动的设想和效果都超越了地方的公司。这是一种带有“欺骗性构成”的新城市主义。这种城市主义的组织围绕着

> 一种欺骗的建构而展开，这种欺骗尽管摆出一副熟悉的幸福面容，却在不断地使自己远离（它周围的城市）大多数基本的现实性。这一城市的建筑几乎是纯粹符号性的主题公园建筑，玩弄着嫁接意义的符号游戏。无论此类设计代表着一般的史实性还是一般的现代性，都是基于与广告相同的演绎，即纯粹的可想象性这一观点。（Sorkin，1992：xiv）

因此，尽管这种新城市主义，与被重新发现的都市风格和活跃的公共空间，似乎与它定义着至少从20世纪40年代起的美国城市的成长，但事实上，它只不过是这一无组织的郊区主义的延伸或激进化。

正如郊区城市对公共生活少有建树一样，美国城市的这种新形式也对公共生活毫无贡献。

不过，在《主题公园的变迁》中提出的论点并非没有先行者。戴维·哈维在一篇题为《城市化过程中的灵活积累》（*Flexible accumulation through urbanization*，1987）的文章中指出，自20世纪70年代起，在西方城市内部的公共“奇观和表演”的力量的普遍重新发现，是一种新兴的“灵活积累制度”的城市面孔（Harvey，1989a/1987：271）。在上书中撰写了一章内容的尼尔·史密斯（Neil Smith，1979，1987）在其有关十多年之久的市中心中产阶级化研究的论著中提出了类似的论点。迈克·戴维斯（1990）在《石英之城》中对洛杉矶“防御工事”的解说成了知识分子中的畅销书（亦见Dear and Wolch，1987；Leitner，1990；跟史密斯一样，戴维斯也是《主题公园的变迁》的作者之一）。不过，《主题公园的变迁》明确并定义了某种有显著影响的方法，以了解当代城市公共空间所发生的事。

因此，如乔恩·高斯（Jon Goss，1993，1999）、迈克尔·迭尔（2000）、爱德华·苏贾（1996）和马克·戈特迪纳（Mark Gottdiener，1997）之类的作者已分析了如购物中心、购物广场以及城市市中心之类的各种公共的和准公共的空间藉以变成真正的“城市模拟器”（Davis，1992）的方法，从而可以营造出这样的地方：它提供了一种身为“公共”的一部分的感觉，但事实上它们却是经过校准和煞费苦心编制的制造利润的机器。唐·米切尔（Don Mitchell，2003）和尼尔·史密斯（1996）叙述了所谓的“城市收复失地运动”（urban revanchism）的出现，市中心位置近来颇受欢迎。借此，像曼哈顿下东区这样的无法无天、贫困交加的邻里街区被收回——借助武力或武力威胁的手段并非罕见——以进行再开发。于是，按照这一解说，中产阶级化远不止是一个善意的、新生化的过程，事实上它经常涉及市中心域在整体规模上的、通常是残忍得令人震惊的“净化”和“平定”，为的是使它们能够让中产阶级居民感到“安全”。最后，还有一大批作者（参见

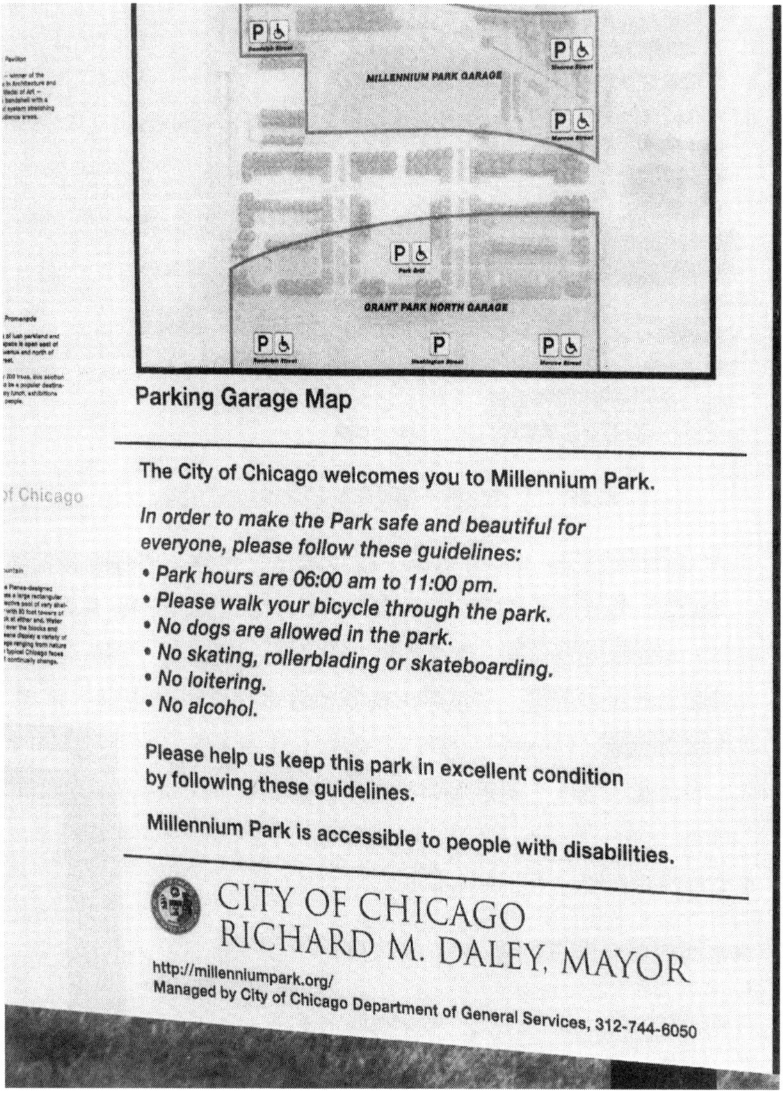

Millennium park garage　千禧停车场

Orant park north garage　奥兰特北停车场

Parking Garage Map　停车场地图

芝加哥市欢迎您来千禧停车场

为了确保大家感受到停车场的安全和优美，请遵守以下准则：
· 停车时间为早 6 点至晚 11 点。
· 请推着自行车走过停车场。
· 停车场禁止遛狗。
· 禁止溜冰、滑旱冰或玩滑板。
· 禁止闲逛。
· 禁止饮酒。
请遵守这些准则以帮助我们保持停车场的良好状况。
千禧停车场向残疾人开放。

芝加哥市
市长理查德·M. 戴利
http：//millenniumpark.org/
由芝加哥市公共设施部管理，312－744－6050

图 5.3.1　芝加哥千禧停车场的公共空间守则

Brenner and Theodor，2002）追踪了政策的运行线路，通过这样的线路，支撑这一新城市主义的公共政策——私有化政策、公共/私人合伙人政策、零容忍监管政策、政府企业主义政策，等等——得到了持续，而且事实上不仅在美国，在世界上的其他许多地方也都得到了再现。虽然在前期哈维（Harvey，1987）已经写了有关新城市的“灵活积累制度”的论著，尼尔·勃伦那和尼克·西奥多（Neil Brenner and Nik Theodore，2002a，b；Peck，2005；亦见 Smith，2002）现在则在谈论全球各地普遍存在的“新自由城市主义”。

公共空间的终结？真的吗？

通过对这些分析的搜集，城市地理学来到了一处城市风景地，在这里，公共空间已被彻底地（或近乎彻底地）榨干。公共空间的终结这一观念拥有真正的叙事戏剧性。它还提供了一个直截了当且通俗易懂的故事。随着由利己主义的城市精英、大公司以及在民主方面反应迟钝的新自由主义国家构成的反派角色得以识别，再加上诸如景象、收复失地运动、私有化、新自由主义以及（再加上）全球化之类的易于定义的元概念，可供利用的角色和场景济济一堂，令人注目。这在很大程度上解释了它在城市地理学中的普及性。不过，它是一种在许多方面都存在着缺陷的论点，或者说是一系列的论点（参见 Amin and Thrift，2002；Latham，2003b；Bell，2007；Iveson，2007）。

首先，它之所以有缺陷，是因为它建立在以经验为主的薄弱的分析基础之上。尽管有可能找到理论家们描述的公共空间之衰落/终结的所有趋势的例子，但也同样有可能找到一系列同样具有说服力的反例。例如，大卫·莱（1996）提出了与史密斯提供的市中心中产阶级化解说大相径庭的解释，认为它全方位地为加拿大城市的公共空间增添了活力。而且，如果说纽约受到了一种城市收复失地运动的驱动的话，那么像苏黎世这样的城市该放在这一解说的哪个部位才合适呢，因为它的绿/红联合市政府为各种各样的公共空间都赋予了极高的价值？（参见 Bratzel，1999；Boesch，2001）其次，就概念而言，这一文献是基于对什么是“真正的”公共空间的狭隘阐释而展开。通过强调“纯粹的”公共空间（为“公众”所拥有、使用和管理的空间）这一理想化概念，任何远离这一理想标志的运动都有可能对城市的公共生活造成危险（参见 Iveson，2007）。第三，这一文献的相当一部分的急迫性，来自于相信真正属于公众的公共空间对于维系民主生活至关重要。不过，正如阿什·阿敏和奈杰尔·思里夫特（2004：232）所注意到的，由于其他地方的转变，这也许是个越来越少的例子：“公共区域和公共文化对于城市而言不再是可缩减的（由于实际的和有距离的归属与交流网络的兴起）。”第四，这种有关公共空间之衰落/终结的文献未得到充分的整理，以便记录各种证实了公共空间正在以各种方式被集体性地再想象、再创造和再激活的新兴趋势（Latham，2003b；Latham and McCormack，2008）。

日常城市主义，新城市公众

那么，城市地理学怎样才能用从这种衰落叙事转移开去的方式来开始思考公共空间？开拓人文地理学对公共空间的概念化的第一种途径是扩展它的公共性的定义。相比于“追寻一种单一的、包罗万象的公共空间”（Crawford，1999：23；亦见 Iveson，2007），城市地理学家可以寻找通过大众使用，城市空间被占据或重造的多种多样的方式。这里面的重中之重，是需要更加细致地建构城市公共空间与城市公共文化和商业之间的关系。正如我们已经看到的，商业在哈贝马斯和桑内特有关定义 18 和 19 世纪城市朝气蓬勃的公共空间和公共文化的分析中扮演了一个核心角色（其实在马歇尔·伯曼的《一切坚固的东西都烟消云散了》中也是如此），而城市地理学需要发现商业何以能够且确实地从各个方面为城市文化增添活力。像克劳福德（Crawford，1999）这样的作者，或如艾丽卡·拉帕波特（Erika Rappaport，2000）这样的女权主义城市历史学家，或者，就在伯曼（2006）最近出版的《论城镇》（*On the Town*）一书中，都提供了如何来完成这一切的例证。

开拓城市地理学关于公共空间和公共性的概念化的第二种途径，是探索在城市内部出现的集体生活的新形式，并思考这些新形式是如何栖身于城市空间并赋予其活力的。如“募捐长跑”、快闪族、城市沙滩和危险的大规模自行车骑行之类的五花八门的事件，所表明的不仅仅是社会性的新形式，它们还强调了公共空间和公共集会对于城市生活的持续不衰的重要性（参见 Amin and Thrift，2002；Latham and McCormack，2008）。城市地理学可以开拓有关公共空间概念的第三种也是最后一种途径，是反思构成公共空间及其公共性的**物质性**（materialities）。例如，占据公路和高速公路之类的空间。此类空间通常被视为缺乏公共内涵，实际上主要由私家车所占据。但假如你关注通过公路和高速公路而得到组织的物体或材料，就会形成一个相当不同的画面。一系列完整的公共机构、公共争论、公共忧虑都把焦点放在调节、组织、引导和裁定发生在这些空间中的互动上——想想车速限制、有关饮酒驾车的法律、公路编码、有关赔偿责任的法律、有关全球变暖的争议等等（参见 Sheller and Urry，2003；Latham，2004；Latham and McCormack，2004；Jain，2004；“流动性”这一概念）。这些公共性无疑与曾对如此众多的城市地理学有关公共空间的论著产生了影响的公共空间的共和观念大不相同，甚至格格不入。但它们确实指向了城市藉以继续产生充满活力的共有空间的所有方式，同时也指向了范围全面的一系列挑战和公共空间的新政治学。

关键点

• 公共空间指的是向普通民众（公众）开放的空间。从理想的角度而言，这将意味着公共空间要对所有人开放。就实际的事实而言，少有公共空间合乎这一理想。

• 有关公共空间的城市地理学论著一直为“共和传统”所统领。这一传统首先将公共空间视为可以让人们用来发表政治宣言并获得大众认可的空间。

• 许多城市地理学家都认为，当代城市的公共空间正在受到消费主义的兴起、城市空间的壮观化以及对于犯罪和差异的普遍恐惧的侵蚀。

• 这一有关公共空间的衰落乃至消亡的叙事提供了关于正塑造着当代城市公共空间和公共文化趋势的狭隘的、时常以经验为主的薄弱的分析。

• 通过关注定义城市生活的平凡的物质性，我们有可能发现各种各样有趣而有益的方式，当代城市公共空间正被重新想象并重新获得活力。

5.4 纪念（COMMEMORATION）

历史事件、记忆和人都以许多方式被加以纪念。它们可能以雕像、建筑物、雕塑、墓碑以及其他此类公共建设工程的形式得以呈现。此类纪念可以通过国家认可得到正式举办，如通过政府对新纪念碑的赞助或授与建筑许可。或者，它可以更为有组织地或自发地发生，譬如民众远行至肯辛顿宫去纪念戴安娜王妃之死，或在纽约的归零地周围的公众集会。举行纪念的空间通常都“具有强烈的社会性，因前往（例如）哀悼、争论和抗议的川流不息的人群而充满活力”（Knauer and Walkowitz，2004：1）。这些空间和物体既可通过大规模的社会和政治斗争来被赋予意义，也可通过个体的、小规模的回忆乃至遗忘活动来获取意义。

对于在城市景观内部正式地进行纪念的渴望通常通过一种又一种的纪念碑来得以实现，这些纪念碑一般用通常是坚硬的石头材料建成，旨在使其功能性的寿命最大化，同时也提供一种永恒感。不过，它们不仅仅是一块石制的或金属制的团块。尽管它们在物理形态上坚固稳定，但其社会意义却会随着时间而变化，这向城市地理学家发出了挑战：

> 过去建造的纪念碑可能在时间的长河中默然不动，然后作为一种壮观景象或纪念事件的组成部分而用于庆典，从而再次活跃起来。它们频频从一个被动的空间移入一种动态的使用，然后再恢复故态……这支由杜撰出来的历史构成的交响乐团的演出方式反映了社会中至关重要的权力关系在某一特殊时刻的特殊配置……当代文化地理学因而不是涉及到记录和描述留于地形上的“踪迹”，或是发挥作用产生出这些踪迹的当代经济和政治力量的连结，而是涉及一种权力考古学，它形态多样，千变万化，必须利用大量各式各样的资源来加以详细研究。（Mitchell，2003：446）

所以，解释纪念碑在当代城市社会中的意义（尤其是它们对于旅游活动的中心性）是向地理学家发出的重大挑战（Johnson，2002）。此外，纪念碑的位置也非常重要，它们通常位于公园和广场，这些地方不仅仅是空旷的空间，而且也是有意义的空间，赋予其意义的是不同的、时常是相互竞争的政治精英、历史专家、地方市民团体、记者之类的“舆论制造者”、学术界以及博物馆专业人士。同时也很重要的是，要思考某些建筑物何以仍然为其曾经的居住者所搅扰，例如希特勒的掩蔽壕和猫王的雅园。

记忆政治

毫无疑问，许多最费力气的争论发生在近期的政治冲突领域。1989 年，暴徒将矛头指向东欧和中欧许多地区的斯大林或列宁雕像。在柏林，柏林墙被摧毁；在东部，斯塔西（秘密警察）的总部变成了重要的请愿地。正如卡伦·提尔在《新柏林：记忆、政治与地方》（*The New Berlin*：*Memory*，*Politics and Place*，2005）中指出的，这座城市的城市结构可被视为历史挣扎的重写本。换言之，在许多的建筑物、记忆场所和瓦砾堆中，历史挣扎的各个层面在彼此身上留下了不均匀的烙印。为了挖掘盖世太保恐怖和大屠杀纪念地，提尔完成了一次关于城市中关键地点的民族志学的探索（详细记录这些不同场所的情感的田野笔记），用城市中从博物馆长至历史专家之类的关键的“记忆制造者”进行的访谈记录来为此佐证（亦见 Ladd，1997）。

历史学家和政治地理学家甚至更感兴趣的是，为什么城市不仅在国家领土内充当了核心点，而且在国民叙事、历史的持续讲述中也充当了核心点，这些叙事在学校讲述历史的方式中、政客演讲中谈论历史的方式中、博物馆的展览中、城市的景观中，都得到了表达。在他们力图解释“民族主义运动如何凭借一种独特的历史叙事、文化活动、语言传承和领土意义上的家来认定一个统一的政治社群——一个国家——的存在”（Forest and Johnson，2002：526），他们的兴趣点是城市景观的某些部分何以比其他部分更具象征性，充当了“浓缩之地”：允许人们用简单化、平民化的方式重新讲述复杂的历史故事的地方。

此类例子包括：位于奥斯威辛的博物馆、位于柏林的新卫兵室（Till，2005）、位于伦敦的阵亡将士纪念碑，甚至街道的名称（Crang and Travlou，2001；Edensor，2002）。尽管纪念碑也许是为了纪念一个特殊事件，但随着时间的推移，它们也许会在其他语境中被重新阐释，在转换一个政治事件的性质这一意义上变得重要起来："公共场所中的叙事……可在图像中得到呈现，并被陈列、浓缩、凝聚进纪念碑中，在自然空间中得到再现，或通过故事的讲述加以投射（Knauer and Walkowitz，2004：9）。"

可是，出于若干原因，纪念也有可能存在问题。首先，正式的、由政府资助的纪念事件是偏颇的，因为它们时常强调历史事件的一种特殊的重述，而既然历史通常是冲突性的，那么它就会把某些群体排除在外。例如，马斯顿（Marston，2002）描述了围绕着谁应该被允许参加美国的圣帕特里克日游行而展开的政治争论。其次，它可能"再度唤醒鬼魂"，亦即激起事端。对于纳粹余孽该怎么办？中伤从前的敌人会妨碍稳定的民主协议吗？这些都是1989年后东欧和中欧所面临的问题，而在柏林最为显著（Ladd，1997）。批评家认为，纪念也许致力于"打包"或分类历史，从而关闭了一些人觉得仍然是现场辩论的东西。第三，它也许是精英主义的，正如在许多城市都可见到的皇族雕像（代表着"国王和王后的历史"，而非社会史之类）。例如，许多批评家将英国的一战纪念碑视为过于必胜主义的，代表了一场辉煌的国家胜利，而不是对某些被视为军官精英公然不端行为的重访，这些军官利用从工人阶级中招募来的军队来充当炮灰。

最后，这是记忆与空间之间不可预知的关系的结果，它会出于各种原因并随着时间的推移发生改变。事实上，当代大众媒体的陈述有时会改变对纪念碑的理解。一个例子可见于好莱坞关于苏格兰民族英雄威廉·华莱士（William Wallace）的神话。由于梅尔·吉布森（Mel Gibson）出演的有关华莱士生平的电影《勇敢的心》（*Braveheart*，1995）大获成功，位于苏格兰斯灵顿的历史悠久的华莱士纪念碑变成了重申苏格兰人认同的焦点，并为旅游业和当地商业提供了商机。在思考任何一座纪念碑时，这都是一个重要的思考点。纪念碑的部分体验是由观众带给它们的：他们自身的经验和记忆，他们观看纪念碑的语境，比如当一位游客遵照引导跳上了一辆巴士时，或当一位热切的研究者进行朝圣之旅时。正如蒂姆·埃登索尔（Tim Edensor）所写道的，纪念碑应当“在表演中”观看：

> 表演是个有用的隐喻，因为它使我们得以观察认同藉以制定和再现的方法，它们（重新）构筑了一种集体感的特征。表演的概念还凸显了作为动态的认同，就如同总是处于生产过程中那样……通过将分析扩展至其他戏剧性概念，我们可以进一步探讨发生于其间的此类行为充满意义的语境……通过将象征地点想象为舞台，我们可以探索认同在何处被戏剧化、传播、分享和再生产，以及这些空间是如何得到塑造以许可特殊表演的，还有竞争性的表演是如何既指向壮观场景又指向日常场所的。（Edensor，2002：69）

因此，有越来越多的研究已利用这些戏剧性隐喻来描述纪念碑是如何被政治精英们用作“舞台”的（e. g.，Atkinson and Cosgrove，1998）。

朝圣之旅

纪念碑是城市公共历史的一部分，且时常被当作影响游客及其他城市来访者的交通量的标志。例如，正如埃登索尔在论及泰姬陵时所说：

> 首要的是，作为全球皆知的美的偶像，泰姬陵已成为印度的象征，可是，不同群体却赋予了这座建筑以不同的象征属性。在

> 大多数外国游客看来，该建筑是他们来印度参观的主要原因，因为它在过去的150年时间里，一直被构建成“充满异国情调的东方”标记……另一方面，对大部分印度游客而言，这地方代表着国家的骄傲，其最为特殊之处，是它涉及到不同种族、宗教和文化传统的相互交织，而这被认为象征着印度人在文化合成方面的“天赋”；另外，泰姬陵通常被认定为是将印度次大陆各地的参观者带至此地的地方，也是会见印度同胞的大好地方……围绕泰姬陵的论争是象征之地藉以拥有神秘功能方式的典型例子，通过这种方式，它们可以作为一种文化资源而被广泛共享，其中的一种共识是，它们意义重大，虽然存在于此地位中的价值是可以加以讨论的。(Edensor，2002：46～47)

正如埃登索尔注意到的，泰姬陵这类标志性纪念碑还是神圣的或宗教性的地方，供崇拜者前来表达他们的景仰之情。逝者的坟墓或纪念碑也在此列。

在《猫王之后的猫王》(*Elvis after Elvis*) 这部探讨埃尔维斯·普莱斯利 (Elvis Presley) 所遗留下来的事业的书中，吉尔伯特·罗德曼 (Gilbert Rodman) 证实了猫王神话的力量是如何分别仰赖于其歌迷到孟菲斯的朝圣之旅、数不胜数的大量标有他图像的商品、知识分子及小报记者对他的生与死的兴味，以及因这些元素的结合而产生出的文化 (Rodman，1996：1)。罗德曼认为，猫王之死宣告了一个与声誉有关的概念的到来，它以故居雅园的形式出现，这个空间变成了近乎宗教般圣地的地方，以供这位艺人的歌迷和影迷们加以朝拜，它还推进了猫王身后的事业和神话般的地位。进一步而言，作为一种物质结构，雅园可以让猫王的传奇继续保持下去，它能矗立多久，传奇就会持续多久。正如罗德曼所云：

> 雅园给了猫王某种其他20世纪的美国名人所没有的东西：一

> 处称为“家园”的永恒之地，它像自己的名人居住者一样家喻户晓……雅园极大地改变了他的明星地位的形成，最终孕育了他的非同寻常的身后事业。(1996：99)

时至今日，雅园以多种方式充当着猫王的化身：从精神的角度而言，因为他埋葬在那里；从实质的角度而言，因为他曾住在那里，而且他的亲属们，如女儿丽莎·玛丽（Lisa Marie）和遗孀普里西拉(Priscilla)，仍在继续使用作为他们的家的房屋的某些部分；从商业的角度而言，因为这所房屋的某些部分被用作了博物馆，在那里，参观者们可四处参观这所宅第。所以，在这个例子中的纪念如同泰姬陵一样，与游客的活动，即“朝圣”和旅行，联系在了一起。

媒体事件与“黑色旅游”

城市中的纪念碑的角色日益发生着变化。尤其是，见诸于雕像的静态纪念受到了媒体事件的挑战或重构，正如达扬和卡茨（Dayan and Katz，1992：5）所言，这些媒体事件“吸引并迷住了大量观众、一个国家乃至几个国家”。此类事件还构造了发生在其间的城市。正如伦农(Lennon）和福利（Foley）所认为的那样，

> 媒体的发展和受到传播驱动的旅游动机是20世纪后期的一个特征，从根本上说，这是因为这些技术使全球性事件的传送迅疾如风，好像它们就发生在当地一样（例如，通过电视和其他新型媒体）。这些图像随后通过其他媒体形式被再行制作和强化（如电视和小说）。(1999：46)

这些联系常常在事件发生之后成群结队地前往事发地参观的人而变得具体化。“9·11”事件之后，来自世界各地的大量人群前往被命名为“归零地”的遗址“朝圣”。在悲剧发生的数月后，这个地方作为

一个旅游目的地而声名鹊起：

> 归零地这个地点本身也变成了政客和高官们参观期间摆姿势照相的重大象征性背景，也是新闻播报的背景。一旦这个地方变得安全，而且恢复及清理的努力得到良好的组织，它便迅即变成了一个有组织的圣地和旅游胜地。（Abrams，Albright and Panofsky，2004：208）

这种类型的旅游胜地在“爱国主义旅游”（Greenberg，2003：412）与“黑色旅游”（Lennon and Foley，2000）的间隙中艰难落位，在爱国主义旅游中，游客出于历史或民族主义的原因前去参观意义重大的国家地标、建筑或自然景物，而在“黑色旅游”中，参观者前往“在某些方

图 5.4.1　在位于归零地附近的圣保罗教堂举行的“9·11”袭击事件的纪念活动。

面与死者相关的地点（如谋杀地点、死亡地点、战场、墓地、陵园、教堂墓地、已故名人的故居）”旅行（Lennon and Foley，2000：4）。

归零地的观光塔在袭击后的一年里接待了180万参观者，而在2003年——尽管该平台已不复存在——这个数字翻了一番，吸引了360万游客。这意味着，该地点实际上成了曼哈顿最具吸引力的地方之一（Greenberg，2003）。归零地本身的临时性纪念物包括各个国家的国旗、消防和警察部门的T恤衫和徽章、泰迪熊、蜡烛、花环和位于该场所对面的圣保罗教堂篱笆上的失踪者照片。在悲剧发生后的数年时间里，这些人工制品被陈列在博物馆中，时常在美国各地巡展。

总之，对城市环境的干预是种蓄意的努力，为的是构建一个有关过去（当然，还有现在）的故事。它们常常是争论之源，尤其是在政权变更之时（如在柏林和其他1989年以后的后共产主义时代城市）。有关纪念碑位置的地理非常重要：就如雕像或纪念碑的审美和形式一样。纪念碑会因熟视无睹而变为不可见的吗？米切尔清楚地道出了一个尤具洞见性的案例，说明地理学可以向这些问题发难：

> 作家和历史学家们常常对空间、时间、记忆和回忆之间的关联具有一种极其抽象的理解，但地理学家倾向于通过与特殊建筑物、人行道、纪念碑和街景相关的日常习惯和时刻，坚持不懈地、且更加细致地追寻，寻找记忆在实际的、现实的景观中变得具象化的准确途径。(2003：455)

所以，尽管城市的历史和纪念常常首先被视为一种时间关系，但它也具有强大的空间性，地理学家们已整装待发，准备去探索这种空间性。

关键点

- 纪念碑以许多不同的形式出现，是供人们进行哀悼、争辩和抗议的公共空间。它们充当了重大事件及事件主角的标志。

• 媒体事件向具有作为纪念对象之功能的纪念碑的传统角色发出了挑战。媒体事件还可以是把人与地方联系起来的纪念活动。

• 前往参观纪念碑或拥有纪念碑的城市的旅游不仅是纪念性的，也是商业性的。纪念品、照片和 T 恤衫只是游客们可以随身带走的几样具体物品而已。

参考书目

Abrams, C.B., Albright K. and Panofsky, A. (2004) 'Contesting the New York Community: From Liminality to the "New Normal" in the Wake of September 11', *City and Community*, 3(3): 189–220.

Acland, C.R. (2003) *Screen Traffic: Movies, Multiplexes, and Global Culture*, Durham, NC and London: Duke University Press.

Adey, P. (2007) Surveillance at the airport: surveilling mobility/mobilising surveillance, *Environment and Planning A*, 36: 1365–1380.

Adorno, T. (2001) *The Culture Industry*, London: Routledge.

Adorno, T. and Horkheimer, M. (2002) *Dialectic of Enlightenment*, Stanford, CA: Stanford University Press.

Agamben, G. (1998) *Homo Sacer: Sovereign Power and Bare Life*, Stanford, CA: Stanford University Press.

Albrecht, J. (2007) *Key Concepts and Techniques in GIS*, London: Sage.

Allen, C. (2007) 'Of urban entrepreneurs or 24-hour party people? City-centre living in Manchester, England', *Environment and Planning A*, 39: 666–683.

Allen, J., Cochrane, A. and Massey D. (1998) *Rethinking the Region: Spaces of Neo-Liberalism*, London: Routledge.

Allen, J., Massey, D. and Pryke, M. (eds) (1999) *Unsettling Cities*, London: Routledge.

Allen, S. (1999) *Points + Lines: Diagrams and Projects for the City*, New York: Princeton Architectural Press.

Allon, F. (2004) 'An ontology of everyday control: space, media flows and "smart living" in the absolute present', in N. Couldry and A. McCarthy (eds), *MediaSpace: Place, Scale and Culture in a Media Age*, London: Routledge.

Amin, A. (2002) 'Spatialities of globalisation', *Environment and Planning A*, 34: 385–399.

Amin, A. (2007) 'Re-thinking the urban social', *City*, 11(1): 100–114.

Amin, A. and Graham, S. (1997) 'The Ordinary City', *Transactions of the Institute of British Geographers*, NS, 22(4): 411–429.

Amin, A. and Thrift, N. (2002) *Cities: Reimagining the Urban*, Cambridge: Polity.

Amin, A. and Thrift, N. (2004) 'The "emancipatory" city?' in L. Lees, (ed.) *The Emancipatory City: Paradoxes and Possibilities*, London: Sage. pp. 231–235.

Anderson, B. (1983) *Imagined Communities*, London: Verso.

Anderson, K.J. (1988) 'Cultural hegemony and the race-definition process in Chinatown, Vancouver: 1880–1980', *Environment and Planning D: Society and Space*, 6(2): 127–149.

Anderson, K.J. (1991) *Vancouver's Chinatown: Racial Discourse in Canada, 1875–1980*, Montreal: McGill-Queen's University Press.

Anderson, K.J. (1995) 'Culture and nature and the Adelaide zoo: at the frontiers of "human" geography', *Transactions of the Institute of British Geographers*, 20(3): 275–294.

Anderson, K.J. (1998) 'A walk on the wild side: a critical geography of domestication", *Progress in Human Geography*, 21(4): 463–485.

Anderson, K.J. (1999) 'Introduction', in F. Gale and K. Anderson (eds), *Cultural Geographies,* second edition, Melbourne: Addison Wesley Longman. pp. 1–21.

Anderson, K.J. and Jacobs, J.M. (1999) 'Geographies of publicity and privacy: Residential activism in Sydney in the 1970s', *Environment and Planning A,* 31(6): 1017–1030.

Andrejevic, M. (2004) *Reality TV: The Work of Being Watched,* New York: Rowman and Littlefield.

Appadurai, A. (ed.) (1986) *The Social Life of Things: Commodities in Cultural Perspective,* Cambridge: Cambridge University Press.

Appadurai, A. (1990) 'Disjuncture and difference in the global cultural economy', *Theory, Culture and Society,* 7: 295–310.

Appadurai, A. (1996) *Modernity at Large: Cultural Dimensions of Globalization,* Minneapolis: University of Minnesota.

Atkinson, D. (1998) 'Totalitarianism and the street in fascist Rome', in N. Fyfe (ed.), *Images of the Street: Planning, Identity and Control in Public Space,* London: Routledge. pp. 13–30.

Atkinson, D. (2007) 'Kitsch geographies and the everyday spaces of social memory', *Environment and Planning A,* 39(3): 521–540.

Atkinson, D. and Cosgrove, D. (1998) 'Urban rhetoric and embodied identities: city, nation and empire at the Vittorio Emmanuele II monument in Rome, 1870–1945', *Annals of the Association of American Geographer,* 88(1): 28–49.

Attfield, J. (2000) *Wild Things: the Medical Culture of Everyday Life,* Oxford: Berg.

Augé, M. (1995) *Non-places: Introduction to an Anthropology of Supermodernity,* London: Verso.

Balshaw, M. and Kennedy, L. (eds) (2000) *Urban Space and Representation,* London: Pluto Press.

Barber, S. (2002) *Projected Cities: Cinema and Urban Space,* London: Reaktion Books.

Barley, N. (ed.) (2000) *Breathing Cities: The Architecture of Movement,* Berlin: Birkhäuser.

Barnes, T.J. (2003) 'The place of locational analysis: a selective and interpretive history', *Progress in Human Geography,* 27: 69–95.

Barnes, T.J. (2005) 'The 1990s show: culture leaves the farm and hits the streets', in B.J.L. Berry and J.O. Wheeler (eds), *Urban Geography in America, 1950–2000: Paradigms and Personalities,* New York: Routledge. pp. 311–326.

Barnett, C. (2003) 'A critique of the cultural turn', in J.S. Duncan, N.C. Johnson and R.H. Schein (eds), *A Companion to Cultural Geography,* Oxford: Blackwell. pp. 38–48.

Barthes, R. (1972) *Mythologies,* London: Vintage.

Batty, M. (2005) *Cities and Complexity: Understanding Cities with Cellular Automata, Agent-based Models, and Fractals,* Cambridge, MA: MIT Press.

Batty, M. (2006) 'Digital cornucopias: changing conceptions of the virtual city', *Environment and Planning B: Planning and Design,* 33: 799–802.

Batty, M. and Smith, A. (2002) 'Virtuality and cities: Definitions, geographies, Designs', in P.F. Fisher and D.B. Unwin (eds), *Virtual Reality in Geography,* London: Taylor and Francis. pp. 270–291.

Baudrillard, J. (1988) *America,* London: Verso.

Bauman, Z. (2001) *Community*, Cambridge: Polity.
Beauregard, R.A. (1993) *Voices of Decline: The Postwar Fate of US Cities*, Cambridge, MA: Blackwell.
Beaverstock, J.V., Smith, R.G. and Taylor, P.J. (2000) 'World-city network: a new metageography?', *Annals of the Association of American Geographers*, 90(1): 123–134.
Beaverstock, J.V. (2002) 'Transnational elites in global cities: British expatriates in Singapore's financial district', *Geoforum*, 33(4): 525–538.
Beaverstock, J.V. (2005) 'Transnational elites in the city: British highly-skilled inter-company transferees in New York City's financial district', *Journal of Ethnic and Migration Studies* 21(2): 245–268.
Beckman, J. (2001) 'Automobility – a social problem and theoretical concept', *Environment and Planning D: Society and Space*, 19: 593–607.
Bell, C. and Newby, H. (1972) *Community Studies: An Introduction to the Sociology of the Local Community*, London: Harper Collins.
Bell, D. (2007) 'The hospitable city: social relations in commercial settings', *Progress in Human Geography*, 31(1): 7–22.
Bell, D. and Valentine, G. (eds) (1995) *Mapping Desire: Geographies of Sexuality*, London: Routledge.
Bell, D. and Valentine, G. (1997) *Consuming Geographies: We Are Where We Eat*, London: Routledge.
Bell, D. and Jayne, M. (eds) (2006) *Small Cities: Urban Experience Beyond the Metropolis*, Abingdon: Routledge.
Benjamin, W. (1999) *Illuminations*, London: Pimlico.
Bennett, J. (2001) *The Enchantment of Modern Life: Attachments, Crossings, Ethics*, Princeton, NJ: Princeton University Press.
Berman, M. (1982) *All That is Solid Melts into Air*, London: Verso.
Berman, M. (2006) *On the Town: One Hundred Years of Spectacle in Times Square*, New York: Random House.
Berry, B.J.L. (1973) *The Human Consequences of Urbanisation: Divergent Paths in the Urban Experience in the 20th Century*, London: Macmillan.
Berry, B.J.L. and Wheeler, J.O. (2005) *Urban Geography in America, 1950–2000*, New York: Routledge.
Bialasiewicz, L. (2006) 'Geographies of production and the contexts of politics: dislocation and new ecologies of fear in the Veneto *città diffusa*', *Environment and Planning D: Society and Space*, 24: 41–67.
Bingham, N. (1996) 'Object-ions: from technological determinism towards geographies of relations' *Environment and Planning D: Society and Space*, 14: 635–657.
Biressi, A. and Nunn, H. (2003) 'Video justice: crimes of violence in social/media space', *Space and Culture*, 6: 276–291.
Bishop, P. (2002) 'Gathering the land: the Alice Springs to Darwin rail corridor', *Environment and Planning D: Society and Space*, 20: 295–317.
Bladerunner (1980) Directed by Ridley Scott.
Blunt, A. and Dowling, R. (2006) *Home*, London: Routledge.
Boesch, H. (2001) *Die sinnliche Stadt: Essays zur modernen Urbanistik*, Zürich: Nagel & Kimche.
Borden, I. (2001) *Skateboarding, Space and the City: Architecture and the Body*, Oxford: Berg.

Bourdieu, P. (1977) *Outline of a Theory of Practice*, Cambridge: Cambridge University Press.
Bourne, R. (1916) 'Trans-national America', *Atlantic Monthly*, 118 (July): 86–97.
Boyer, C. (1996a) *Cybercities,* New York: Princeton Architectural Press.
Boyer, C. (1996b) *City of Collective Memory,* Cambridge MA: MIT Press.
Bratzel, S. (1999) 'Conditions of success in sustainable urban transport policy—policy change in 'relative successful' European cities', *Transport Reviews*, 19, 2: 177–190.
Brenner, N. and Keil, R. (2006) *The Global Cities Reader,* Abingdon: Routledge.
Brenner, N. and Theodore, N. (eds) (2002) *Spaces of Neoliberalism: Urban Restructuring in North America and Western Europe*, Oxford: Blackwell.
Brenner, N. and N. Theodore (2002) 'Cities and the Geographies of "Actually Existing Neoliberalism"', *Antipode,* 34(3): 349–379.
Breward, C. and Gilbert, D. (eds) (2006) *Fashion's World Cities*, Oxford: Berg. Bridge, G. (2005) *Reason in the City of Difference,* London: Routledge.
Brown, M. (1995) 'Ironies of distance: an ongoing critique of the geographies of AIDS', *Environment and Planning D: Society and Space,* 13(2): 159–183.
Brown, M. (1999) 'Reconceptualizing public and private in urban regime theory: governance in AIDS politics', *International Journal of Urban and Regional Research,* 23(1): 45–69.
Brunhes, J. (1920) *Human Geography,* Chicago: Rand McNally.
Bunnell, T. (1999) 'Views from above and below: the Petronas Twin Towers and/in contesting visions of development in contemporary Malaysia', *Singapore Journal of Tropical Geography,* 20(1): 1–23.
Bunnell, T. (2004a) *Malaysia, Modernity and the Multimedia Super Corridor: A Critical Geography of Intelligent Landscapes,* London: Routledge.
Bunnell, T. (2004b) 'Re-viewing the *Entrapment* controversy: Megaprojection, (mis)representation and postcolonial performance', *GeoJournal*, 59(4): 297–305.
Burgess, E. (1925) 'The growth of the city: An introduction to a research project', in R. Park, E. Burgess and R. McKenzie (eds), *The City,* Chicago: University of Chicago Press.
Buttimer, A. (1978) 'Charisma and context', in D. Ley, and M. Samuels (eds) *Humanistic Geography: Prospects and Problems*, Chicago: Maaroufa Press.
Caldeira, T. (2000) *City of Walls: Crime, Segregation, and Citizenship in Sao Paulo,* Berkeley: University of California Press.
Calvert, C. (2000) *Voyeur Nation: Media, Privacy, and Peering in Modern Culture,* Boulder, CO: Westview Press.
Castells, M. (1989) *The Informational City,* Oxford: Blackwell.
Castells, M. (1997) *The Power of Identity,* Oxford: Blackwell.
Clarke, D.B. (ed.) (1997) *The Cinematic City*, London: Routledge.
Chung, C.J. (ed.) (2002) *The Harvard Design School Guide to Shopping,* Cologne: Taschen.
Cloke, P., Philo, C. and Sadler, D. (1991) *Approaching Human Geography: An Introduction to Contemporary Theoretical Debates,* New York: Guilford.
Coaffee, J. (2004) 'Rings of steel, rings of concrete and rings of confidence: designing out terrorism in Central London pre and post September 11th', *International Journal of Urban and Regional Research,* 28(1): 201–211.

Cody, J.W. (2003) *Exporting American Architecture*, 1870–2000, London: Routledge.
Cocks, C. (2001) *Doing the Town: The Rise of Urban Tourism in the United States, 1850–1915*, Berkeley: University of California Press.
Conradson, D. and Latham, A. (2005) 'Transnational urbanism: attending to everyday practices and mobilities', *Journal of Ethnic and Migration Studies*, 21(2): 227–233.
Conradson, D. and Latham, A. (2007) 'The experiential economy of London: Antipodean transnationals and the overseas experience', *Mobilities*, 2(2): 231–254.
Cook, I. and Harrison, M. (2003) 'Cross over food: re-materializing postcolonial geographies', *Transactions of the Institute of British Geographers*, 28: 297–317.
Couldry, N. (2000) *The Place of Media Power: Pilgrims and Witnesses of the Media Age*, London: Routledge.
Couldry, N. and McCarthy, A. (2004) 'Introduction. Orientations: mapping MediaSpace', in N. Couldry and A. McCarthy (eds), *MediaSpace: Place, Scale and Culture in a Media Age*, London: Routledge. pp. 1–18.
Cox, K. (1993) 'The local and the global in the new urban politics: a critical review', *Environment and Planning D: Society and Space*, 11: 433–448.
Cox, K. (1998) 'Spaces of dependence, spaces of engagement and the politics of scale, or: looking for local politics', *Political Geography*, 17: 1–23.
Crabtree, L. (2006) 'Disintegrated houses: exploring ecofeminist housing and urban design options', *Antipode*, 38(4): 711–734.
Crang, M. and Travlou, P.S. (2001) 'The city and topologies of memory', *Environment and Planning D: Society and Space*, 19(2): 161–177.
Crang, P. and Dwyer, C. (2002) 'Fashioning ethnicities: the commercial spaces of multiculture', *Ethnicities*, 2(3): 410–430.
Crang. P., Dwyer, C. and Jackson, P. (2003) 'Transnationalism and the spaces of commodity culture', *Progress in Human Geography*, 27(4): 438–456.
Crang, M., Graham, S. and Crosbie, T. (2006) 'Variable geometries of connection: urban digital divides and the uses of information technology', *Urban Studies*, 43: 2551–2570.
Crawford, M. (1999) 'Blurring the boundaries: public space and private life', in J. Chase, M. Crawford and J. Kaliski, (eds), *Everyday Urbanism*, New York: Monacelli Press. pp. 22–35.
Cresswell, T. (2006) *On the Move: Mobility in the Modern Western World*, London: Routledge.
Crewe, L. (2001) 'The besieged body: geographies of retailing and consumption', *Progress in Human Geography*, 25(4): 629–640.
Crewe, L. and Gregson, N. (1998) 'Tales of the unexpected: exploring car boot sales as marginal spaces of consumption', *Transactions of the Institute of British Geographers*, 23: 39–53.
Crewe, L. and Lowe, M. (1995) 'Gap on the map? Towards a geography of consumption and identity', *Environment and Planning A*, 27: 1877–1898.
Crilley, D. (1993) 'Megastructures and urban change: aesthetics, ideology and design', in P.L. Knox (ed.), *The Restless Urban Landscape*, Englewood Cliffs, NJ: Prentice Hall. pp. 127–164.
Cronin, A. (2006) 'Advertising and the metabolism of the city: urban space, commodity rhythms', *Environment & Planning D: Society and Space*, 24(4): 615–632.

Cronon, W. (1991) *Nature's Metropolis: Chicago and the Great West,* New York: W.W. Norton.
Crouch, D., Jackson, R. and Thompson, F. (eds) (2005) *The Media and the Tourist Imagination: Converging Cultures*, London: Routledge.
Cunningham, S. (2004) 'The creative industries after cultural policy: a geneology and some possible preferred futures', *International Journal of Cultural Studies*, 7(1): 105–115.
Curtin, M. (2003) 'Media capital: towards the study of spatial flows', *International Journal of Cultural Studies*, 6(2): 202–228.
Darian-Smith, E. (1999) *Bridging Divides: The Channel Tunnel and English Legal Identity in the New Europe,* Berkeley: University of California Press.
Datta, K., McIlwaine, C., Evans, Y., Herbert, J., May, J. and Wills, J. (2007) 'From coping strategies to tactics: London's low-pay economy and migrant labour', *British Journal of Industrial Relations* 45(2): 404–432.
Davis, M. (1990) *City of Quartz: Excavating the Future in Los Angeles*, London: Vintage.
Davis, M. (1992) *Beyond Blade Runner: Urban Control, the Ecology of Fear*, Westview, NJ: Open Media.
Davis, M. (1998) *Ecology of Fear: Los Angeles and the Imagination of Disaster*, New York: Metropolitan Books.
Davis, M. (2000) *Magical Urbanism: Latinos Reinvent the American City*, London: Verso.
Dayan, D. and Katz, E. (1992) *Media Events: The Live Broadcasting of History*, Harvard University Press, Cambridge, Massachusetts.
Dear, M. (1987) 'The postmodern challenge: re-constructing human geography', *Transactions of the Institute of British Geographers*, NS 13: 262–274.
Dear, M. (2000) *The Postmodern Urban Condition*, Oxford: Blackwell.
Dear, M. (2003) 'Superlative urbanisms: the necessity of rhetoric in social theory', *City and Community,* 2(3): 201–204.
Dear, M. (ed.) (2002) *From Chicago to L.A.: Revisioning Urban Theory*, London: Sage.
Dear, M. and Wolch, J. (1987) *Landscapes of Despair: From Deinstitutionalisation to Homelessness,* Princeton: Princeton University Press.
Dear, M., Leclerc, G. and Homero Vill, R. (eds) (1999) *Urban Latino Cultures: La vida latina en LA,* London: Sage.
Debord, G. (1994) *The Society of the Spectacle*, New York: Zone Books.
DeCerteau, M. (1984) *The Practice of Everyday Life,* Berkeley: University of California Press.
Deleuze, G. (1989) *Spinoza: Practical Philosophy*, San Francisco: City Lights Press.
Deleuze, G. (1999) *Foucault,* London: Athlone.
Deleuze, G. (2006) *Two Regimes of Madness: Texts and Interviews 1976–1995,* New York: Semiotexte.
Dickinson, R. (1947) *City Region and Regionalism: A Geographical Contribution to Human Ecology,* London: Kegan Paul.
Dodge, M. and Kitchin, R. (2004) 'Flying through code/space: the real virtuality of air travel', *Environment and Planning A*, 36(2): 195–211.
Dodge, M. and Kitchen, R. (2005) 'Code and the transduction of space', *Annals of the Association of American Geographers*, 95(1): 162–180.

Dodge, M. and Kitchin, R. (2007) 'The automatic management of drivers and driving spaces', *Geoforum,* 38: 264–275.

Doel, M.A. (1999) *Poststructuralist Geographies: The Diabolical Art of Spatial Science,* Edinburgh: Edinburgh University Press.

Dorling, D., Rigby, J., Wheeler, B., Ballas, D., Thomas, B., Fahmy, E., Gordon, D. and Lupton, R. (2007) *Poverty, Wealth and Place in Britain, 1968–2005*, Bristol: Policy Press.

Dowling, R. (2000) 'Cultures of mothering and car use in suburban Sydney: a preliminary investigation', *Geoforum,* 31: 345–353.

Driver, F. and Gilbert, D. (eds) (1999) *Imperial Cities: Landscape, Display, and Identity,* Manchester: Manchester University Press.

Duncan, O., Cuzzort, R. and Duncan, B. (1961) *Statistical Geography*, Glencoe, Ill.: Free Press.

Duncan, O. and Duncan, B. (1955) 'A methodological analysis of segregation indexes', *American Sociological Review,* 20: 210–217.

Dunn, D. (2005) '"We are not here to make a film about Italy, we *are* here to make a film about ME ...": British television holiday programmes' representations of the tourist destination', in D. Crouch, R. Jackson and F. Thompson (eds), *The Media and the Tourist Imagination: Converging Cultures,* London: Routledge. pp. 154–169.

Dunn, K.M. (2005) 'Repetitive and troubling discourses of nationalism in the local politics of mosque construction in Sydney, Australia', *Environment and Planning D: Society and Space,* 23: 29–50.

Durkheim, E. (1947) *The Division of Labor in Society* (trans. George Simpson), New York: The Free Press.

Duruz, J. (2005) 'Eating at the borders, culinary journeys', *Environment and Planning D*, 23: 51–69.

Edensor, T. (2002) *National Identity, Popular Culture and Everyday Life*, Oxford: Berg.

Ehrenreich, B. and Hochschild, A. (eds) (2003) *Global Woman: Nannies, Maids and Sex Workers in the New Economy,* London: Granta.

Eliot Hurst, M. (ed.) (1974) *Transportation Geography: Comments and Readings,* New York: McGraw-Hill.

Erkip, F. (2003) 'The shopping mall as an emergent urban space in Turkey', *Environment and Planning A,* 35(6): 1073–1093.

Ewen, S. (1999) *All Consuming Images: The Politics of Style in Contemporary Culture,* revised edition, New York: Basic Books.

Fainstein, S. (2001) *The City Builders: Property Development in New York, and London, 1980–2000*, Lawrence, KS: University Press of Kansas.

Featherstone, M. (1991) *Consumer Culture and Postmodernism,* London: Sage.

Featherstone, M., Thrift, N. and Urry, J. (eds) (2005) *Automobilities,* London: Sage.

Fincher, R. and Jacobs J. (eds) (1998) *Cities of Difference*, London: Guilford.

Fischer, C. (1982) *To Dwell Among Friends*, Chicago: University of Chicago Press.

Fishman, R. (1987) *Bourgeois Utopias: The Rise and Fall of Suburbia,* New York: Basic Books.

Florida, R. (2002) *The Rise of the Creative Class,* New York: Basic Books.

Flyvbjerg, B., Bruzelius, N. and Rothengatter, W. (2003) *Megaprojects and Risk: An Anatomy of Ambition,* Cambridge: Cambridge University Press.
Fogelson, R.M. (2001) *Downtown: Its Rise and Fall, 1850–1950,* New Haven: Yale University Press.
Fogelson, R. (2003) *Bourgeois Nightmares: Suburbia, 1870–1930,* New Haven, CT: Yale University Press.
Forest, B. and Johnson, J. (2002) 'Unraveling the threads of history: soviet-era monuments and post-soviet national identity in Moscow', *Annals of the Association of American Geographers,* 92(3): 524–547.
Foucault, M. (1995) *Discipline and Punish,* Translated by A. Sheridan, New York: Random House.
Frazier, J., Margai, F. and Tetteyfio, E. (2003) *Race and Place: Equity Issues In Urban America,* Boulder, CO: Westview Press.
Frieden, B.J. and Sagalyn, L.B. (1989) *Downtown, Inc.: How America Rebuilds Cities,* Cambridge MA: MIT Press.
Friedmann, J. and Wolff, G. (1982) 'World city formation: an agenda for research and action', *International Journal of Urban and Regional Research,* 6(3): 309–344.
Friesen, W., Murphy, L. and Kearns, R. (2005) 'Spiced-up Sandringham: Indian transnationalism and new suburban spaces in Auckland, New Zealand', *Journal of Ethnic and Migration Studies,* 21(2): 227–233.
Fritzsche, P. (1996) *Reading Berlin 1900,* Cambridge, Mass: Harvard University Press.
Fug, G. (1999) *City Making: Building Communities without Building Walls,* Princeton: Princeton University Press.
Fyfe, N. (ed.) (1998) *Images of the Street: Planning, Identity and Control in Public Space,* London: Routledge.
Gandy, M. (1997) 'The making of a regulatory crisis: the restructuring of New York City's water supply', *Transactions of the Institute of British Geographers,* 22(3): 338–358.
Gandy, M. (1999) 'The Paris sewers and the rationalization of urban space', *Transactions of the Institute of British Geographers,* 24: 23–44.
Gandy, M. (2002) *Concrete and Clay: Reworking Nature in New York City,* Cambridge MA: MIT Press.
Gandy, M. (2005a) 'Cyborg urbanization: complexity and monstrosity in the contemporary city', *International Journal of Urban and Regional Research,* 29(1): 26–49.
Gandy, M. (2005b) 'Learning from Lagos', *New Left Review,* 33: 37–52.
Gans, H. (1962) *The Urban Villagers: Group and Class in the Life of Italian-Americans,* New York: Free Press.
Gans, H. (1967) *Levittowners: Ways of Life and Politics in a New Suburban Community,* New York: Pantheon.
Garreau, J. (1991) *Edge City: Life on the New Frontier,* New York: Anchor Books.
Gilbert, D. (2006), 'From Paris to Shanghai: the changing geographies of fashion's world cities'. in C. Breward and G. Gilbert (eds), *Fashion's World Cities,* Oxford: Berg. pp. 3–32.
Glass, R. (1972) 'Anti-urbanism', in M. Stewart (ed.) *The City: Problems of Planning,* London: Penguin. pp. 63–71.
Glennie, P.D. and Thrift, N.J. (1992) 'Modernity, urbanity and mass consumption', *Environment and Planning D: Society and Space,* 10: 423–443.

Glick Shiller, N., Basch, L. and Szanton Blanc, C. (1992) *Towards a Transnational Perspective on Migration: Race, Class, Ethnicity, and Nationalism*, New York: New York Academy of Sciences.

Glick Shiller, N., Basch, L. and Szanton Blanc, C. (1995) 'From immigrant to transmigrant: theorizing transnational migration', *Anthropological Quarterly*, 68(1): 48–63.

Goss, J. (1993) 'The "magic of the mall": an analysis of form, function, and meaning in the contemporary retail built environment', *Annals of the Association of American Geographers*, 83(1): 18–47.

Goss, J. (1999) 'Once-upon-a-time in the commodity world: an unofficial guide to the mall of America', *Annals of the Association of American Geographers*, 89(1): 45–75.

Gottdiener, M. (1994) *Postmodern Semiotics: Material Culture and the Forms of Postmodern Life,* Oxford: Blackwell.

Gottdeiner, M. (1997) *The Theming of America: Dreams, Visions, and Commerical Spaces,* Boulder: Westview Press.

Gottmann, J. (1957) 'Megalopolis or the urbanization of the Northeastern seaboard', *Economic Geography,* 33(3): 189–200.

Gottmann, J. (1961) *Megalopolis: The Urbanized Northeastern Seaboard of the United States*, New York: The Twentieth Century Fund.

Graham, S. (1997) 'Cities in the real-time age: the paradigm challenge of telecommunications to the conception and planning of urban space', *Environment and Planning A*, 29(1): 105–127.

Graham, S. (2000) 'Constructing premium network spaces: reflections on infrastructure networks and contemporary urban development', *International Journal of Urban and Regional Research*, 24(1): 183–200.

Graham, S. (ed.) (2004a) *Cities, War and Terrorism,* Oxford: Blackwell.

Graham, S. (2004b) 'Constructing urbicide by bulldozer in the Occupied Territories', in Graham, S. (ed.) *Cities, War and Terrorism*, Oxford: Blackwell. pp. 192–213.

Graham, S. (2004c) 'Vertical geopolitics: Baghdad and after', *Antipode*, 36(1): 1–23.

Graham, S. and Aurigi, A. (1997) 'Virtual cities, social polarisation and the crisis in urban public space', *Journal of Urban Technology*, 4: 19–52.

Graham, S. and Marvin, S. (1996) *Telecommunications and the City: Electronic Spaces, Urban Places,* New York: Routledge.

Graham, S. and Marvin, S. (2001) *Splintering Urbanism: Networked Infrastructures, Technological Mobilities, and the Urban Condition,* London: Routledge.

Graham, S. and Wood, D. (2003) 'Digitizing surveillance: categorization, space, inequality', *Critical Social Policy,* 75: 227–248.

Greenberg, M. (2003) 'The limits of branding: the World Trade Center, fiscal crisis and the marketing of recovery', *International Journal of Urban and Regional Research*, 27(2): 386–416.

Gregson, N., Metcalfe, A. and Crewe, L. (2007) 'Identity, mobility, and the throwaway society', *Environment and Planning D: Society and Space,* 25(4): 682–700.

Grosz, E. (1994) *Volatile Bodies: Towards a Corporeal Feminism*, Bloomington: University of Indiana Press.

Groth, P. (1994) *Living Downtown: The History of Residential Hotels in the United States,* Berkeley: University of California Press.

GUST (Ghent Urban Studies Team) (1999) *The Urban Condition: Space, Community and Self in the Contemporary Metropolis,* Rotterdam: 010 Publishers.
Habermas, J. ([1962] 1989) *The Structural Transformation of the Public Sphere,* Cambridge, MA: MIT Press.
Hägerstrand, T. (1970) 'What about people in regional science?', *Papers, Regional Science Association*, 24: 1–21.
Hägerstrand, T. (1982) 'Diagram, path and project', *Tijdschift voor Economische en Social Geographie*, 73: 323–339.
Haggett, P. (1965) *Locational Analysis in Human Geography,* London: Edward Arnold.
Haldrup, M. and Larson, J. (2006) 'Material culture of tourism', *Leisure Studies*, 25(3): 275–289.
Hall, P. (1966) *The World Cities,* New York: McGraw-Hill.
Hall, P. (1980) *Great Planning Disasters,* London: Weidenfeld and Nicolson.
Hall, P. (1996) *Cities of Tomorrow: An Intellectual History of Urban Planning and Design in the Twentieth Century*, revised edition, Oxford: Blackwell.
Hall, P. (2000) 'Creative cities and economic development', *Urban Studies*, 37(4): 639–649.
Hall, T. (2006) *Urban Geography*, 3rd edition, London: Routledge.
Hall, T. and Hubbard, P. (eds) (1998) *The Entrepreneurial City: Geographies of Politics, Regime and Representation*, Chichester: Wiley.
Hammett, J. and Hammett, K. (eds) (2007) *The Suburbanization of New York,* New York: Princeton University Press.
Hannerz, U. (1996) *Transnational Connections*, London: Routledge.
Hannerz, U. (1998) 'Transnational research', in H.R. Bernard (ed.), *Handbook of Methods in Cultural Anthropology*, Walnut Creek, CA: Altamira Press. pp. 235–256.
Hannigan, J. (1998) *Fantasy City: Pleasure and Profit in the Postmodern Metropolis*, Routledge: London.
Haraway, D. (1991) *Simians, Cyborgs and Women: The Reinvention of Nature*, London: Routledge.
Harris Ali, S. and Keil, R. (2006) 'Global cities and the spread of infectious disease: the case of Severe Respiratory Syndrome (SARS) in Toronto, Canada', *Urban Studies,* 43(3): 491–509.
Harris, C. and Ullman, E. (1945) 'The nature of cities', *The Annals of the American Academy of Political and Social Science*, 242: 7–17.
Harvey, D. (1969) *Explanation in Human Geography,* Arnold: London.
Harvey, D. (1973) *Social Justice and the City,* Baltimore: Johns Hopkins University Press.
Harvey, D. (1982) *The Limits to Capital,* Oxford: Blackwell.
Harvey, D. (1985) *The Urbanization of Capital,* Oxford: Blackwell.
Harvey, D. (1987) 'Flexible accumulation through urbanization: reflections on 'post-modernism' in the American city', *Antipode,* 19(3): 260–286.
Harvey, D. (1989a) 'From managerialism to entrepreneurialism: the transformation of governance in late capitalism', *Geografiska Annaler,* 71B: 3–17.
Harvey, D. (1989b) *The Condition of Postmodernity*, Oxford: Blackwell.
Harvey, D. (1994) 'The invisible political economy of architectural production', in O. Bouman and R. Van Toorn (eds), *The Invisible in Architecture,* London: Academy. pp. 420–427.

Harvey, D. (2000) *Spaces of Hope*, Berkeley: University of California Press.
Harvey, D. (2003) *Paris: Capital of Modernity,* New York: Routledge.
Hebbert, M. (2005) 'The street as locus of collective memory', *Environment and Planning D: Society and Space,* 23(4): 581–596.
Herbert, D. (1972) *Urban Geography: A Social Perspective,* New York: Praeger.
Herod, A. and Aguiar, L.L.M. (2006) 'Introduction: cleaners and the dirty work of neo-liberalism', *Antipode,* 38(3): 425–434.
Herzog, L.A. (2006) *Return to the Center: Culture, Public Space and City Building in a Global Era,* Austin: University of Texas Press.
Hetherington, K. (2004) 'Consumption, disposal, and absent presence', *Environment and Planning D: Society and Space,* 22(1): 157–173.
Hinchliffe, S. (1999) 'Cities and natures: intimate strangers', in J. Allen, D. Massey and M. Pryke (eds), *Unruly Cities*? London: Open University Press.
Hinchliffe, S., Kearns, M., Degen, M. and Whatmore, S. (2005) 'Urban wild things: a cosmopolitical experiment', *Environment and Planning D: Society & Space,* 23(5): 643–658.
Hirsch, A. (1983) *Making the Second Ghetto: Race and Housing in Chicago, 1940–1960,* Chicago: University of Chicago.
Hitchings, R. (2003) 'People, plants and performance: on actor network theory and the material pleasures of the private garden', *Social and Cultural Geography,* 4(1): 99–113.
Hitchings, R. (2007) 'Expertise and inability: cultured materials and the reason for some retreating lawns in London', *Journal of Material Culture,* 11(3): 364–381.
Hollands, R. and Chatterton, P. (2003) 'Producing nightlife in the new urban entertainment economy: corporatisation, branding, and market segmentation', *International Journal of Urban and Regional Research,* 27(2): 223–232.
House of Commons Health Committee 2004, 3rd report of session 2003–4, vol. 1. http://www.publications.parliament.uk/pa/cm200304/cmselect/cmhealth/23/2304.htm
Howard, E. (1996 [1898]) 'Garden cities of tomorrow', 'Author's introduction' and 'The town-country magnet', in *The City Reader,* R. LeGates and F. Stout (eds), London: Routledge. pp. 345–353.
Hoyle, B. and Knowles, R. (1992) *Modern Transport Geography,* London: Belhaven.
Hubbard, P. (2002) 'Screen-shifting: consumption, riskless risks and the changing geographies of cinema', *Environment and Planning A,* 34(4): 1239–1258.
Hubbard, P. (2003) 'Going out/staying in: the seductions of new urban leisure spaces', *Leisure Studies,* 22(3): pp. 255–272.
Hubbard, P. (2006) *The City*, London: Routledge.
Hubbard, P. and Lilley, K. (2004) 'Pacemaking the modern city: the urban politics of speed and slowness', *Environment and Planning D: Society and Space,* 22: 273–294.
Hughes, A. and Reimer, S. (eds) (2004) *Geographies of Commodity Chains,* London: Routledge.
Huxtable, A.L. (1997) *The Unreal America: Architecture and Illusion*, New Press: New York.
Imrie, R. (2003) '"Architects" conceptions of the human body', *Environment and Planning D: Society and Space,* 21(1): 47–65.
Imrie, R. and Raco, M. (eds) (2003) *Urban Renaissance? New Labour, Community, and Urban Policy,* Bristol: Policy Press.

Iveson, K. (2007) *Publics and the City*, Oxford: Blackwell.
Jackson, J.B. (1984) *Discovering the Vernacular Landscape,* London: Yale University Press.
Jackson, J.B. (1994) *A Sense of Place, a Sense of Time,* London: Yale University Press.
Jackson, K. (1985) *Crabgrass Frontier: The Suburbanization of the United States,* New York: Oxford University Press.
Jackson, P. (1984) 'Social disorganisation and moral order in the city', *Transactions of the Institute of British Geographers,* 9: 68–80.
Jackson, P. (1985) 'Urban ethnography', *Progress in Human Geography*, 9: 157–176.
Jackson, P. (2000) 'Rematerialising social and cultural geography', *Social and Cultural Geography*, 1(1): 9–14.
Jackson, P., Lowe, M. and Miller, D. (eds) (2000) *Commercial Cultures: Economies, Practices, Spaces,* Oxford: Berg.
Jackson, P., Crang, P. and Dwyer, C. (eds) (2004) *Transnational Spaces*, London: Routledge.
Jacobs, J. (1961) *The Death and Life of Great American Cities*, New York: Norton.
Jacobs, J.M. (1994a) *Edge of Empire: Postcolonialism and the City,* London: Routledge.
Jacobs, J.M. (1994b) 'Negotiating the heart: heritage, development and identity in postimperial London', *Environment and Planning D: Society and Space,* 12: 751–772.
Jacobs, J.M. (2006) 'A geography of big things', *Cultural Geographies,* 13(1): 1–27.
Jacobs, J.M., Cairns, S. and Strebel, I. (2007) '"A tall storey ... but, a fact just the same": the red road high-rise as a black box', *Urban Studies,* 44(30): 609–629.
Jain, S. (2004) '"Dangerous instrumentality": The bystander as subject in automobility', *Cultural Anthropology,* 19(1): 61–94.
Jargowsky, P. (1997) *Poverty and Place: Ghettoes, Barrios, and the American City,* New York: The Russell Sage Foundation.
Jencks, C. (2005) *The Iconic Building: The Power of Enigma,* London: Frances Lincoln.
Jenkins, H. (2004) 'The cultural logic of media convergence', *International Journal of Cultural Studies*, 7(1): 33–43.
Jessop, B., Peck, J. and Tickell, A. (1999) 'Retooling the machine: economic crisis, state restructuring, and urban politics', in A.E.G. Jonas and D. Wilson (eds), *The Urban Growth Machine: Critical Perspectives, Two Decades Later,* Albany: SUNY Press. pp. 141–159.
Johnson, N.C. (2002) 'Mapping monuments: the shape of public space and cultural identities', *Visual Communication*, 1(3): 293–298.
Johnston, R. (1971) *Urban Residential Patterns: An Introductory Review*, Bell: London.
Johnston, R. (1978) *Multivariate Statistical Analysis in Geography*, Longman: London.
Johnston, R. (1983) *Geography and Geographers: Anglo-American Human Geographers since 1945,* Arnold: London.
Johnston, R., Gregory, D. and Smith, D. (1986) *The Dictionary of Human Geography*, 3rd edition, Oxford: Blackwell.
Jonas, A.E.G. and Wilson, D. (eds) (1999) *The Urban Growth Machine: Critical Perspectives, Two Decades Later,* Albany: SUNY Press.
Judd, D.R. and Swanstrom, T. (2006) *City Politics: the Political Economy of Urban America*, 5th edition, New York: Pearson Longman.

Kaika, M. (2004) *City of Flows: Modernity, Nature and the City,* London: Routledge.

Katz, C. and Kirby, A. (1991) 'In the nature of things: the environment and everyday life', *Transactions of the Institute of British Geographers,* 16(3): 259–271.

Katz, J. (1999) 'Pissed-off in L.A.', in *How Emotions Work,* Chicago: University of Chicago Press.

Katz, J. and Aakhus, M. (eds) (2002) *Perpetual Contact; Mobile Communication, Private Talk, Public Performance,* Cambridge: Cambridge University Press.

Kearney, M. (1995) 'The local and the global: the anthropology of globalization and transnationalism', *Annual Review of Anthropology,* 24: 547-565.

Kearns, M. (2003) 'Geographies that matter – the rhetorical deployment of physicality?', *Social and Cultural Geography,* 4(2): 139–152.

Keeling, D.J. (2007) 'Transportation geography: new directions on well-worn trails', *Progress in Human Geography,* 31(2): 217–225.

Keohane, R. and Nye, J. (eds) (1972) *Transnational Relations and World Politics,* Cambridge MA.: Harvard University Press.

Kesteloot, C., van Weesep, J. and White, P. (eds) (1997) 'Minorities in West European cities', *Tijdschrift voor Economische en Sociale Geografie,* 88: 2.

Kipfer, S. and Keil, R. (2002) 'Toronto Inc.? Planning the competitive city in the New Toronto', *Antipode,* 227–64.

Klein, N. (2000) *No Logo: Taking Aim at the Brand Bullies,* New York: Picador.

Klein, N. (2004) *The Vatican to Vegas: A History of Special Effects,* New York: New Press.

Knauer, L.M. and Walkowitz, D.J. (2004) 'Introduction', in D.J. Walkowitz, and L.M. Knauer (eds), *Memory and the Impact of Political Transformation in Public Space,* Duke University Press, Durham, pp. 1–18.

Knox, P. (1982) *Urban Social Geography: An Introduction,* Harlow: Longman.

Knox, P. (1987) 'The social production of the built environment: architects, architecture and the post-modern city', *Progress in Human Geography,* 11: 354–377.

Knox, P. (1991) 'The restless urban landscape: economic and sociocultural change and the transformation of Metropolitan Washington, DC', *Annals of the Association of American Geographers,* 81(2): 181–209.

Knox, P. and Taylor, P.J. (eds) (1995) *World Cities in a World-System,* Cambridge: Cambridge University Press.

Knox, P. and Pinch, S. (2006) *Urban Social Geography: An Introduction,* 5th Edition, Englewood Cliffs, NJ: Prentice Hall.

Koskela, H. (2000) '"The Gaze without Eyes". Video surveillance and the changing nature of urban space', *Progress in Human Geography,* 24(2): 243–265.

Kotkin, J. (2001) *The New Geography: How the Digital Revolution is Reshaping the American Landscape,* New York: Random House.

Kwan, M.P. (2002) 'Feminist visualisation: re-envisioning GIS as a method in feminist geographic research', *Annals of the Association of American Geographers,* 92: 645–661.

Ladd, A. (1997) *The Ghosts of Berlin: Confronting German History in the Urban Landscape,* Chicago: University of Chicago Press.

Landry, C. and Bianchini, F. (1995) *The Creative City,* London: Demos.

Larner, W. (2007) 'Expatriate experts and globalising governmentalities: the New Zealand diaspora strategy', *Transactions of the Institute of British Geographers,* NS, 32(3): 331–345.

Larsen, J. (2005) 'Families seen sightseeing: performativity of tourist photography', *Space and Culture*, 8(4): 416–434.

Larsen, J., Urry, J. and Axhausen, K. (2006) *Mobilities, Networks, Geographies*, Aldershot: Ashgate.

Latham, A. (2003a) 'Research, performance, and doing human geography: some reflections on the daily-photo diary-interview method', *Environment and Planning A*, 35: 1993–2017.

Latham, A. (2003b) 'Urbanity, lifestyle and the politics of the new urban economy', *Urban Studies*, 40(9): 1699–1724.

Latham, A. (2004) 'American dreams, American empires, American cities', *Urban Geography*, 25 (8): 788–791.

Latham, A. (2006) 'Sociality and the cosmopolitan imagination: national, cosmopolitan and local imaginaries in Auckland, New Zealand', in J. Binny, J. Holloway, S. Millington and C. Young (eds), *Cosmopolitan Urbanism*, London: Routledge.

Latham, A. and McCormack, D.P. (2004) 'Moving cities: rethinking the materialities of urban geographies', *Progress in Human Geography*, 28(6): 701–724.

Latham, A. and McCormack, D. (2008) 'Speed and slowness', in T. Hall, P. Hubbard, and J.R. Short (eds), *The Urban Studies Compendium*, London: Sage.

Latour, B. (1999) *Pandora's Hope: Essays on the Reality of Science Studies*, Cambridge: Harvard University Press.

Latour, B. (2005) *Reassembling the Social: An Introduction to Actor-Network Theory*, Oxford: Oxford University.

Latour, B. and P. Weibel (eds) (2005) *Making Things Public: Atmospheres of Democracy*, Cambridge, MA: MIT Press.

Laurier, E. and Philo, C. (2006a) 'Cold shoulders and napkins handed: gestures of responsibility', *Transactions of the Institute of British Geographers*, 31(2): 193–207.

Laurier, E. and Philo, C. (2006b) 'Possible geographies: a passing encounter in a café', *Area*, 38(4): 353–363.

Law, R. (1999) 'Beyond "women and transport": towards new geographies of gender and urban mobility', *Progress in Human Geography*, 23: 567–588.

Lees, L. (2001), 'Towards a critical geography of architecture: the case of an ersatz Colosseum', *Ecumene*, 8: 51–86.

Lees, L. (2002) 'Rematerialising geography: the 'new' urban geography', *Progress in Human Geography*, 26: 101–112.

Lees, L. (ed.) (2004) *The Emancipatory City: Paradoxes and Possibilities*, London: Sage.

Lefebvre, H. (1991) *The Production of Space*, Oxford: Blackwell.

Lefebvre, H. (2004) *Rhythmanalysis: Space, Time, and Everyday Life*. Edited and translated by S. Elden and G. Moore. London: Continuum.

Leitner, H. (1990) 'Cities in pursuit of economic growth: the local state as entrepreneur', *Political Geography Quarterly*, 9: 146–170.

Leitner, H. and Sheppard, E. (2005) 'Unbounding critical geographic research on cities: the 1990s and beyond', in B. Berry and J. Wheeler (eds), *Urban Geography in America, 1950–2000: Paradigms and Personalities*, London: Routledge. pp. 349–372.

Lemanski, C. (2006a) 'Spaces of exclusivity or connection: linkages between a gated community and its poorer neighbour in a Cape Town master-plan development', *Urban Studies*, 43(2): 397–420.

Lemanski, C. (2006b) 'The impact of residential desegregation on social integration: evidence from a South African neighbourhood', *Geoforum,* 37: 417–435.
Lennon, J. and Foley, M. (1999) 'Interpretation of the unimaginable: The US holocaust memorial museum, Washington, D.C. and "dark tourism"', *Journal of Travel Research*, 38: 46–50.
Lennon, J. and Foley, M. (2000) *Dark Tourism: The Attraction of Death and Disaster*, London and New York: Continuum.
Leslie, D. and Reimer, S. (2003) 'Gender, modern design, and home consumption', *Environment and Planning D: Society and Space*, 21: 293–316.
Levitt, P. (1994) 'The social basis for Latino small businesses: the case of Dominican and Puerto Rican entrepreneurs', in E. Melendez and M. Uriarte (eds), *Latino Poverty and Economic Development in Massachusetts*, Boston, MA: University of Massachusetts Press.
Levitt, P. (2001) *Transnational Villagers*, Berkeley: University of California Press.
Lewis, I. (1993) *The City in Slang: New York Life and Popular Speech*, Oxford: Oxford University Press.
Ley, D. (1983) *A Social Geography of the City*, New York: Harper and Row.
Ley, D. (1996) *The New Middle Class and the Remaking of the Central City*, Oxford: Oxford University.
Ley, D. (2004) 'Transnational spaces and everyday lives', *Transactions of the Institute of British Geographers*, 29: 151–164.
Ley, D. and Samuels, M. (eds) (1978) *Humanistic Geography: Prospects and Problems,* Chicago: Maaroufa Press.
Leyshon, A. and Thrift, N. (1997) *Money/Space: Geographies of Monetary Transformation,* London: Routledge.
Lichtenberger, E. (1997) 'Harris and Ullman's "The Nature of Cities": The paper's historical context and impact on further research', *Urban Geography*, 18: 7–14.
Lieberson, S. (1963) *Ethnic Patterns in American Cities,* Glencoe, Ill.: The Free Press.
Lieberson, S. (1980) *A Piece of the Pie: Blacks and White Immigrants Since 1880,* Berkeley: University of California Press.
Liebow, E. (1967) *Tally's Corner*, Boston: Little Brown.
Lindner, L. (1996) *The Reportage of Urban Culture: Robert Park and the Chicago School,* Cambridge: Cambridge University Press.
Llewellyn, M. (2004) '"Urban village" or "white house": envisioned spaces, experienced places, and everyday life at Kensal House, London in the 1930s', *Environment and Planning D: Society and Space,* 22: 229–249.
Longhurst, R. (2005) 'Fat bodies: developing geographical research agendas', *Progress in Human Geography,* 29(3): 247–259.
Low, S. (2004) *Behind the Gates: Life, Security, and the Pursuit of Happiness in Fortress America*, New York: Routledge.
Logan, J.R. and Molotch, H.L. (1987) *Urban Fortunes: the Political Economy of Place,* Berkeley: University of California Press.
Luke, Timothy (1997) 'At the end of nature: cyborgs, "humachines", and environments in postmodernity', *Environment and Planning A: Society and Space*, 29: 1367–1380.
Lukinbeal, C. (1998) 'Reel-to-real urban geographies: the top five cinematic cities in North America', *The California Geographer*, 38: 64–78.

Lyon, D. (2001) *Surveillance Society: Monitoring Everyday Life*, Milton Keynes: Open University Press.

Lyon, D. (ed.) (2003) *Surveillance as Social Sorting: Privacy, Risk and Digital Discrimination,* London: Routledge.

Lyon, D. (2004) 'Technology vs "terrorism": circuits of city surveillance since September 11, 2001', in S. Graham (ed.), *Cities, War and Terrorism: Towards an Urban Geopolitics*, Oxford: Blackwell. pp. 288–311.

McCarthy, A. (2003) *Ambient Television: Visual Culture and Public Space*, Durham: Duke University Press.

McCormack, D. (2005) 'Diagramming practice and performance', *Environment and Planning D: Society and Space*, 23(1): 119–147.

McDowell, L. (1995) 'Body work: heterosexual gender performance in city workplaces', in D. Bell, and G. Valentine (eds), *Mapping Desire: Geographies of Sexuality*, Routledge, London.

McDowell, L. (1997) *Capital Culture: Gender at Work in the City*, Oxford: Blackwell.

McDowell, L. (1999) *Gender, Identity and Place: Understanding Feminist Geographies,* Minneapolis: University of Minnesota Press.

McDowell, L., Batnitzky, A. and Dyer, S. (2007) 'Division, segmentation and interpellation: the embodied labours of migrant workers in a Greater London hotel', *Economic Geography*, 81(1): 1–26.

McGuigan, J. (2004) *Rethinking Cultural Policy*, Milton Keynes: Open University Press.

McKenzie, E. (1994) *Privatopia: Homeowner Associations and the Rise of Residential Private Government,* New Haven: Yale University Press.

McLuhan, M. (1962) *The Gutenberg Galaxy: The Making of Typographic Man,* London: Routledge & Kegan Paul.

McNeill, D. (2001a) 'Barcelona as imagined community: Pasqual Maragall's spaces of engagement', *Transactions of the Institute of British Geographers,* 26: 340–352.

McNeil, D. (2001b) 'Embodying a Europe of the cities: the geographies of mayoral leadership', *Area,* 33: 353–359.

McNeill, D. (2003a) 'Mapping the European urban left: the Barcelona experience'. *Antipode*, 35(1): 74–94.

McNeill, D. (2003b) 'Rome, global city? Church, state and the jubilee 2000', *Political Geography*, 22: 535–556.

McNeill, D. (2005) 'Skyscraper geography', *Progress in Human Geography,* 29(1): 41–55.

McNeill, D. (2007) 'Office buildings and the signature architect: Piano and Foster in Sydney', *Environment and Planning A*, 39: 487–501.

McNeill, D. (2008a) *The Global Architect: Firms, Fame and Urban Form*, New York: Routledge.

McNeill, D. (2008b) 'The hotel and the city', *Progress in Human Geography*, 32(3): 383–398.

McNeill, D., Dowling, R. and Fagan, R. (2005) 'Sydney/global/city: an exploration', *International Journal of Urban and Regional Research,* 29(4): 935–944.

Machimura, T. (1998) 'The urban restructuring process in Tokyo in the 1980s: transforming Tokyo into a world city', *International Journal of Urban and Regional Research,* 16(1): 114–128.

MacLeod, G. (1998) 'In what sense a region? Place hybridity, symbolic shape, and institutional formation in (post-) modern Scotland', *Political Geography,* 17 (7): 833–863.

Mackenzie, A. (2002) *Transductions: Bodies and Machines at Speed*, London: Continuum.
Malbon, B. (1999) *Clubbing: Dancing, Ecstasy and Vitality*, London: Routledge.
Mansvelt, J. (2005) *Geographies of Consumption*, London: Sage.
Marcuse, P. (1997) 'The ghetto of exclusion and the fortified enclave: new patterns in the United States', *American Behavioural Scientist*, 41(3): 311–326.
Marcuse, P. (2004) 'The "war on terrorism" and life in cities', in S. Graham (ed.), *Cities, War and Terrorism: Towards and Urban Geopolitics*, Oxford: Blackwell. pp. 263–275.
Marston, S.A. (2000) 'The social construction of scale', *Progress in Human Geography*, 24(2): 219–242.
Marston, S.A. (2002) 'Making difference: conflict over Irish identity in the New York City St Patrick's Day parade', *Political Geography*, 21: 373–392.
Marvin, S. and Medd, W. (2006) 'Metabolisms of obe*city*: flows of fat through bodies, cities and sewers', *Environment and Planning A*, 38: 313–324.
Massey, D. (2005a) *For Space*, London: Sage.
Massey, D. (2005b) *Strangers in a Strange Land: Humans in an Urbanizing World*, New York: W.W. Norton.
Massey, D. and Denton, N. (1988) 'The dimensions of residential segregation', *Social Forces*, 67(2): 281–315.
Massey, D. and Denton, N. (1993) *American Apartheid: Segregation and the Making of the Underclass*, Cambridge, MA: Harvard University Press.
Massey, D., White, M. and Phua, V.–C. (1996) 'The dimensions of segregation revisited', *Sociological Methods and Research*, 25: 172–206.
Massey, D., Allen, J. and Sarre, P. (eds) (1999) *Human Geography Today*, Cambridge: Polity.
Massumi, B. (2002) *Parables for the Virtual: Movement, Affect, Sensation*, Durham, NC: Duke University Press.
Massumi, B. (2005) 'The future birth of the affective fact', available at http://www.radicalempiricism.org/biotextes/textes/massumi.pdf (accessed March 1st, 2007)
Matless, D. (2000) 'Five objects', in S. Naylor, J. Ryan and I. Cook (eds), *Cultural Turns/Geographical Turns*, London: Pearson.
May, J., Wills, J., Datta, K., Evans, Y., Herbert, J. and McIlwaine, C. (2007) 'Keeping London working: global cities, the British state, and London's new migrant division of labour', *Transactions of the Institute of British Geographers*, 32: 151–167.
May, T. (2005) *Deleuze: An Introduction*, Cambridge: Cambridge University Press.
Mayer, H. and Kohn, C. (1959) *Readings in Urban Geography*, Chicago: Chicago University Press.
Mead, L. (1986) *Beyond Entitlement: The Social Obligations of Citizenship*, New York: The Free Press.
Merrifield, A. (1993a) 'The struggle over place: Redeveloping American can in Southeast Baltimore', *Transactions of the Institute of British Geographers*, 18: 102–121.
Merrifield, A. (1993b) 'The Canary Wharf debacle: from "TINA" – there is no alternative – to "THEMBA" – there must be an alternative', *Environment and Planning A*, 25: 1247–1265.
Merrifield, A. (2002) *Metromarxism: A Marxist Tale of the City*, New York: Routledge.

Merriman, P. (2006) '"A new look at the English landscape": landscape architecture, movement and the aesthetics of motorways in early postwar Britain', *Cultural Geographies*, 13: 78–105.
Merriman, P. (2007) *Driving Spaces: A Cultural-Historical Geography of England's M1 Motorway,* Oxford: Blackwell Publishing.
Metropolis (1929) Directed by Fritz Lang.
Meyrowitz, J. (1985) *No Sense of Place: the Impact of Electronic Media on Social Behaviour*, New York: Oxford University Press.
Michael, M. (2006) *Technoscience and Everyday Life: the Complex Simplicities of the Mundane,* Maidenhead: Open University Press.
Miles, M., Hall, T. and Borden, I. (eds) (2003) *The City Cultures Reader*, London: Routledge.
Miller, D. (1989) *Lewis Mumford: A Life*, New York: Weidenfield and Nicolson.
Miller, D. (ed.) (2001) *Car Cultures*, Oxford: Berg.
Miller, D. (ed.) (2005) *Materiality*, Durham, NC: Duke University Press.
Miller, D., Jackson, P., Thrift, N., Holbrook, B. and Rowlands, M. (1998) *Shopping Place and Identity,* London and New York: Routledge.
Mitchell, D. (2003) *The Right to the City: Social Justice and the Fight for Public Space,* New York: The Guilford Press.
Mitchell, K. (1995) 'Flexible circulation in the Pacific Rim: capitalisms in cultural context' *Economic Geography,* 71(4): 364–382.
Mitchell, K. (1997) 'Transnational discourse: bringing geography back in', *Antipode*, 29(2): 101–114.
Mitchell, K. (2003) 'Monuments, memorials, and the politics of memory', *Urban Geography,* 24(5): 442–459.
Mitchell, W. (1995) *City of Bits: Space, Place and the Infobahn,* Cambridge, MA: MIT Press.
Mitchell, W. (1999) *E-Topia: Urban Life Jim But Not as We Know It,* Cambridge, MA: MIT Press.
Mollenkopf, J. and Castells, M. (eds) (1991) *Dual City: Restructuring New York*, New York: Russell Sage.
Monkhouse, F. and Wilkinson, H. (1973) *Maps and Diagrams*, Methuen: London.
Monmonier, M. (1996) *How to Lie with Maps*, 2nd edition, Chicago and London: University of Chicago Press.
Monmonier, M. (2002) *Spying with Maps: Surveillance Technologies and the Future of Privacy,* Chicago: University of Chicago Press.
Morley, D. and Robins, K. (eds) (1996) *Spaces of Identity: Global Media, Electronic Landscapes and Cultural Boundaries,* London: Routledge.
Mullins, P., Natalier, K., Smith, P. and Smeaton, B. (1999) 'Cities and consumption spaces', *Urban Affairs Review*, 35(1): 44–71.
Mumford, L. (1938) *The Culture of Cities*, London: Secker and Warburg.
Murdoch, J. (2006) *Post-Structuralist Geography: A Guide to Relation Space*, London: Sage.
Murray, C. (1984) *Losing Ground: American Social Policy, 1950–1980,* New York: Basic Books.
Neyland, D. (2006) 'The accomplishment of spatial adequacy: analysing CCTV accounts of British town centres', *Environment and Planning D: Society and Space*, 24: 599–613.

Nye, D.E. (1996) *American Technological Sublime*, Cambridge MA: MIT Press.
O'Neill, P.M. and McGuirk, P. (2003) 'Reconfiguring the CBD: work and discourses of design in Sydney's office space', *Urban Studies,* 40(9): 1751–1767.
O'Sullivan, D. and Wong, D. (2007) 'A surfaced based approach to measuring spatial segregation', *Geographical Analysis,* 39: 147–168.
Olds, K. and Yeung, H. (1999) 'Reshaping "Chinese" business networks in a globalising era', *Environment and Planning D: Society and Space,* 17(5): 535–555.
Olds, K. (1995) 'Globalisation and the production of new urban spaces: Pacific Rim mega-projects in the late 20th century', *Environment and Planning A,* 27: 1713–1743.
Olds, K. (2001) *Globalization and Urban Change: Capital, Culture and Pacific Rim Mega-Projects,* Oxford: Oxford University Press.
Olmstead, F. L. (1996 [1870]) 'Public parks and the enlargement of towns', in R. Legates, and F. Stat (eds), *The City Reader,* London: Routledge. pp. 337–344.
Ong, A. (1999) *Flexible Citizenship: The Cultural Logics of Globalization,* London: Duke University Press.
Pain, R. (2001) 'Gender, race, age and fear in the city', *Urban Studies,* 38: 899–913.
Park, R. (1923) 'The natural history of the newspaper', *The American Journal of Sociology,* 29(3): 273–289.
Park, R. (1925) 'The city: suggestions for the investigation of human behaviour in the urban environment', in R. Park, E. Burgess and R. McKenzie (eds), *The City,* Chicago: University of Chicago Press. pp. 1–46.
Paul, D.E. (2004) 'World cities as hegemonic projects: the politics of global imagineering in Montreal', *Political Geography,* 23(5): 571–596.
Peach, C. (1996) 'Does Britain have ghettos?', *Transactions of the Institute of British Geographers,* 22: 216–235.
Peach, C. (ed.) (1975) *Urban Social Segregation,* London: Longman.
Peach, C., Robinson, V. and Smith, S. (eds) (1981) *Ethnic Segregation in Cities,* London: Croom Helm.
Peck, J. (2005) 'Struggling with the creative class', *International Journal of Urban and Regional Research,* 29(4): 740–770.
Peleman, K. (2002) 'The impact of residential segregation on participation in associations: the case of Moroccan women in Belgium', *Urban Studies,* 39: 727–747.
Peterson, P. (1981) *City Limits,* Chicago: University of Chicago Press.
Philpot, T. (1978) *The Slum and the Ghetto: Neighborhood Deterioration and Middle-Class Reform, Chicago, 1880–1930,* New York: Oxford University Press.
Philo, C. (1995) 'Animals, geography, and the city: notes on inclusions and exclusions', *Environment and Planning D: Society and Space,* 13(6): 655–681.
Pile, S. (1996) *The Body and the City: Psychoanalysis, Subjectivity and Space,* London: Routledge.
Pile, S. (1999) 'What is a city?', in D. Massey, J. Allen, and S. Pile (eds), *City Worlds* London: Routledge. pp. 3–52.
Pinck, P. (2000) 'From the sofa to the crime scene: Skycam, local news and the televisual city', *Urban Space and Representation,* in N. Balshaw, and L. Liam Kennedy (eds), London: Pluto. pp. 55–68.
Pinder, D. (2005) *Visions of the City: Utopianism, Power and Politics in Twentieth-Century Urbanism,* Edinburgh: Edinburgh University Press.

Ponce de Leon, C. (2002) *Self-Exposure: Human Interest Journalism and The Emergence of Celebrity in America 1890–1940*, Chapel Hill: University of North Carolina Press.

Poole, M. and Boal, F. (1973) 'Religious residential segregation in Belfast in mid-1969: a multilevel analysis', *The Institute of British Geographers,* 25: 321–332.

Portes, A. (1996) 'Global villagers: the rise of transnational communities', *The American Prospect*, 2: 74–77.

Portes, A. and Rumbaut, R. (1990) *Immigrant America: A Portrait,* Berkeley: University of California Press.

Portes, A., Guarnizo, L. E. and Landolf, P. (1999) 'The study of transnationalism: the pitfalls and promise of an emergent research field', *Ethnic and Racial Studies,* 22(2): 217–237.

Power, E. (2005), 'Human–nature relations in suburban gardens', *Australian Geographer,* 36: 39–53.

Power, M. and Sidaway, J. (2005) 'Deconstructing twinned towers: Lisbon's Expo '98 and the occluded geographies of discovery', *Social and Cultural Geography,* 6(6): 865–883.

Pred, A. (1966) *The Spatial Dynamics of US Urban-Industrial Growth, 1800–1914: Interpretative and Theoretical Essays,* Cambridge, MA: MIT Press.

Pred, A. (1977) *City-Systems in Advanced Economies: Past Growth, Present Processes and Future Development Options,* London: Hutchinson.

Prince, H. (1980) 'Review of humanistic geography: prospects and problems', by David Ley and Marwyb S. Samuels, *Annals of the Association of American Geographers*, 70(2): 294–296.

Quilley, S. (1999) 'Entrepreneurial Manchester: the genesis of elite consensus', *Antipode,* 31: 185–211.

Quilley, S. (2000) 'Manchester first: from municipal socialism to the entrepreneurial city', *International Journal of Urban and Regional Research,* 24: 601–615.

Raco, M. (2005) 'Sustainable Development, rolled-out neo-liberalism and sustainable communities', *Antipode*, 37(2): 324–346.

Rantisi, N. and Leslie, D. (2006) 'Branding the design metropole: the case of Montréal, Canada', *Area,* 38(4): 364–376.

Rappaport, E. (2000) *Shopping for Pleasure: Women in the Making of London's West End*, Princeton: Princeton University Press.

Ratcliffe, J., Stubbs, M. and Shepherd, M. (2004) *Urban Planning and Real Estate Development,* 2nd edition, London: Spon.

Reichl, A.J. (1999) *Reconstructing Times Square: Politics and Culture in Urban Development,* Lawrence, KA: University Press of Kansas.

Revell, K.D. (2003) *Building Gotham: Civic Culture and Public Policy in New York City, 1898–1938,* Baltimore: Johns Hopkins University Press.

Ritzer, G. (1997) *The McDonaldization of Society*, London: Sage.

Robertson, S. (2007) 'Visions of urban mobility: the Westway, London, England', *Cultural Geographies*, 14: 74–91.

Robinson, J. (1998) 'Spaces of democracy: remapping the apartheid city', *Environment and Planning D: Society and Space,* 16(5): 533–548.

Robinson, J. (2006) *Ordinary Cities: Between Modernity and Development,* London: Routledge.

Rodman, G.B. (1996) *Elvis After Elvis: The Posthumous Career of a Living Legend,* London and New York: Routledge.
Rodrigue, J-P., Comtois, C. and Slack, B. (2006) *The Geography of Transport Systems,* New York: Routledge.
Rose, G. (1993) *Feminism and Geography: The Limits of Geographical Knowledge,* Minneapolis: University of Minnesota Press.
Rose, G. (2007) *Visual Methodologies: An Introduction to the Interpretation of Visual Materials,* 2nd edition, London: Sage.
Ross, K. and Nightingale, V. (2003) *Media and Audiences,* Milton Keynes: Open University Press.
Sachs, W. (1984) *For Love of the Automobile: Looking Back into the History of Our Desires,* Berkeley: University of California.
Sack, R. (1988) 'The consumer's world: place as context', *Annals of the Association of American Geographers*, 78(4): 642–664.
Sadler, S. (1998) *The Situationist City,* London: MIT Press.
Sagalyn, L.B. (2001) *Times Square Roulette: Remaking the City Icon,* Cambridge MA: MIT Press.
Sanders, J. (2001) *Celluloid Skyline: New York and the Movies*, London: Bloomsbury.
Sassen, S. (1988) *The Mobility of Labor and Capital. A Study in International Investment and Labor Flow,* Cambridge: Cambridge University.
Sassen, S. (1991) *The Global City: New York, London, Tokyo,* Princeton NJ: Princeton University Press.
Sassen, S. (1995) 'On concentration and centrality in the global city', in P.L. Knox and P.J. Taylor (eds), *World Cities in a World-Economy,* Cambridge: Cambridge University Press. pp. 63–75.
Sassen, S. (2000) 'The global city: strategic site/new frontier', in E.F. Isin (ed.), *Democracy, Ctizenship and the Global City,* London: Routledge. pp. 48–61.
Sassen, S. (2001) *The Global City: New York, London, Tokyo,* 2nd edition, Princeton NJ: Princeton University Press.
Sauer, C.O. (1925) 'The morphology of Landscape', *University of California Publications in Geography,* 2: 19–54.
Schivelbusch, W. (1986) *The Railway Journey: the Industrialization of Time and Space in the Nineteenth Century,* Berkeley: University of California Press.
Schwartz, V. (1999) *Spectacular Realities: Early Mass Culture in Fin-De Siecle Paris,* Berkeley: University of California.
Schwarzer, M. (2004) *Zoomscape: Architecture in Motion and Meaning*, New York: Princeton Architectural Press.
Scott, A. (1980) *The Urban Land Nexus and the State,* London: Pion.
Scott, A. (ed.) (2002) *Global City-Regions: Trends, Theory, Policy,* New York: Oxford University Press.
Scott, A. (2004) 'Cultural-products industries and urban economic development: prospects for growth and market contestation in global context', *Urban Affairs Review,* 39(4): 461–490.
Scott, H. (2003) 'Cultural turns', in J.S. Duncan, N.C. Johnson, and R.H. Schein (eds), *A Companion to Cultural Geography,* Oxford: Blackwell. pp. 24–37.
Self, R. (2003) *American Babylon: Race and the Struggle for Postwar Oakland,* Princeton: Princeton University Press.

Sennett, R. (1977) *The Fall of Public Man*, London: Faber and Faber.
Sennett, R. (1994) *Flesh and Stone: The Body and the City in Western Civilisation*, New York: W.W. Norton.
Shatkin, G. (1998) '"Fourth world" cities in the global economy: the case of Phnom Penh, Cambodia', *International Journal of Urban and Regional Research,* 22(3): 378–393.
Shaw, G. and Wheeler, D. (1985) *Statistical Techniques in Geographical Analysis,* New York: John Wiley.
Sheller, M. (2003) 'Mobile publics: beyond the network perspective', *Environment and Planning D: Society and Space*, 22(1): 39–52.
Sheller, M. and Urry, J. (2000) 'The city and the car', *International Journal of Urban and Regional Research*, 24: 737–757.
Sheller, M. and Urry, J. (2003) 'Mobile transformations of "private" and "public" life', *Theory, Culture, and Society*, 20(3): 115–133.
Sheller, M. and Urry, J. (eds) (2004) *Tourism Mobilities: Places to Play, Places in Play,* London: Routledge.
Sheller, M. and Urry, J. (eds) (2006) *Mobile Technologies of the City*, London: Routledge.
Shiel, M. and Fitzmaurice, T. (2001) *Cinema and the City: Film Studies and Urban Societies in a Global Context*, Oxford: Blackwell.
Shields, R. (ed.) (1992) *Lifestyle Shopping: the Subject of Consumption,* London: Routledge.
Shields, R. (2003) *The Virtual*, London: Routledge.
Short, J. (1996) *The Urban Order*, Oxford: Blackwell.
Sibley, D. (1995) *Geographies of Exclusion*, London: Routledge.
Sidaway, J.D. and Power, M. (1995) 'Sociospatial transformation in the "postsocialist" periphery: the case of Maputo, Mozambique', *Environment and Planning A,* 27(9): 1463–1491.
Sidorov, D. (2000) 'National monumentalization and the politics of scale: the resurrections of the cathedral of Christ the Savior in Moscow', *Annals of the Association of American Geographers,* 90(3): 548–572.
Silk, M. and Andrews, D. (2006) 'The fittest city in America', *Journal of Sport & Social Issues,* 30(3): 315–327.
Simmel, G. (1997) 'The metropolis and mental life', in D. Frisby and M. Featherstone (eds), *Simmel or Culture*, London: Sage. pp. 174–185.
Simone, A. (2004) *For the City Yet to Come: Changing African Life in Four Cities,* Durham: Duke University Press.
Simpson, L. (2007) 'Ghettos of the mind: the empirical behaviour of indices of segregation and diversity', *Journal of the Royal Statistical Society,* 170, Part 2: 405–424.
Sinclair, U. (1905) *The Jungle,* Broomhall, PA: Chelsea House.
Sklair, L. (2001) *The Transnational Capitalist Class*, Oxford: Blackwell.
Slater, T. (2006) 'The eviction of critical perspectives from gentrification research', *International Journal of Urban and Regional Research,* 30(4): 737–757.
Smith, M.D. (1996) 'The empire filter back: consumption, production and the politics of Starbucks coffee', *Urban Geography,* 17: 502–524.
Smith, D. (1979) 'Towards a theory of gentrification: a back to the city movement of capital not people', *Journal of the American Planning Association*, 45: 538–548.
Smith, M.P. and Guarnizo, L.E. (eds) (1998) *Transnationalism from Below: Comparative Urban and Community Research,* New Brunswick NJ: Transaction Publishers.

Smith, M.P. (1994) 'Can you imagine? Transnational migration and the globalization of grassroots politics', *Social Text*, 39: 15–33.

Smith, M.P. (1998) 'The global city: whose social construct is it anyway?' *Urban Affairs Review*, 33(4): 482–488.

Smith, M.P. (2001) *Transnational Urbanism: Locating Globalization*, Oxford: Blackwell.

Smith, M.P. (2002) 'Power in place: retheorizing the local and the global', in J. Eade and C. Mele (eds), *Understanding the City: Contemporary and Future Perspectives*, Oxford: Blackwell. pp. 109–130.

Smith, M.P. (2005a) 'Power in place/places of power: contextualizing transnational research', *City and Society*, 17(1): 5–34.

Smith, M.P. (2005b) 'From context and back again: the uses of transnational urbanism', *City and Society*, 17(1): 81–92.

Smith, M.P. (2005c) 'Transnational urbanism revisited, *Journal of Ethnic and Migration Studies'*, 31(2): 235–244.

Smith, M.P. and Bakker, M. (2005) 'The transnational politics of the Tomato King: meaning and impact, *Global Networks*, 5(2): 129–146.

Smith, N. (1979) 'Towards a theory of gentrification: a back to the city movement by capital not people', *Journal of the American Planning Association*, 45: 538–548.

Smith, N. (1984) *Uneven Development*, Oxford: Blackwell.

Smith, N. (1987) 'Of yuppies and housing: gentrification, social restructuring, and the urban dream', *Environment and Planning D: Society and Space*, 5: 151–172.

Smith, N. (1996) *The New Urban Frontier: Gentrification and the Revanchist City*, London: Routledge.

Smith, N. (2002) 'New globalism, new urbanism: gentrification as global urban strategy', *Antipode*, 34(3): 434–457.

Soja, E.W. (1989) *Postmodern Geographies: The Reassertion of Space in Critical Social Theory*, London: Verso.

Soja, E.W. (1996) *Thirdspace: Journeys to Los Angeles and Other Real-and-Imagined Places*, Oxford: Blackwell.

Soja, E.W. (2000) *Postmetropolis: Critical Studies of Cities and Regions*, Oxford: Blackwell.

Sorkin, M. (ed.) (1992) *Variations on a Theme Park*, New York: Hill and Wang.

Sparke, M. (2000) '"Chunnel visions": unpacking the anticipatory geographies of an anglo-European borderland', *Journal of Borderland Studies*, 15: 187–219.

Spigel, L. (2001) 'Media homes then and now', *International Journal of Cultural Studies*, 4(4): 385–411.

Stacey, M. (1969) 'The myth of community studies, *British Journal of Sociology*, 20(2): 134–147.

Stenning, A. (2003) 'Shaping the economic landscapes of postsocialism? Labour, workplace and community in Nowa Huta, Poland', *Antipode*, 35(4): 761–780.

Stone, C.N. (1989) *Regime Politics: Governing Atlanta 1946–1988*, Lawrence, KS: University Press of Kansas.

Sturken, M. and Cartwright, L. (2001), *Practices of Looking: An Introduction to Visual Culture*, Oxford: Oxford University Press.

Sudjic, D. (1992) *The 100 Mile City*, San Diego: Harcourt Brace.

Sudjic, D. (2005) *The Edifice Complex: How the Rich and Powerful Shape the World*, London: Allen Lane.

Sugrue, T. (1996) *The Origins of the Urban Crisis: Race and Inequality in Postwar Detroit,* Princeton: Princeton University Press.

Sui, D.Z. (2003) 'Musings on the fat city: are obesity and urban forms linked?', *Urban Geography,* 24(1): 75–84.

Sutton, C. (1987) 'The Caribbeanization of New York City and the emergence of transnational social systems', in R. Sutton and E. Chaney (eds), *Caribbean Life in New York City: Sociocultural Dimensions,* New York: Centre for Migration Studies. pp. 15–30.

Swyngedouw, E. (1997) 'Power, nature and the city. The conquest of water and the political ecology of urbanization in Guayaquil, Ecuador: 1880–1980', *Environment and Planning A,* 29(2): 311–332.

Swyngedouw, E. (2007) 'Technonatural relations: the scalar politics of Franco's hydro-social dream for Spain, 1939–1975', *Transactions of the Institute of British Geographers,* 32: 9–28.

Swyngedouw, E., Moulaert, F. and Rodriguez, A. (2002), 'Neoliberal urbanization in Europe: large-scale urban development projects and the new urban policy', *Antipode,* 34: 542–577.

Tauber, K. and Tauber, A. (1965) *Negroes in Cities: Residential Segregation and Neighborhood Change,* Chicago: University of Chicago.

Taylor, G. (1949) *Urban Geography*, London: Methuen.

Thrift, N. (1993) 'For a new regional geography', *Progress in Human Geography,* 17: 92–100.

Thrift, N. (1996) 'New urban eras and old technological fears: reconfiguring the goodwill of electronic things', *Urban Studies,* 33(8): 1463–1493.

Thrift, N. (2003) 'Space: the fundamental stuff of human geography', in S. Holloway, S.P. Rice, and G. Valentine (eds), *Key Concepts in Human Geography*, London: Sage.

Thrift, N. (2005a) 'Beyond mediation: three new material registers and their consequences', in D. Miller (ed.), *Materiality*. Durham, NC: Duke University Press. pp. 231–255.

Thrift, N. (2005b) 'But malice aforethought: cities and the natural history of hatred', *Transactions of the Institute of British Geographers*, NS, 30: 133–150.

Thrift, N. (2005c) 'Torsten Hagerstrand and social theory', *Progress in Human Geography,* 29(3): 337–340.

Thrift, N. (2007) 'Immaculate Warfare', in D. Gregory and A. Pred (eds), *Violent Geographies: Fear, Terror, and Political Violence,* London: Routledge.

Thrift, N. and Pred, A. (1981) 'Time geography: a new beginning', *Progress in Human Geography,* 5: 277–286.

Till, K.E. (2005) *The New Berlin: Memory, Politics, Place,* Minneapolis: University of Minnesota Press.

Tölölyan, K. (1991) The nation-state and its others', *Diaspora,* 1(1): 3–7.

Tölölyan, K. (1996) 'Rethinking diaspora(s): stateless power in the transnational world', *Diaspora,* 5(1): 3–36.

Tönnies, F. (1963) *Community and Society,* New York: Harper and Row.

Uitermark, J. (2004a) 'Looking forward by looking back: May Day protests in London and the strategic significance of the urban', *Antipode,* 36(4): 706–727.

Uitermark, J. (2004b) 'The co-optation of squatters in Amsterdam and the emergence of a movement meritocracy: a critical reply to Pruijt', *International Journal of Urban and Regional Research,* 28(3): 687–98.

Ullman, E. (1957) *American Commodity Flow: A Geographical Interpretation of Rail and Water Traffic Based on Principles of Spatial Interchange,* Washington: University of Washington Press.

Underhill, P. (2000) *Why We Buy: The Science of Shopping,* New York: Simon and Schuster.

Underhill, P. (2004) *Call of the Mall: The Geography of Shopping,* New York: Simon and Schuster.

Urry, J. (2000) *Sociology Beyond Societies: Mobilities for the Twenty-First Century,* London: Routledge.

Vertovec, S. (1999) 'Conceiving and researching transnationalism', *Ethnic and Racial Studies*, 22(2): 447–662.

Vertovec, S. (2001) 'Transnationalism and identity', *Journal of Ethnic and Migration Studies*, 27(4): 573–582.

Vidler, A. (2001) 'Diagrams of Utopia', in C. de Zegher, and M. Wigley (eds), *The Activist Drawing: Retracing Situationist Architecture from Constant's New Babylon to Beyond,* Cambridge MA: MIT Press. pp. 83–91.

Wacquant, L. (1999) 'Urban marginality in the coming millennium', *Urban Studies*, 36(10): 1639–1647.

Wacquant, L. (2001) Deadly symbiosis: when ghetto and prison meet and mesh, *Punishment and Society*, 3(1): 95–134.

Wacquant, L. (2004) *Body and Soul: Notebooks of an Apprentice Boxer*, Oxford: Oxford University Press.

Wacquant, L. (2007) *A Comparative Sociology of Advanced Marginality,* Cambridge: Polity Press.

Waitt, G. and Head, L. (2001) 'Postcards and frontier mythologies: sustaining views of the Kimberley as timeless', *Environment and Planning D: Society and Space*, 20: 319–344.

Waldinger, R. (1999) *Still the Promised City? African-Americans and New Immigrants in Post Industrial New York,* Cambridge, MA: Harvard University Press.

Walker, R. (1996) 'Another round of globalization in San Francisco', *Urban Geography,* 17(1): 60–94.

Walkowitz, D.J. and Knauer, L.M. (2004) *Memory and the Impact of Political Transformation in Public Space,* Durham: Duke University Press.

Wark, M. (1994) *Virtual Geography: Living with Global Media Events*, Bloomington and Indianapolis: Indiana University Press.

Waters, J. (2005) 'Transnational family strategies and education in the contemporary Chinese diaspora', *Global Networks*, 5(4): 359–377.

Waters, J. (2006) 'Geographies of cultural capital: education, international migration and family strategies between Hong Kong and Canada', *Transactions of the Institute of British Geographers,* NS, 31(2): 179–192.

Webber, M. (1964) *Explorations into Urban Structure,* Philadelphia: University of Pennsylvania.

Weber, R. (2002) 'Extracting value from the city: neoliberalism and urban redevelopment', *Antipode,* 34(3): 519–540.

Webster, C. (ed.) (2006) *Private Cities: Global and Local Perspectives*, London: Routledge.

Wellman, B. (1979) 'The community question', *American Journal of Sociology*, 84: 1201–1331.

Wellman, B. (ed.) (1998) *Networks in the Global Village: Life in Contemporary Communities,* Boulder: Westview Press.

Wellman, B. and Haythornthwaite, C. (eds) (2002) *The Internet in Everyday Life,* Oxford: Blackwell.

Wellman, B., Carrington, P. and Hall, A. (1988) 'Networks as personal communities', in B. Wellman and S. Berkowitz (eds), *Social Structure: A Network Approach,* Cambridge: Cambridge University Press. pp. 130–184.

Wellman, B. and Leighton, B. (1979) 'Network, neighborhoods and communities', *Urban Affair Quarterly,* 14: 363–390.

Welter, V. (2002) *Biopolis: Patrick Geddes and the City of Life,* Cambridge, MA: MIT Press.

Westerbeck, C. and Meyrowitz, J. (2001) *Bystander: A History of Street Photography,* Boston: Little, Brown and Company.

Whatmore, S. (2002) *Hybrid Geographies: Nature, Culture, Space,* London: Sage.

Wheeler, B., Shaw, M., Mitchell, R. and Dorling, D. (2005) *Life in Britain: using millennial Census data to understand poverty, inequality and place,* Bristol: The Policy Press.

Wheeler, J. (2005) 'Assessing the role of spatial analysis in urban geography in the 1960s', in B.J.L. Berry, and J.O. Wheeler (eds), *Urban Geography in America, 1950–2000: Paradigms and Personalities,* New York: Routledge. pp. 117–128.

Whelan, A., Wrigley, N., Warm, D. and Cannings, E. (2002) 'Life in a "food desert"', *Urban Studies,* 39(11): 2083–2100.

While, A. (2003) 'Locating art worlds: London and the remaking of young British art', *Area,* 35(3): 251–263.

While, A. (2006) 'Modernism vs urban renaissance: negotiating post-war heritage in English city centres', *Urban Studies,* 43(13): 2399–2419.

Whyte, A. and Mackintosh, A. (2003) 'Representational politics in virtual urban places', *Environment and Planning A,* 35: 1607–1627.

Williams, R. (1973) *The Country and the City,* London: Chatto and Windus.

Williams, R. (1976) *Keywords: A Vocabulary of Culture and Society,* London: Flamingo.

Wills, J. (2001) 'Community unionism and trade union renewal in the UK: moving beyond the fragments at last?', *Transactions of the Institute of British Geographers,* 26(4): 465–483.

Wilson, A. (2000) *Complex Spatial Systems: The Modelling Foundations of Regional Analysis,* Harlow: Prentice Hall.

Wilson, D. (2007) *Cities and Race: The New American Black Ghetto,* London: Routledge.

Wilson, E. (1991) *The Sphinx in the City: Urban Design, the Control of Disorder, and Women,* London: Virago.

Wilson, J. (1987) *The Truly Disadvantaged: The Inner City, the Underclass, and Public Policy,* Chicago: University of Chicago Press.

Wolch, J., West, K. and Gaines, T. (1995) 'Trans-species urban theory', *Environment and Planning D: Society and Space,* 13(9): 735–760.

Wolch, J. (2002) 'Anima urbris', *Progress in Human Geography,* 26(6): 721–742.

Wolch, J. (2007) Green urban worlds', *Annals of the Association of American Geographers,* 97(2): 373–384.

Wollen, P. and Kerr, J. (eds) (2002) *Autopia: Cars and Culture,* London: Reaktion.

Women and Geography Study Group of the IBG (1984) *Geography and Gender: An Introduction to Feminist Geography,* Oxford: Blackwell.

Wood, D.M., Lyon, D. and Abe, K. (2007) 'Surveillance in urban Japan: a critical introduction', *Urban Studies,* 44(3): 551–568.

Wrigley, N. and Lowe, M. (2002), *Reading Retail: A Geographical Perspective on Retailing and Consumption Spaces,* London: Arnold.

Wu, F. (ed.) (2005) *Globalization and the Chinese City,* London: Routledge.

Yeung, H. (2005) 'Rethinking relational economic geography', *Transactions of the Institute of British Geographers,* NS, 30: 37–51.

Young, M. and Willmott, P. (1957) *Family and Kinship in East London,* London: Penguin Books.

Zukin, S. (1992) 'The city as a landscape of power: London and New York as global financial capitals', in L. Budd, and S. Whimster (eds), *Global Finance and Urban Living,* Andover: Routledge, Chapman and Hall. pp. 195–223.

Zukin, S. (1995) *The Cultures of Cities,* Cambridge MA: Blackwell.

《世界城市研究精品译丛》总目

☑ 已出版，☐ 待出版

☑ 马克思主义与城市
☑ 保卫空间
☑ 城市生活
☑ 消费空间
☑ 媒体城市
☑ 想象的城市
☑ 城市研究核心概念
☑ 城市地理学核心概念
☑ 政治地理学核心概念
☑ 规划学核心概念
☐ 真实城市
☐ 现代性与大都市
☐ 虚拟空间的社会和文化价值
☐ 城市空间的社会生产
☐ 城市发展规划本体论
☐ 区域、空间战略与可持续发展
☐ 全球资本主义与劳动力地理学
☐ 历史地理学核心概念